城市幸福指数研究

黄希庭
程翠萍
岳　童
刘培朵
苏　丹
著

重庆出版集团
重庆出版社

图书在版编目(CIP)数据

城市幸福指数研究 / 黄希庭等著. —重庆:重庆出版社,2020.11
ISBN 978-7-229-15275-8

Ⅰ.①城… Ⅱ.①黄… Ⅲ.①城市—居民—幸福—研究—中国 Ⅳ.①D668

中国版本图书馆CIP数据核字(2020)第182269号

城市幸福指数研究
CHENGSHI XINGFU ZHISHU YANJIU
黄希庭 程翠萍 岳 童 刘培朵 苏 丹 著

责任编辑:刘 喆 王 梅
责任校对:谭荷芳
装帧设计:刘 倩

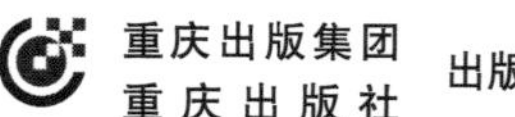
重庆出版集团
重庆出版社 出版

重庆市南岸区南滨路162号1幢 邮政编码:400061 http://www.cqph.com
重庆出版社艺术设计有限公司制版
重庆市鹏程印务有限公司印刷
重庆出版集团图书发行有限公司发行
全国新华书店经销

开本:720mm×1020mm 1/16 印张:17.25 字数:256千
2020年11月第1版 2020年11月第1次印刷
ISBN 978-7-229-15275-8
定价:62.00元

如有印装质量问题,请向本集团图书发行有限公司调换:023-61520678

序

2011年的春天，我接受了重庆市哲学社会科学规划重大委托项目“城市幸福指数研究”，随后便组织团队学习文献，进行了开题报告。改革开放已经四十年，我国经济经历了前所未有的增长，为世人所瞩目。但早期的以单纯追求GDP为标志的“有增长无发展、有财富无幸福”发展模式的“怪圈”急需被打破。将幸福指数引入社会发展领域，以民众幸福感作为评价改革发展的指标，就是从关注人们的物质需要、经济条件，转变为关注精神追求和心理感受，以新的视角去审视人们的物质需要、经济条件、生活质量、自然环境和社会环境，其核心和基础是以人为本。这其实也是我国社会经济发展过程中所遇到的阶段性的问题。2012年11月15日，习近平总书记在十八届政治局常委同中外记者见面会上向世界宣告：“人民对美好生活的向往，就是我们的奋斗目标。人世间的一切幸福都需要靠辛勤的劳动来创造。”①这既肯定了对幸福感的研究，也为幸福感的研究指明了方向。

幸福指数是衡量人们幸福程度的主观指标数值。一个城市的幸福指数就是对该城市居民幸福程度的主观指标的测量数值。在深入学习文献，深入实地调研的基础上，我们提出了适合中国国情的城市幸福指数概念，编制了具有较好信、效度的测量工具，并对我国不同地区、不同阶层城市居民幸福感的现状和影响因素做了分析。历时七年的研究，我们发现了一些有意义的研究结果，也触发了对如何提升居民幸福指数的一些思考。本书便是对这些研究和思考的集结呈现。全书共分为九章，具体内容如下：

在第一章和第二章中，我们以中国社会文化和历史为脉络，阐述了适合中国国情的城市居民的“幸福”概念和幸福指数的概念。在此

①习近平谈治国理政（第一卷）.北京：外文出版社，2018：4.

基础上，我们通过使用系统分析方法，建构了城市幸福指数指标体系并编制了《城市幸福指数量表》，分别从总体幸福指数（包括总体生活满意度、情绪满意度、意义满意度以及横向和纵向比较的生活满意度）和领域幸福指数（包括经济生活满意度、政治生活满意度、文化生活满意度、健康状态满意度、环境生活满意度和人际关系满意度）对中国城市居民的幸福指数进行了调查。研究表明，该量表符合心理测量学要求，具有较好的信、效度。

在第三章、第四章和第五章中，我们对30个省市自治区的2171位居民进行了调查，以此为基础分别阐述了中国城市居民幸福指数的总体特征、与经济因素有关的特征以及其他特征。其中，第三章主要描述了中国城市居民总体幸福指数和各领域幸福指数的特征；第四章则重点考察了不同性别、年龄、受教育水平、健康状况、婚姻状况、宗教信仰对我国城市居民幸福指数影响的特点；第五章探讨了中国城市居民在不同收入、职业、住房、居住地区4个与经济有关方面的幸福指数的现状。

在第六章、第七章和第八章中，我们运用系统分析的方法分别从社会和个体两个角度探讨了导致中国城市居民幸福指数现状的可能原因。其中，第六章从政治、文化和环境等角度探讨了何种城市环境更有利于居民幸福感的提升；第七章从经济收入、生物基础、人格特点、人际关系和时间花费方式等角度探讨了什么样的个体可以获得更多的幸福感。第八章分别从整体性、结构性和动态性等角度入手，系统分析了城市幸福指数的影响因素。

在第九章中，我们把重点放在如何提升城市居民幸福感的途径上，较详细地分析了保持健康、调控情绪、维护友谊和家庭、高效工作与休闲，以及养成健全人格在提升个人幸福感中的作用。

梦想引领人生，信仰是幸福的基础。心理学是探寻心迹、理解人生的一门学问，其责任是点燃人类心灵的真善美。今天，中国特色社会主义进入了新时代，开启了实现中华民族伟大复兴新征程。全国人民正在以习近平总书记为核心的党中央领导下，在新时代新起点上，把改革开放不断推向深入，为决胜全面建成小康社会，实现中华民族伟大复兴的中国梦，实现人民对幸福美好生活的向往而努力奋斗。愿我们这本书能够为中国梦的实现和幸福感的提升，尽一点绵薄之力。

黄希庭谨识

2020年4月于西南大学有容斋

目录

第一章　幸福与城市幸福指数

在第一章中，我们先分析幸福的性质、特点、研究取向和我国传统文化的幸福观，然后讨论城市幸福指数的概念。

第一节　幸福的性质和特点

一、幸福的性质

在心理学中，幸福或幸福感属于情绪之列。情绪是一种复杂的心理现象，它包含情绪体验、情绪行为、情绪唤醒和情绪刺激等复杂成分（黄希庭，郑涌，2015）。

首先，情绪是对情绪刺激的反应。我们感到愤怒或恐惧，通常是有原因的。愤怒常常是由于他人无故地冒犯了我们；而突发的威胁性刺激会诱发我们的恐惧。幸福也会是对某件事情的反应，例如，乔迁新居、洞房花烛夜，等等。但是，人们感到幸福通常并不是出于某个特定原因，而往往是由于多个原因所致。例如，迪纳、苏、卢卡斯和史密斯（Dienr，Suh，Lucas & Smith，1999）认为，主观幸福感具有复杂的成分，与日常生活各领域（如自我、家庭、同伴、健康、经济、工作、休闲）的多种刺激有关。积极心理学研究发现，愉快的生活、投入的生活、有意义的生活都会对人们幸福感的获得有促进作用。此外，情绪刺激之后，一般的情绪，如愤怒和恐惧，就会逐渐消逝；有些情绪，如悲伤，反应消逝速度较慢，但随着时间推移也会逐渐变弱。但是，当人们因某件事情而感到幸福时，例如乔迁新居，他们的幸福感虽然会随着时间流逝而减弱，但由于幸福感还有其他原因在起作用，人们的幸福感会保持很长的时间而没有明显的变化。从某种意义上看，幸福感更像是个人的气质特征。

其次，情绪是一种由生理唤醒、行为反应和主观心理变化所构成的复合体。当一个人愤怒和恐惧时会有明显的生理唤醒和行为反应，例如愤怒时心跳加快、呼吸急促、血压升高、脸变红或变青，“横眉怒目”；恐惧时血液流向双腿使其做好逃走的准备，双手也会遮住上半张脸使其显得恐惧。幸福也有生理唤醒和行为反应。例如运用核磁共振成像和事件相关电位的研究表明，当被试经历愉悦感或心里感到很幸福时会诱发大脑左半球皮质的强烈活动，而悲伤或恐惧则诱发右半球皮质的强烈活动。当人们感到幸福时，不会哭丧着脸，他们会表现得更自信、更乐观，更喜欢与其他人交往，更专注于自己的工作；即使遇到很困难的任务，他们也会坚持去尝试、去完成。幸福的人们脸上会有更多的微笑。虽然在生活中，微笑也有不同的含义：虚伪的微笑、狡诈的微笑、诅咒的微笑、苦涩的微笑，等等。但人们觉得幸福时，其内心是充满善意的，心里是乐滋滋、美滋滋的。与愤怒、恐惧、悲伤等负面情绪相比较，人们感到幸福时的行为反应较微弱，即使是微笑也可能是会心的微笑。幸福更像是一种心境，它比较平和、持久，却具有渲染性。在幸福的人看来，周围的所有事物仿佛都染上了吉祥的色彩。因此，幸福或幸福感是一种积极情绪。

二、幸福的特点

幸福这种积极情绪具有哪些特点呢？我们可以从不同的角度来分析这种心理现象。它主要有四个显著特点：

（一）幸福的主观性

幸福是一种个人内心的主观感受。别人觉得我们幸福，我们不一定真的感到幸福；别人觉得我们不幸福，我们不一定会觉得不幸福。当然人总是依赖物质条件而生活，但物质条件能否使人感到幸福则取决于个人的主观世界。

是什么使人感到幸福的呢？心理学家曾经用自下而上和自上而下

两种取向做过不少研究。所谓自下而上的研究取向就是研究个体的身外之物，如财富、汽车、房屋等对幸福所产生的影响。说到外界的物质条件对幸福所产生的影响时，人们自然会想起金钱的作用。许多学者对财富与幸福的关系做过研究，目前得到如下的结论：①几乎没有证据表明财富会使富人更幸福，富人组和中等收入组在幸福感上没有显著差异；②贫穷一般会使人感到不幸福，特别是这个穷人身患疾病，而周围的人经济条件都较好的情况下更是如此；③当人们突然得到一笔意外财富（如中彩票）时会体验到瞬间的快乐，但一旦适应了这一新处境，幸福感就回归原先的水平。即使是贫穷的人，如果能看到贫穷生活中的希望，当事人的幸福感也会维持在相当水平。像《天仙配》里，董永穷得卖身葬父，但七仙女愿意嫁他，他也会觉得"夫妻恩爱受苦也甜"。由以上可以看出，外界的物质条件（包括财富）是否会使人感到幸福，是由个人的主观因素决定的。

所谓自上而下的研究取向，就是从个体自身的角度去探寻幸福的原因。气质是个人一生中长期持续的且由遗传决定的个性心理特征。有两项研究曾对上千对双胞胎做过调查。研究发现，不论在成年初期，还是人生晚期，同卵双生子（遗传基因相同）在生活满意感上的相似程度明显大于异卵双生子（遗传基因不同）（Lykken & Tellgen，1996；Roysamb，Harris，Magnus，Vitterso & Tambs，2002）。另一项研究发现，同卵双生子在乐观程度上的相似度也远高于异卵双生子（Schulman，Keith & Seligman，1993）。这表明个体的遗传基因会影响个体幸福感的水平。除了遗传因素影响幸福之外，个人已经形成的价值观也决定幸福的产生。价值观是个人判断是非善恶的信念系统，它不但指引着我们追寻自己的理想，还决定个人生活中的各种选择。无论是生理需要的东西、心理需要的东西或是社会需要的东西，世间万象，人生百态，都是个人思考和判断的素材。有的人，有的事，能唤起人们的愉悦和由衷的敬重，也有一些人和事会招致愤怒、鄙夷和怨恨。在这些截然不同的反应的背后都有价值观在起决定作用。由于人们价值观的不同，导致人们在纷繁复杂的情景中做出的选择、感受到的幸福也不同。正如徐特立所说，“一个人有了远大的理想，就是最艰苦困难的时候，也会感到幸福”（柯楠，1997）。学习、工作、婚恋中的成功会给人带来幸福，遭遇到挫折和失败会令人痛苦不堪。然而当我们遭遇失败，甚至遭受创伤时，如果我们能够洞察到失败的根源，找到新的希望，有了新的追求，以幽默的心态、成长的感悟面对消极的情绪，就会很快地快乐起来，恢复到满意的生活状态。

总之，幸福是个人主、客观因素交互作用的结果，其中个人的主观因素起着决定性的作用。

（二）幸福的复杂性

幸福蕴涵的心理成分是很复杂的。对幸福的因素分析的研究表明，幸福至少包含两种心理成分：①情感成分，如愉悦、得意、满足等积极情感体验；②认知成分，如对生活各方面的满意度的认知评价（Andrews & McKennell，1980）。有人认为幸福就是生活满意度（Myers & Diener，1996），而生活满意度则包含愉快的生活、投入的生活和有意义的生活（Peterson，Park & Seligman，2005）；有人认为幸福属于积极情感之列，是像高兴、欢欣、乐观、快感等一样的情感（Watson & Naragon，2009）；还有人把幸福视为个人的自我、家庭、性、人际关系、社会生活、身体、工作和学业八个方面生活满意度的认知和情感体验（Alfonso，Allison，Rader & Gorman，1996）；塞利格曼从幸福有助于个人的成长和发展的角度，提出用殷盛（flourish）来代替幸福（happiness 和 well-being），认为殷盛的人生（即幸福的人生）包含5个要素，即积极情绪、投入、意义、积极的人际关系、成就（Seligma，2015）。可以看出，幸福的结构和成分是非常复杂的。仅就积极情绪而言就包括愉快、开心、畅快、销魂、惬意、满足、希望、兴奋、钦佩、安然、入迷、爱恋、自豪、欢欣、热忱、快感等等。即使是愉悦和快感也有多种形式，例如感觉的愉悦、驱力的愉悦以及开玩笑中的愉悦（孟绍兰，2005）。

感觉愉悦的数目更是难以计数。以味觉愉悦为例，一般认为我们的舌头有四种基本味蕾，对苦、酸、咸、甜最为敏感，能品尝出苦、

酸、咸、甜的味道。其实口腔器官联合了味觉、嗅觉、化学感受性、温度觉和触觉，除了可满足“口腹之欲”外还享受着品味的快感和审美的趣味。味道的数目真是无限，因为每一种可溶解的物质都有一种与其他味道完全不同的特殊味道，例如酸甜、苦甜、咸甜、柠檬酸、苹果酸、杨梅酸、辣、麻、麻辣、辛、呛、苦咸、淡、涩、粘、山羊味、咖啡味、臭鱼味、臭鸡蛋味等等。人类饮食习惯的多样性和烹饪技术的千奇百怪，也说明了人类的味觉快感的复杂性，并且至今仍不断在演化。

“对于一开始不敢吃的东西，人类终有一天会将它们吃下去。……北美和欧洲的人吃生牡蛎；还有些亚洲人甚至偏爱发酵食品。在不同时代和地方，人们甚至对羊眼、鳗鱼卵、白鲸的内脏、猪气管等抱有强烈的兴趣……所有社会的人们都认为他们自己的偏爱是明智的，而把所有对这种偏爱的偏离看作是不正当的，甚至是可恶的。”（卡罗琳·考斯梅尔，2001）

由此看来，幸福是一种情感体验，也是一种认知；是一种追求，也是一种享受；是一种希望，也是一种感悟；总之幸福是一种复杂的积极情感。

（三）幸福的整体性

幸福虽然有多种成分，但它们并非杂乱无章，而总是与个人的生活满意度联系在一起。幸福的整体性是指个人对自己生活满意度的综合评价或总的评价。

学者们在研究幸福的过程中，编制出了许多测评幸福的工具。很多重大的全国范围内的调查，常常使用单题测量幸福。通常要求被调查者用一个总体的印象，如“总的来考虑，你可以怎样来形容你近几天来的状况？——你认为自己是非常幸福、相当幸福，还是不太幸福的？”或者问“总的来说，你对自己所过的生活是非常满意、比较满意、不很满意，还是一点也不满意？”等等。这些调查通常要求被试者在5点、7点或10点量表上评分。把测评生活满意度等同于对幸福的测评。现代人的生活丰富多彩，人们对幸福的理解也不尽相同。例如阿方索、阿利森等人（Alfonso et al.，1996）把幸福视为个人的自我、家庭、性、人际关系、社会生活、身体、工作和学业八个方面的生活满意度。塞利格曼虽然用殷盛（flourish）来称呼幸福（国内译为持续的幸福），他所列出的幸福5个要素，积极情绪、投入、意义、积极的人际关系和成就，也都与个人的生活满意度有关。因此，按照他们的理论构想所设计的调查得出的结果既是受调查人的生活满意度总和，也是此人的总的幸福感。

正因为测评一个人的总体生活满意度等同于测评了个人的总体幸福感，所以Alan Carr（2005）在其著作中说："愉快的生活、投入的生活、有意义的生活，代表着幸福的三个取向。Peterson等人（2005）做了一个有趣的研究，他们调查了845个成人，发现以上三个取向都与生活满意度相关。他们还发现，在幸福的三个取向上得分都很低的人，生活满意度也很低。Park，Peterson & Ruch（2009）调查了27个国家的24836人，也有类似的发现。他们还发现，同愉快取向相比，投入取向、意义取向与生活满意度的相关性更强。"

个人的幸福包含个人生活的方方面面，例如职业生活满意度、婚姻状况满意度、家庭生活满意度、政治生活满意度、财务状况满意度、健康状态满意度、自然环境满意度、人际关系满意度等等。每个人的不同时期的目的性活动、境况和幸福设定点是不同的。在现实生活中可以观察到，幸福的人与不幸福的人，其人格轮廓迥然不同。研究发现，在西方文化下幸福的人是外向的、情绪稳定的、责任心强的、宜人的、乐观的、高自尊的、内控的；而不幸福的人是神经质的、内向的、缺乏责任心的、宜人性差（Diener et al.，1999）。据莱波米斯基（Lyubomirsky，2007；Lyubomirsky，Sheldon & Schkade，2005）论证，幸福水平是由幸福设定点、境况和目的性活动三组因素决定的。所谓幸福设定点（happiness setpoint）是指人们在很长一段时间内的幸福水平都围绕着一个固定值波动，这个固定值就叫幸福设定点，是由遗传因素决定的。幸福的个体差异有50%可以用人格因素来解释，这当中98%是由基因决定的，这部分就属于幸福设定点；幸福

的个体差异有10%可以用境况来解释；而另外有40%则可以用目的性活动来解释。（见图1-1）

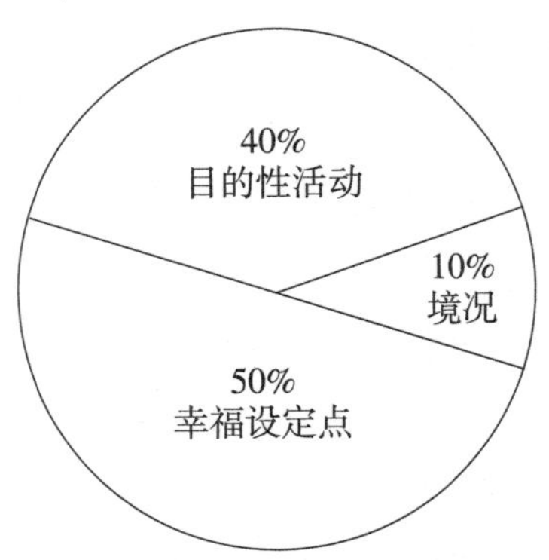

图1-1　莱波米斯基的幸福三要素

可以看出，幸福是个人对生活的满意感，是一种心里美滋滋、乐滋滋的愉悦感；它不只是对某一件事的短暂的反应，更是心境上或总的情感上长时间的持续倾向，是个人的一种复杂的主观的积极情感。

（四）幸福的进取性

幸福的进取性是指幸福与进取是紧密联系的。只有进取才能获得幸福，只有积极地进取才能提升幸福的品质。正如习近平同志所指出的，奋斗的人生才称得上幸福的人生。奋斗进取者是精神最为富足的人，也是最懂得幸福、最享受幸福的人。

进取才会带来幸福。从我们民族的发展历史来看，正是中华文明中所蕴含的进取之心，才使中华民族得以生存、延续和发展。数千年来，这种进取之心鼓舞着一代又一代的中国人修身、齐家、治国、平天下，为国家和民族建功立业，不断走向幸福之路。古代“文王拘而演《周易》；仲尼厄而作《春秋》；屈原放逐，乃赋《离骚》；左丘失明，厥有《国语》；孙子膑脚，《兵法》修列”，近代邓小平的“三起三落”，都是从逆境中保持进取之心，进而实现人生价值和幸福的范例。相反，不论是一个民族还是一个个体，一旦失去了进取之心，便不可避免地落后于时代或他人。中华民族经历过这种落后的“阵痛”，而处在落后环境中的个体普遍无幸福可言。历史经验告诉我们，积极进取是通向幸福的必由之路。今天，中国特色社会主义进入新时代，全国各族人民更加紧密地团结在以习近平同志为核心的党中央周围，意气风发，努力进取，为决胜全面建成小康社会，实现中华民族伟大复兴的中国梦，实现人民对幸福美好生活的向往而不懈奋斗！

当代心理学对幸福的进取性也进行了大量的探讨。例如，西方学者Emmons（1986）指出，个人的进取和奋斗是探究人格和主观幸福感关系研究中的一种新取向，组成个人进取的各种目标的特征对主观幸福感有重要的影响，拥有有意义的生活目标并朝着努力前进是主观幸福感的一个先决条件。当个体为之奋斗的理想和目标实现时，人们往往会觉得满足和幸福。Diener，Suh，Lucas和Smith（1999）的研究也发现，个体对其目标赋予的重要性、达到这些目标需要付出的努力程度都与积极情感相关。我们的学术团队提出的健全人格（perfect personality）模型（黄希庭，尹天子，2016）也认为，健全人格养成教育的目标是能以辩证的态度看待世界、他人与自己，过去、现在和未来，顺境和逆境，是一个自爱、自立、自信、自省、自强的幸福进取者。其中，将进取心视为积极主动、立志有所作为的人生态度，它对于个人的生活和事业能否成功起着决定性的作用。积极主动的人认为命运掌握在自己手中，自己有勇气并且能够改变事情的发生和发展；消极被动的人总是等待命运的安排或他人的相助，逆来顺受，无所作为。而这种积极主动为自己设定工作目标、勇担责任、不断改进工作方法去取得成果的进取心，正是新时代许多先进工作者的人生态度。

幸福进取是人的毕生追求，在生命的不同阶段都应表现出积极进取的特点。自我教育和自我监控是实现幸福进取的两种重要途径。自我教育指通过自主学习来培养自己幸福进取品格的重要过程，主要包含自我观察、自我评价和动机。其中，自我观察是个人依据理想标准对自己行为的诸方面进行审视并做出积极或消极的反应。自我评价就是将自己当前的行为与目标相比较。获得自我评价标准的一个重要途径是对榜样的观察：符合目标进程的自我反应可以激励行为，认为自己正在取得令人满意的进步，再加上对实现目标的积极预期，都可以

有助于自我效能感的提高和动机的维持。动机可分为外部动机和内部动机：外部动机是指个人从事某种活动是为了外部的原因，即把所从事的活动视为达到某种其他目的的手段，如想得到某个物体、分数、表扬，或能够去做其他的活动；内部动机则存在于从事活动本身，如从读书中获得的榜样学习的动机。自我监控是指个人监测和控制自己的知情意行来达到自己设定的目标，从而达到幸福进取品质养成的过程。自省就是自我反省，是指个体通过内心的自我剖析、自我检查、自我监督，以"旁观者"的视角对自我进行审视，探求其优缺点，达到自我提高的心理活动。通过自省机制，个体可以及时修正其缺点和错误，从而能战胜人生道路上的各种困难，坚定不移地向着既定目标幸福进取。

总之，幸福的进取性表现为一种积极主动，立志有所作为的人生态度，它可以通过后天不断的努力而养成。

三、幸福的四种研究取向

幸福是一种非常复杂的、主观的概念，导致幸福的原因多种多样；幸福的感受也各不相同。因此，对幸福的测量也有多种研究取向。对于幸福的研究，目前西方心理学界流行着四种主要的研究取向：主观幸福感研究取向、心理幸福感研究取向、社会幸福感研究取向以及幸福殷盛研究取向。

（一）主观幸福感研究取向

主观幸福感（subjective well-being）研究取向注重个体追求快乐的主观感受，以个体认为自己的生活怎样和感觉如何作为幸福的依据；其哲学背景是快乐论，可追溯至公元前4世纪古希腊哲学家阿瑞斯提普斯（Aristippus）。维霍芬（Veenhoven，1984）将主观幸福感定义为个体对其整体生活质量的判断，即是说主观幸福感就是个体对其生活的喜爱程度。早期学者对主观幸福感的研究，大多采用单一的测题进行调查。芝加哥大学全国民意研究中心用"总的看来，你最近的情况可以怎样形容？你自己认为是非常快乐、相当快乐，还是不太快

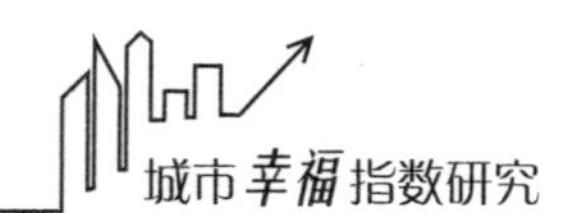

乐?”来评定个人幸福感。Campbell（1976）的生活满意感调查用“你对你的生活整体（或某一具体生活领域）有多大程度的满意度”为题目，请受测者进行5级和7级评分。此类单题调查的结果显得太宽泛，无法了解主观幸福感是由哪些心理成分在起作用。

安德鲁斯和威西（Andrews & Withey，1976）认为主观幸福感包括两种成分：认知和情感。认知成分即生活满意度，是指个体建构出一个适合于自己的标准，并将生活的各个方面作为一个整体来评定自己的满意感的程度；情感成分是指情绪、情感方面的愉悦体验，包括积极情感和消极情感。迪纳等人（Diener，Emmons，Larsen & Griffrn，1985）认为主观幸福感的主要成分是生活满意度和情感平衡。良好的情感平衡是积极情感占优势的情绪主动掌控状态，是个体对生活中各种事件的总的情感反应。戴维·吕肯（2008）认为，天性使我们追寻快乐，使我们从事适应的行为。“我们每个人都有一条主观幸福感的基线或者说是一个自己设定的水平。它就像一个湖泊，我们的船在上面航行，湖泊的水平线越高，我们的感觉越好。而我们每个人的水平线似乎各不相同；而且对于同一个人来说，也可以因为生理状态的不同而时有差异。……如果我被那些‘幸福盗贼’（如抑郁、惊恐、害羞、愤怒和怨恨）侵犯……那么我可能一直徘徊在主观幸福感基线之下……我也可能通过尝试自己喜爱的活动和体验而恢复到个人主观幸福感的基线之上。”卡尼曼、迪纳和施瓦茨（1999）三位著名教授还合著了《幸福感：享乐论心理学的基石》一书，专门阐述他们对这一研究取向的观点。

不少研究者根据自己对主观幸福感的界定，编制了自陈式的主观幸福感的量表，如坎贝尔等人（Campbell，Converse & Rodgers，1976）的《幸福感指数量表》（Index of Well-Being，IWB）；沃森等人（Watson，Clark & Tellegen，1988）的《积极情感和消极情感量表》（Positive and Negative Affect Schedule，PANAS）；帕维特和迪纳（Pavot & Diener，1993）的《生活满意度量表》（Satisfaction With Life Scale，SWLS）。《牛津幸福感问卷（简易版）》，共8个题项；《牛津幸福感问

卷（修订版）》共29个题项。而阿方索等人（Alfonso et al.，1996）考虑到人们生活多个领域（如自我、家庭、性、人际关系、社会生活、身体、工作和学业）中的生活满意度，编制了《生活满意度量表扩展版》，该量表包含8个领域，每个领域有5个题项。邢占军（2003）编制的《中国城市居民主观幸福感量表》（Subjective Well-Being Scale for Chinese Citizens，SWBS-CC）由54个项目构成，包括知足充裕体验、心理健康体验、社会信心体验、成长进步体验、目标价值体验、自我接受体验、身体健康体验、心态平衡体验、人际适应体验、家庭氛围体验10个分量表。

以《积极情感和消极情感量表》为例。测验要求被试者对量表中的情绪体验词语以是否符合自己的心情为标准进行五级评定（“根本不符合”记1，“有一点儿”记2，“中等”记3，“比较符合”记4，“非常符合”记5），结果发现：积极情感与外倾人格特质相关，消极情感与神经质人格特质相关，其相关系数为0.4～0.9（注：共用一个相关范围）；积极情感可分为三个子维度——欢愉（如欣喜的、幸福的、有朝气的），自我肯定（如有信心的、有力量的、有勇气的），专注（如警觉的、专心的、坚定的）；积极情感在30岁之后趋于稳定，消极情感在青春期后期达到顶峰、在成年中期后逐渐弱化；积极情感和消极情感存在稳定的个体差异、一天之内的情绪波动也有稳定的具体差异。积极情感和消极情感都有遗传性（其遗传相关系数为0.5），但环境能增强积极情感。有规律的体育锻炼、充足的睡眠、与好友相聚、为重要目标而奋斗都可以获得积极情感，而积极情感正是幸福的一个方面。

《生活满意度量表》是一个经常被用来测量幸福的工具。该量表要求被试者对表中的五个陈述句逐一表示自己的赞同程度，以非常不赞同（1）到非常赞同（7）进行七级评分。

________我的生活大多数方面接近于我的理想。

________我的生活状态好极了。

________我对我的生活感到满意。

________迄今为止，我已经得到了生活中最渴望的东西。

________假使有机会重新生活，我也不会做出任何改变。

对主观幸福感的了解，除了采用量表测量外，还可以采用体验取样法（Experience Sampling Methods，ESM）。这种方法就是让被试者在一段时间内（1周或1个月）一直携带传呼机，随时接收研究者的传呼，被试者则报告自己的心情（Hektner，Schmidt & Csikszentmihalyi，2007）。显然，体验取样法主要检测一段较短时间里主观幸福感的波动情况，而量表法主要用来测量较长时间的主观幸福感。

值得注意的是，由于主观幸福感所反映的是个体对自己生活整体的满意程度以及积极情绪和消极情绪的占比的评定；也就是说主观幸福感反映的是个体较长时间和稳定的生活满意度，而不关注个体的某个短暂或瞬间的情绪。因此，在文献中，幸福、快乐、满意度和生活质量往往被交替使用。其实这些概念既有联系又有区别。幸福（well-being）包括主观幸福感、心理幸福感和社会幸福感等。主观幸福感就是享乐主义幸福感（hedonic well-being）、就是快乐（happiness）；而生活质量一项通常反映为个人生活的优势，是一个比主观幸福感更广泛的概念。

（二）心理幸福感研究取向

心理幸福感（psychological well-being）研究取向强调以个人潜能的充分实现来诠释幸福和美好的生活，而不仅仅是主观感受到的快乐和愉悦。这种研究取向可以追溯至亚里士多德（Aristotle，公元前384—前322年）的实现论。在亚里士多德看来，真正的幸福不是源于欲望的满足，而是源于完成灵魂认为值得去做的事情，他说："幸福……就是灵魂按照美德或德性的活动。"（斯通普夫，菲泽，2009）因为尽管通过满足需要和欲望可以获得幸福，但是这样做并非总是可以带来幸福。有时追求快感甚至会妨碍幸福。例如吸毒、酗酒、暴饮暴食会导致成瘾、癌症和心脏病。因此，沃特曼（Waterman，1993）认为，幸福和美好的生活来自于个人潜能的实现。幸福发生在个体从事与自身深层价值最匹配的活动中，是一种全身心的投入。在此基础

上，他编制了《个性表达活动问卷》（Personally Expressive Activities Questionnaire，PEAQ）。赖夫（Ryff，1989）认为幸福不等同于快乐，只对情感进行评估并不能明确地表明主观幸福的涵义，幸福感应该定义为“努力表现完美的真实的潜力”。基于此，她提出了心理幸福感六维度模型，包括自主性、环境掌控、个人成长、积极的人际关系、生活目标和自我接纳（Ryff & Keyes，1995）。刘建华等（2009）研究过北京女性居民幸福指数的指标体系，包含健康感、满足感、成就感、向心感、愉悦感、富裕感、认同感和安全感等。凯斯等人（Keyes Shmotkin & Ryff，2000）在对3000多名25～74岁的美国人的一项因素分析研究中发现，心理幸福感和主观幸福感是既有关联又有区别的两个概念，它们与一些人口学统计变量和人格变量之间的相关性是有差异的。心理幸福感和主观幸福感都随着年龄、受教育程度、情绪稳定性、外向性和责任心的增加而增加。但是，与主观幸福感高于心理幸福感的成人相比，心理幸福感高于主观幸福感的成人更年轻、受教育水平更高、经验更开放。

（三）社会幸福感研究取向

社会幸福感（social well-being）研究取向认为幸福是个人在所在的社会网络和社区中处于最佳机能状态时的积极感受。这种研究取向可追溯至古典社会学中社会道德沦丧与社会疏远问题的研究。凯斯（Keyes，1998）较全面地概括了社会幸福感的涵义，他认为社会幸福感是个体对自己与他人、集体、社会之间的关系质量以及对其生活环境和社会功能的自我评估所产生的积极体验。由此，他还提出了社会幸福感的5个维度：社会一致、社会贡献、社会凝聚、社会实现、社会接纳；并编制出包含14道题的《社会幸福感量表》（Social Well-Being Scale，SWBS）。研究表明社会幸福感与主观幸福感有明显的差异（Keyes，1998）。乐正（2006）的幸福指数包含三类指标：认知范畴的生活满意度、情感范畴的心态和情绪愉悦度、人际和个体与社会的和谐度，并把社会幸福感包含在幸福感指数之中。

（四）幸福殷盛研究取向

积极心理学创始人塞利格曼（Seligman，2012）提出用幸福殷盛（Flourish）这个概念来代替幸福（Happiness and Well-being），认为“满意的生活”或“良好的感觉”都不是真正的幸福，“幸福是一个概念，包含5个元素（即PERMA）：积极情绪、投入、意义、积极的人际关系、成就”。塞利格曼认为，“积极情绪”包括愉悦、高兴、舒适、温暖等，即快乐的人生；“投入”指“你完全沉浸在任务中了吗?”“你忘了自我吗?”；“意义”指归属于和致力于某样你认为超越自我的东西；“成就”（或成绩）往往是一项终极追求，哪怕它不能带来任何积极情绪、意义、关系；“积极的人际关系”指帮助别人、被人爱的能力，它会对幸福带来深刻的影响。他还认为，积极情绪是一种主观变量；而投入、意义、关系和成就则是兼有主观和客观的成分。我们人生做出的各种选择，就是为了尽量得到所有这五个元素。他认为积极心理学的目标是幸福殷盛的人生或持续的人生，真正有用的公共政策衡量标准也应该是幸福殷盛的人生或持续的人生及其所包含的五个元素。他把自己提出的幸福殷盛的人生理论称为“幸福2.0理论”而把他自己10年前提出的幸福包含积极情绪、投入和意义的理论称为“幸福1.0理论”，并认为该理论是不全面的。

可以看出，塞利格曼提出的幸福殷盛五因素模型比前述的三种研究取向要全面得多，特别是针对个人的持续幸福更为合理。不过，追求持续的幸福也要考虑每个人的主客观条件，也要讲究辩证法。万物的变化都遵循“物极必反”的规律，“祸兮福之所倚，福兮祸之所伏”，快乐的持续时间如果很长很长，也可能会走向反面。其实积极情绪和消极情绪在生活中都是有用的。“投入”也是因人因事而异；如果对某事过于投入而完全不休息也不锻炼身体，其结果也会走向反面：有损健康甚至导致疾病，更不会带来持续的幸福。我们做任何事情都应该有个度，不可超过这个度。

第二节　我国传统文化中的幸福观

幸福的社会性，表现为幸福受社会文化因素的制约。本节专门探讨我国传统文化（儒、释、道）的幸福观。

在先秦时期遗留下的文字中便有祀神致福的记载。按照传统的说法，公元前12世纪末周武王克商以后，向商朝贵族箕子问治国的“大法”（《洪范》）。至于《洪范》的实际年代，现代学术界倾向于定在公元前4世纪或公元前3世纪。在《洪范》的第九畴中箕子讲了人生的五种幸福和与之对应的五种困厄。这五种幸福是“一曰寿、二曰富、三曰康宁、四曰攸好德、五曰考终命”，意思是，幸福包括长寿、富裕、健康、遵行美德和享尽天命安详而死。后来汉代思想家桓谭把它们重新概括为“寿、富、贵、安乐、子孙众多”；也就是多子多福、家庭昌盛、子孙多有出息。这是我国传统幸福观所包含的成分。除了上述说法外，儒、释、道三家的幸福观对于当代中国人也有着深远的影响。

一、儒家的幸福观

先秦时期那些教授经典和指导礼乐的专家称为“儒”。孔子姓孔名丘（公元前551—前479年），是中国历史上第一位以私人身份教授了大量学生的教师；他周游列国时有许多学生跟随，培养了一大批弟子，是儒家学派的创始人。孔子的弟子将其分散的言论汇编成集子，名为《论语》。儒家的幸福观应包括自先秦、汉唐到宋元明清及近代儒家学者的观点。这里主要简述孔子的德性幸福观以及怎样实践德性幸福两个问题。

（一）德性幸福观

孔子倡导德性幸福观，即仁义幸福观。他认为，即便穷愁困忧，只要遵循仁义之道也能得到幸福，即“安贫乐道”。下面是儒家学派津津乐道的“孔颜乐处”在《论语》中的几则记载：

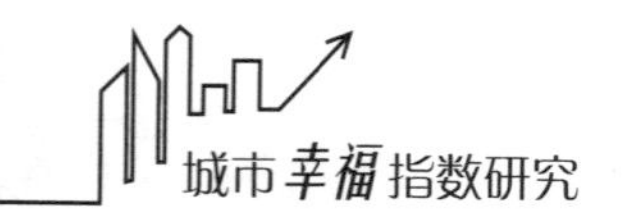

子曰：饭疏食饮水，曲肱而枕之，乐亦在其中矣。不义而富且贵，于我如浮云。（《论语·述而》）

子曰：女奚不曰，其为人也，发愤忘食，乐以忘忧，不知老之将至云尔。（《论语·述而》）

子曰：贤哉！回也。一箪食，一瓢饮，在陋巷，人不堪其忧，回也不改其乐；贤哉！回也。（《论语·雍也》）

孔子的一生是在“发愤忘食，乐以忘忧”中度过的。他生于乱世，一生忧患，栖栖惶惶，东奔西走，席不暇暖；拜谒七十二君无所遇，反被讥为迂腐；曾被拘于匡，险些被桓魋所杀。但是孔子并没有在穷愁困苦面前消沉，反而能忧中求乐、化忧为乐。这是因为他坚信天命不可违逆、不可损害，于是在其生命行程中升华出一种略带悲剧色彩的责任感和献身精神——“知其不可而为之”。孔子的这种人生奋斗的幸福观，在中国历史上产生了深远的影响。

孔子并不排斥功利幸福。他从来不曾说过“乐贫”，而只说“乐道”。儒家认为，君子不怕贫，只要贫而不谄，再贫也能守道乐道；君子也不怕富，只要富而不骄，保持清贫本色，同样可以闻道乐道。孔子还认为人与自然界相契合、人与人相契合会产生幸福感：“知者乐水，仁者乐山；知者动，仁者静；知者乐，仁者寿”（《论语·雍也》）；“学而时习之，不亦说乎？有朋自远方来，不亦乐乎？”这些句子便是强调人与自然界、人与人之间的和谐相处。

孔子主张要区分有益的快乐和有害的快乐、有益的朋友和有害的朋友。子曰：“益者三乐，损者三乐。乐节礼乐，乐道人之善，乐多贤友，益矣。乐骄乐，乐佚游，乐宴乐，损矣。”（《论语·季氏》）孔子说：有益的快乐三种，有害的快乐三种。以得到礼乐调节为快乐，以宣扬别人善事为快乐，以结交诸多益友为快乐，便是有益的了。以骄傲为乐，以流荡忘返为快乐，以饮食荒淫为快乐，便是有害的了。孔子曰：“益者三友，损者三友。友直，友谅，友多闻，益矣。友便辟，友善柔，友便佞，损矣。”（《论语·季氏》）孔子说：有益的朋友三种，有害的朋友三种。同正直的人交友，同信实的人交友，同见

闻广博的人交友，便是有益的。同谄媚奉承的人交友，同当面恭维背后毁谤的人交友，同夸夸其谈的人交友，便是有害的了。道德品行是一个人安身立命之本，我们在娱乐和结交朋友时不可不加以高度重视。孔子对人们的娱乐活动和交友的告诫在今天看来仍有现实的意义。

那么儒家所说的安贫乐道，乐的究竟是什么“道”呢？孟子有讲，君子有三乐，即，“父母俱存，兄弟无故，一乐也；仰不愧于天，俯不怍于人，二乐也；得天下英才而教育之，三乐也。”（《孟子·尽心上》）即天伦之乐、信仰之乐、事业之乐。这种“乐”从不同方面反映了儒家的仁义幸福观。因此即使是在贫困的环境下，君子仍能泰然处之，保持内心的安详和宁静，不因贫困挫折而忧心忡忡、怨天尤人、自暴自弃，而是依然坚持自己的信念，为自己的理想努力奋斗并以此为乐。这就是“安贫乐道”。

（二）实践德性幸福的途径

关于人的德性，孔子强调仁和义，特别是仁。“樊迟问仁，子曰‘爱人’”（《论语·颜渊》），即所谓“仁者爱人”。“父行父道爱其子，子行子道孝其父；兄行兄道爱其弟，弟行弟道敬其兄”。在孔子看来，人与人之间的相亲相爱之情感就是人的本质，它不仅是处理人与人之间关系的根本准则，也是处理人与社会、人与自然的根本准则，社会的安定，人与人、人与自然之间的和谐都维系于“仁”。义是事之“宜”，即“应该”，是对事的绝对命令。社会中每一个人都有一定的应该做的事，必须为做而做，因为做这些事在道德上是对的。如果做这些事是出于非道德的考虑，即使做了应该做的事，这种行为也是不义的行为（冯友兰，2013）。如果人们都能做到以孝悌处世行事，那就不会发生人心不古、犯上作乱的事情。“有子曰：‘其为人也孝弟，而好犯上者，鲜矣；不好犯上，而好作乱者，未之有也。君子务本，本立而道生。孝弟也者，其为仁之本与！’”（《论语·学而》）孔子的弟子有子说：一个人为人孝顺父母，敬爱兄长，却喜欢冒犯上位者，是很少有的；不喜欢冒犯上位者，却会造反，这种人是从来没有的。君子要致力于根本建设。根本树立起来了，道亦就此而生了。孝悌就是仁德的根本啊！

那么怎样实践仁呢？

一是要践行忠恕之道。《论语》记载："仲弓问仁。子曰：'……己所不欲，勿施于人。'"（《论语·颜渊》）又说："夫仁者，己欲立而立人，己欲达而达人。能近取譬，可谓仁之方也已。"（《论语·雍也》）可见实践仁，在于推己及人。"己欲立而立人，己欲达而达人"，换言之，己之所欲，亦施于人，这是推己及人的肯定方面，孔子说这叫"忠"，即尽己为人。推己及人的否定方面，孔子认为是"恕"，即"己所不欲，勿施于人"。推己及人的这两个方面合在一起，便称之为忠恕之道，就是"仁之方"（实践仁的方法）。后来的儒家有些人把忠恕之道称之为"絜矩之道"，即是说，忠恕之道是以本人自身为尺度来调节自己的行为。行仁就必然要履行社会上的责任和义务，也就包含了义的性质。每个人心里都有忠恕之道这个行为"絜矩"，那就随时可以实践仁了。

二是要加强人格修养。孔子说："仁远乎哉？我欲仁，斯仁至矣。"意思是："仁离开我们很远吗？只要我内心向仁，仁就会体现在我的言语和行为上。"这就是说，要实践仁，人格修养很重要。儒家推崇的理想人格具有哪些特点呢？最主要的应具有"天行健，君子以自强不息"的进取精神，"先天下之忧而忧，后天下之乐而乐"的社会责任感，"君子所性，仁义礼智根于心"的正义感，"穷不失义，达不离道"的自我修养。此外还应具有良好的行为习惯："讷于言而敏于行"（《论语·为政》）；"耻其言而过其行"（《论语·宪问》），以及"九思""三戒"。所谓"九思"是"视思明（看的时候要看明白），听思聪（听的时候要听清楚），色思温（面部表情要温和），貌思恭（容貌态度要庄矜），言思忠（说话要忠诚老实），事思敬（做事要严肃认真），疑思问（遇到疑问要请教别人），忿思难（将发怒了要考虑后果），见得思义（见到可得的要考虑是否合乎义）"。（《论语·季氏》）所谓"三戒"："少之时，血气未定，戒之在色；及其壮也，血气方刚，戒之在斗；及其老也，血气既衰，戒之在得。"（《论语·季

氏》）总之，儒家认为，内心向仁，终身践仁，就必须终身加强人格修养。

二、佛家的幸福观

佛是“佛陀”的简称。佛陀是梵语Buddha的音译。在佛法里，人能够明白宇宙人生真相就称为“觉悟”。彻底明了、究竟圆满觉悟的人生就称为“佛”，明了而未能彻底的称为“菩萨”，没有觉悟的人是迷惑颠倒的众生，称为“凡夫俗子”。释迦牟尼（公元前565—前479年）是佛学和佛教的开山始祖。佛学是佛陀在漫长的弘法过程中所形成的帮助众生洞察世界与人生的道理，即告诉人们什么是苦，苦从何来及如何从苦海中解脱出来的学问；而佛教则是一个以佛陀为祖、佛法为宗、佛学为业，以僧团为形、以寺庙为家的佛学教学组织和传承体系，因此也被称为释教。从汉代开始，古印度的佛学和佛教传入中国，并与中国文化逐渐相融合，形成了具有中国特色的佛学理论和佛教宗派，称为禅宗。禅宗虽是佛教的一个宗派，可是它对于中国哲学、文学、艺术的影响，却是深远的（冯友兰著，涂又光译，2013）。

（一）慈悲救世的幸福观

按照佛学的说法，世人的一切痛苦（所谓人生八苦：生苦、老苦、病苦、死苦、爱别离苦、怨憎会苦、求不得苦和五阴炽盛苦）都源自于个人对事物本性的根本无知。宇宙的一切事物都是心的表现，因而是虚幻的、暂时的。正如《金刚经》所说：“色不异空，空不异色，色即是空，空即是色”，“一切有为法，如梦幻泡影，如露亦如电，应作如是观”。但是无知的众生还是渴求它们、迷恋它们。这种根本的无知，就称为“无明”。由于无明而产生贪嗔痴恋，个人就陷入永恒的生死轮回，万劫不复。

要摆脱生死轮回，唯一的希望是使“无明”成为“觉悟”。觉悟就是梵语的“菩提”。觉悟有不同的层次。佛家爱讲“自利利他”，光自己觉悟还不够，还要让更多的人觉悟，以实现众生的解脱。佛学常说要发“菩提心”。菩提心就是上求佛道、下化众生的心念。禅宗认为，修行者绝不能停留在自悟这一层次，自悟之后还要更进一步，要把他的方法、理念、境界与众生分享，使每个人的心灵都得到净化。佛家幸福观就集中体现在普度众生的慈悲心上。佛家讲“四无量心”：一慈二悲三喜四舍。“与乐”为慈，“拔苦”为悲。“慈”是予人以乐，“悲”是拔人之苦。佛家教导众生面对所有生命时，要大慈大悲。《大智度论》说：“大慈与一切众生乐，大悲拔一切众生苦。”能“大慈”以众生之乐为乐，能“大悲”以众生之苦为苦，能“大喜”以众生离苦得乐而喜，能“大舍”便心无所往、无所贪，不辞辛劳地付出则是大慈悲。

人要实现大慈悲，首先要自爱。自爱就是既要照顾好自己的身体，又要照顾好自己的心灵，这样才有能力付出大爱。爱他人，就是对他人负起责任；爱家庭，就是对家庭负起责任；爱社会，就是对社会负起责任，爱人类、爱众生，就是对人类、对众生负起责任。佛家认为人性是善的，即使原来犯下了罪恶，只要真心悔悟，放下屠刀，便可立地成佛。释迦牟尼认为，“看破红尘”不是人生的最高智慧，人生的最高智慧是通过修行生出慈悲情怀、拯救芸芸众生。学佛修行的人，必须以出世之念，尽入世之责，利乐众生，造福社会。因此，佛家的幸福观是大慈大悲拯救众生的幸福观。

（二）获得幸福的途径

佛家认为，人生的幸福不在于获得多少，而是对于已经拥有的能珍惜几分。“勿羡他人富，勿悲自己穷，知足心常乐，常怀慈悲心。”如何才能获得大慈大悲拯救众生的幸福呢？佛学里有许多说法，下面只介绍修行和无我无执两种方法或途径。

1. 修行

佛教认为世上一切皆苦。众生之所以陷入无穷尽的苦海是因为行为发生了错误，要摆脱苦海就要修正错误。修正错误的行为称为修行。佛教的原始教义强调修行者需遵循“八正道”与“三学”的原则。

所谓“八正道”，即是八种修行的正确方法和途径。

第一是“正见”。正见就是对事物要如实知见；修行的人对事物要

如实知见，形成正确的思想观念，获得对事物的真理性认识。

第二是“正思维”。修行的人凡有思都不离佛法，皆无邪曲，即为正思维。只有在无贪嗔痴恋等烦恼的情况下，依正见观察、思考，如理地做出决定才能成为正欲或正志。只有正思维，身口意才会有正确的行为。

第三是“正语”。正语是指戒掉口的四恶业：不妄语（不胡说八道、自欺欺人），不两舌（不搬弄是非、挑拨离间），不粗口（不说脏话、尖酸刻薄），不绮语（不花言巧语、文过饰非）。不讲这四类话语即为正语。佛家教人以慈悲为怀，修行就要修好口业。因为语言是普度众生的工具，语言能解开人的心结，劝人向善，让人欢喜。修行之人不可口出妄言、恶语、绮语、两舌，而要说实话、和蔼可亲、谦逊有礼，不搬弄是非，不说既容易伤人感情又无益自己的话。“祸从口出，病从口入”。一句话可以兴邦，一句话也可以丧国。修行之人应该语诚而敬、朴实明亮、良言嘉语、言辞恳切以体现慈悲救众胸怀。嘴巴最容易做功德，嘴巴也最容易造恶业。因此，佛陀要求信众做“真语者、实语着、如语者、不诳语者”。

第四是“正业”。行为正当善良，不杀生，不邪淫，不偷盗，不侵害众生，为他人谋福利，帮助有所需要的人，绝对不为一己之私而损害他人，这就是正业。

第五是“正命”。从事正当的职业，以合情合法、不损害他人的谋生方式来维持生命，对生命有正确的价值观，即为正命。佛家珍爱生命，“人身难得，一失人身万劫难再”，意谓人的生命很宝贵，要珍爱生命，使生命过得有意义、有价值，不要随便地浪费生命。

第六是“正精进”。修行要沿着佛陀的正确指引不断进取，即为正精进。佛家主张修行定慧要努力，不可懈怠，要勤修戒、定、慧、六波罗蜜，努力离恶向善，志趋菩提、涅槃。修行不但要精进，还要知见正确；如果缺乏知见，甚至知见不正，就会导致无益的苦行，甚至偏执于世俗的迷信乃至邪门歪道；本想成佛，结果成不了佛，反而着了魔，甚至堕入地狱。

第七是“正念”。以“世间法”而言，只起善念不起恶念，即为正念，反之则为邪念。以“修行法”而言，修一切善，不执一切善，心不散乱，意不颠倒，由有念归于无念，无念即是究竟正念。

第八是“正定”。心达到圆寂境界，即为正定。圆寂就是灭烦恼、了生死、脱苦海的涅槃境界，修行者获得了宇宙人生的最高智慧。到了正定时，心不仅寂静不动，也了了分明，清清楚楚。修行的人始终都照顾好自己的心灵，不受世间任何邪恶之影响，坚如磐石，清澈明亮。

“八正道”是佛教的圣人之道、成佛之道，佛教认为如果善用这八种佛法，人人都能成圣、成佛。

“三学”是指学佛者修持的戒（正语、正业、正命）、定（正精进、正念、正定）、慧（正见、正思维），其实就是“八正道”的分类概括。“八正道”或“三学”归结起来就是正观四谛（苦谛——人生皆苦，集谛——导致人生诸苦之原因，灭谛——灭掉一切导致诸苦之原因，道谛——从苦海解脱出来的修道方法），止恶行善，一心禅定，修证涅槃；这也就是修行的终极目标（张伟胜，2006）。

中国禅宗认为修行体验离不开日常生活，主张将禅与日常生活融为一体，在生活中实现禅的超越，体现禅的意境、禅的精神、禅的风采，将佛教文化与中国文化相互熔铸，从而形成具有中国文化特色的禅宗精神。它能够消除人们的各种困惑、苦闷和心理障碍，使人们的精神生活更充实，物质生活更高雅，道德生活更圆满，感情生活更纯洁，人际关系更和谐，社会生活更祥和，使人生更纯真纯美、自然洒脱、幸福快活。

2. 无我无执

佛家认为修行必须与净化心灵相结合。没有觉悟的人生是充满苦难的，要摆脱人生的苦难就必须变“无明”为觉悟，因为“无明”是人类一切烦恼痛苦的根源。由于“无明”众生错把虚幻的外在事物当作永恒的存在，任由本能膨胀，执着地要占有本来并不属于自己的东西。如果不净化心灵，即便是“修行”，其结果依然是人为物累、神为

身累，人生依然充满了困惑和痛苦。

信佛者也各有其不同的情况：有信佛学佛，通过修行不断净化自己的心灵，向佛陀学习的人；有信佛修行却不净化自己心灵的人；更有不少“善男信女”是信佛求佛而有所图的。在最后这种人看来，既然“佛法无边”，那就多烧香、多磕头、多拜佛，佛自然会有求必应。于是他们求佛许愿，求仕途、求财运、求荣华富贵、求飞黄腾达、求多生子，更贪心的还求长命百岁、事事如意。他们从来不求怎样成佛，怎样是救度人，满脑袋想到的只有自我。更有那些干了伤天害理之事的人，不但不知悔改，也来祈求佛的保佑，好像佛陀就是他们的保镖，不分善恶是非一样。这种人的信佛拜佛，是把佛看作可以利用的工具，以为只要贿赂佛，佛就会保佑他们万事如意了。这种把命运寄托在泥塑木雕表面上的痴迷心，是十分愚蠢可笑的。佛祖早就讲过：“求人不如求己。”一个人的吉凶祸福、成败荣辱，由自己的行为善恶和努力与否决定。一个人能否成佛，从根本上讲，不靠人度全靠自度，靠自己皈依自己。即使过去做过坏事，佛家认为只要真心悔悟、幡然悔过、改邪归正，照样可以“放下屠刀，立地成佛”。

对于人生的种种困惑和痛苦，佛家认为“一切都不要执着”。因为在佛家看来，困惑和痛苦都源自执着。只有放弃执着，看破红尘，才能获得般若大智慧。但佛家的看破红尘，不是厌世，而是对自我、对世界有圆融透彻的认识，找到本真自我、本真世界，从而实现人生的超越，把痴迷苦难的人生变成智慧幸福的人生。佛家讲“空”。“空”就是净化自己，放下贪欲、嗔怒、愚痴、失落和猜疑，做到真正了解自己，接纳自己，而不被物欲所牵，不做色相的奴隶，让自己充分觉悟，进入“真知”的世界。所以佛家认为，要做到不执着，就要“放下”。所谓“放下”就是舍弃，就是无我。舍弃了自我，也就获得了解脱和真正的自由。

佛陀常说：“失就是得，得就是失。”有得必有失，有失必有得，这是人生的常态。放下是舍弃，也就是失去。世间万物本来就是去往无常，本来就是非我所有。对身外之物追求越多，内心的安详和幸福就会失去越多；而身外之物失去越多，内心的安详和幸福就会得到越多。

人人都在追求幸福，但人应该到哪里去寻找幸福呢？佛家认为幸福“在你内心”。真正的幸福有赖于智慧；没有智慧的心灵，即便拥有再多的身外之物仍然是不会幸福的。有情众生一旦觉悟，无我无执，从“无明”状态走出来，超越物欲，超越功名，不以物喜，不以己悲，真正的幸福就来到你心间。

三、道家的幸福观

先秦道家包含三个主要发展阶段，杨朱的观念为第一阶段，老子的大部分思想为第二阶段，庄子的大部分思想为第三阶段即最后阶段。道家的中心问题是全生避害，躲开人世间的危险。这里以这三个阶段简述道家的避祸纳福的幸福观。

（一）杨朱的“为我”幸福观

杨朱的生卒年代不详，大约生活在墨子（约公元前479—约前381年）与孟子（约公元前371—约前289年）之间的年代。他的人生观是“为我”“轻物重生”。在《孟子》中有这样一段话：“孟子曰：‘杨子取为我，拔一毛而利天下，不为也。’”（《尽心上》）孟子说：杨朱主张为自己，即使拔一根毫毛而有利于天下，他都不肯干。《吕氏春秋》中说：“今吾生之为我有，而利我亦大矣。论其贵贱，爵为天子不足以比焉。论其轻重，富有天下不可以易之。论其安危，一曙失之，终身不复得。此三者，有道者之所慎也。”（《孟春纪·重己》）这段话概括了杨朱等人轻物重生的理由——即使失去了天下，也许有朝一天能够再得，但如果死了，便永远不能再活。不论怎样，活着就是幸福，因而要全生避害。

（二）《老子》的“回复童心”幸福观

《老子》也称为《道德经》，相传为老聃所著。《老子》明确提出“道法自然”和“道常无为而无不为”的观念，来阐发人生如何避开灾祸、获得幸福。

在《老子》看来，人生最大的幸福不是广厦千间、金玉满堂，也不是功名利禄、权重社稷；这些只不过是过眼云烟、昙花一现，不仅不能使人幸福，反而会使人招致灾祸。《老子》认为，人生最大的幸福是保持人所特有的童心，回复到“婴儿”和“赤子”状态：

> “知其雄，守其雌，为天下溪。为天下溪，常德不离，复归于婴儿。”（《老子·第二十八章》）
>
> “含德之厚，比于赤子。毒虫不螫，猛兽不据，攫鸟不搏。骨弱筋柔而握固，未知牝牡之合而朘作，精之至也。终日号而不嗄，和之至也。”（《老子·第五十五章》）

《老子》赞美婴儿，把婴儿和赤子视为最幸福的人生。因为婴儿和赤子柔弱淳朴、天真无邪、任性而发、率真而为，没有丝毫矫揉造作，正体现了“道法自然”“道常无为而无不为”的特点。在《老子》看来，当个体处于无知无欲、柔弱淳朴、无拘无碍的精神状态时外物是不会伤害他的：蜂虿之类毒虫不蜇刺他，虎豹之类猛兽不抓伤他，鹰隼之类凶禽不搏持他，因为他的精气与和气都非常充盈。在一般人看来，这是一种不切实际的虚幻玄想，而这正是《老子》的独特之处。《老子》认为“善摄生者”（善于养护生命的人）能“陆行不遇兕虎，入军不被甲兵；兕无所投其角，虎无所用其爪，兵无所容其刃”。（《老子·第五十章》）在此《老子》似乎向世人昭示：只要个体在心理上忘却了自我的肉身，消除了所有功利欲望，就能消灾避祸，进入婴儿赤子的人生境界。即是说，虽然人世间有灾祸，但在我内心不以灾为灾，不以祸为祸，灾祸还能侵害我的身心吗？回复到婴儿和赤子状态，就是返璞归真，就是避开灾祸，回复到了幸福。

《老子》认为人们要想回复到婴儿和赤子的人生境界，必须“见素抱朴，少私寡欲，绝学无忧”（《老子·第十九章》），因为“五色令人目盲，五音令人耳聋，五味令人口爽，驰骋攻猎令人心发狂，难得之货令人行妨”。五色缤纷使人眼瞎，五音繁乱使人耳聋，五味追求使人口爽，纵马驰骋使人内心疯狂，金玉宝物使人德行败坏。因此“罪莫大于可欲，祸莫大于不知足，咎莫大于欲得，故知足之足恒足矣”

（《老子·第四十六章》）。从这里可以看出，老子非常赞赏知足常乐。

《老子》还赞美小国寡民。“小国寡民……使民复结绳而用之，甘其食，美其服，安其居，乐其俗。邻国相望，鸡犬之声相闻，民至老死，不相往来。”（《老子·第八十章》）这段文字描绘了一幅小农国家的田园画。《老子》赞美自然，提倡顺应自然是人类幸福的根源，而人类的种种欲望乃是人类苦难的根子。

（三）庄子的“绝对—相对”幸福观

庄子，名周，生活在战国时代前期，宋国蒙（今安徽蒙城）人。他继承和发展了老子的学说，是道家思想的集大成者。庄子以瑰丽的想象、众多的寓言、奇妙的说理，设计并描绘了一个“绝对—相对”的幸福观。

在庄子看来，幸福人生可以区分为绝对幸福和相对幸福。他认为“神人”“至人”“真人”是绝对幸福的人。下面是他对“神人”的描绘：

> 藐姑射之山，有神人居焉。肌肤若冰雪，绰约若处子；不食五谷，吸风饮露；乘云气，御飞龙，而游乎四海之外；其神凝，使物不疵疠而年谷熟，……之人也，之德也，将磅礴万物以为一，世蕲乎乱，孰弊弊焉，以天下为事！之人也，物莫之伤；大浸稽天而不溺，大旱金石流、土山焦而不热。是其尘垢秕糠，将犹陶铸尧舜者也，孰肯以物为事！（《庄子·逍遥游》）

在庄子看来，神人之所以为神，是因为他“不以物为事”，不计事物之间的各种区别（利害、是非、毁誉），超越于事物之外，与天地万物融为一体。神人与世人的主要区别：世人顺乎人，为了生存不得不含辛茹苦地劳作、挣扎，故而无法摆脱人间的种种痛苦和烦恼；神人顺乎天，游于四海之外，独与天地精神往来，因而“物莫之伤”“大浸稽天而不溺，大旱金石流、土山焦而不热”，过着真正的绝对的幸福生活。

除了神人之外，还有“至人”也是绝对幸福的。庄子是这样描绘“至人”的：

> 至人神矣！大泽焚而不能热，河汉冱而不能寒，疾雷破山、飘风振海而不能惊。若然者，乘云气，骑日月，而游于四海之外，死生无变于己，而况利害之端乎。（《庄子·齐物论》）

至人与神人一样都能腾云驾雾，自由自在地遨游于天地之外，都不被外物所伤。这里庄子描述了至人对待死亡的反应：“死生无变于己，而况利害之端乎。”生死变化都影响不到他，更何况世间利害和小事呢！

那么庄子是如何描绘“真人”的呢？

> 古之真人不逆寡，不雄成，不谟士。若然者，过而弗悔，当而不自得也。若然者，登高不栗，入水不濡，入火不热，是知之能登假于道者也若此。……古之真人，不知说生，不知恶死，其出不祈，其入不距。翛然而往，翛然而来而已矣。不忘其所始，不求其所终。受而喜之，忘而复之。是之谓不以心捐道，不以人助天，是之谓真人。（《庄子·大宗师》）

可见，真人与神人、至人都一样，都能“登高而不栗，入水不濡，入火不热”，不为物伤；都能“不知说生，不知恶死，超脱于生死之外”。真人还有一个特点：傲视世事，既不谋求成功（不雄成），也不违逆失败（不逆寡），更不谋虑事情（不谟士）。神人、至人和真人都是绝对幸福的，这是因为他们都超越了事物的普通区别（外生死、超利害），超越了自己与世界的区别，超越了“我”与“非我”的区别，与道合一。道无为而无不为，绝对幸福是通过对事物的自然本性的透彻理解而获得的。

除了神人、至人和真人的绝对幸福，世人也能享受幸福吗？庄子通过《逍遥游》这篇文章所讲述的故事，阐述了自由发展天然本性，说明了世人也可以享受不同等级的相对幸福。

事物都有其天然的本性。如果顺乎天，使我们的天然能力得到充分而自由的发挥，世人便可享受相对的幸福。那么何谓顺乎天，顺乎人呢？庄子说："天在内，人在外，……牛马四足，是谓天；落马首，穿牛鼻，是谓人。"就是说天性存在于内心，人为显露于身外，像牛马长着四只脚，这就是天然的，像给马套上笼头，给牛鼻穿上缰绳，这就是人为的。他认为，顺乎天是一切幸福和善的根源，顺乎人是一切痛苦和恶的根源。这里的天指天然，人指人为。

世间万物，其天然能力是不同的，只要它们充分而自由地发挥其天然的能力，它们都会得到同样的幸福。在《逍遥游》里，庄子讲了大鹏和小雀的故事。大鹏一击水就行三千里，扶摇升腾九万里，小雀从这棵树飞不到那棵树，然而只要它们都做到了它们所能做的、爱做的，那么它们同样是幸福的。因为它们天然的本性是不同的，没有必要要求它们相同。《庄子·骈拇》中说："凫胫虽短，续之则忧。鹤胫虽长，断之则悲。故性长非所断，性短非所续，无所去忧也。"《庄子·至乐》中有个故事说："昔者，海鸟止于鲁郊，鲁侯御而觞之于庙，奏九韶以为乐，具太牢以为膳。鸟乃眩视忧悲，不敢食一脔，不敢饮一杯，三日而死。此以己养养鸟也，非以鸟养养鸟也……鱼处水而生，人处水而死。彼必相与异，其好恶故异也。"鲁侯自以为用最尊荣的方法来款待海鸟，结果适得其反。庄子一再强调天与人的区别，越是以人灭天就越是痛苦和不幸。

人世间会遇到许许多多的痛苦和大祸，最大的祸和痛苦就是死亡。畏惧死亡是人类的本能，也是人类不幸的主要来源。《庄子》中有许多关于死亡的讨论，其中有个故事说到老子之死。老子死了，他的朋友秦失来吊唁，却批评别人的痛苦，说："是遁天倍情，忘其所受。古者谓之遁天之刑。适来，夫子时也。适去，夫子顺也。安时而处顺，哀乐不能入也。古者谓是帝之悬解。"（《庄子·养生主》）庄子本人也有一个类似的故事。庄子的妻子死了，惠施去吊丧，却看到庄子蹲在地上鼓盆而唱歌。惠施说："他不哭也就够了，还鼓盆而唱歌，不是太过分了吗？""庄子曰：'不然。是其始死也，我独何能无慨然！

察其始，而本无生，非徒无生也，而本无形，非徒无形也，而本无气，杂乎芒芴之间，变而有气，气变而有形，形变而有生。今又变而之死，是相与为春秋冬夏四时行也。人且偃然寝于巨室，而我噭噭然随而哭之，自以为不通乎命，故止也。’”（《庄子·至乐》）

由此也可以看出，道家与道教是有区别的。道家教人顺乎天然，而道教教人反乎天然。例如，老子、庄子都说，生与死是自然的过程。但是道教的主要教义是“永生”，即如何避免死亡，使肉体成仙从而获得永远的幸福（冯友兰，2013）。

第三节　城市幸福指数的概念

一、何谓城市幸福指数

指数（index）一词在心理测验和统计学上是用一个数值来表示，通常是多个变量运算后的结果，指数大小即表示多个变量互动的强弱。幸福指数（index of well-being）是指用一个数值表示幸福感的程度。一个城市的幸福指数就是对这个城市各个阶层居民幸福程度的主观测量指标。例如，福代斯（Fordyce，1988）编制的幸福感问卷包含以下两个题项：

1.总的来看，你觉得自己有多幸福或多不幸福（根据你自己的感觉，请在下列标尺上画“√”符号）。

10　9　8　7　6　5　4　3　2　1

非常幸福　　　　　　　　非常不幸福

2.平均而言，你有百分之几的时间觉得自己是幸福的（根据你自己的估计，请在下列标尺上画“√”符号）。

100　90　80　70　60　50　40　30　20　10　0

调查结果表明，第一个题项的平均值为6.9，第二个题项的平均值为54%（略大于平均数50%）。

如果你对第1题的回答的数值在6.9以上，那表明你与一般人相比更为幸福；如果你回答的数值在5附近或在5以下，则表示你与一般人相比较为不幸福或很不幸福。同理，你对第2题的回答数值，也可以表明你与一般人相比幸福水平的高低状态。迈尔斯和迪纳（Myers & Diener，1996）综合分析了916个有关快乐、生活满意度或主观幸福感的调查结果，这些数据涉及45个国家的100多万名被试。研究者先将所有数据统一转化至0～10的量尺上，10表示很幸福，5为中间值，1为很不幸福。所有调查数据的综合结果如图1-2所示，幸福平均分为6.75。他们的结论是，一般人都比较幸福，很少有人处于5分（中性）或5分以下（不幸福）。他们还将所有被试按年龄、性别和种族分组后进行数据分析，发现各组的平均分也都高于5分，但也有少数群体（如强制住院戒酒者）是不幸福的。

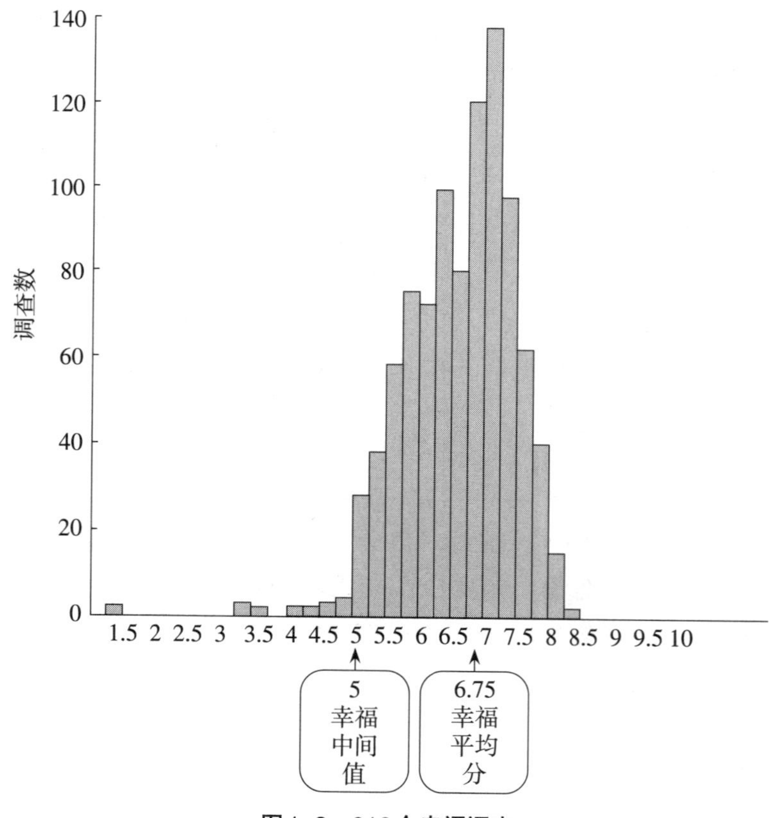

图1-2　916个幸福调查

罗纳德·英格尔哈特（Ronald Inglehart，1997）曾做过国民生产总值与国民主观幸福指数的相关研究，如图1–3所示。国家的富裕程度与国民的幸福水平之间有着很大的相关（r = 0.5 ~ 0.7）。

即使如此，也不能简单地将这一结果表述为越富有就越幸福。如果把收入的原始数据转化成对数，然后计算其与幸福指数的相关性，结果发现，幸福水平与绝对收入的对数之间存在一定的相关，也有一定的统计意义，但已不如之前的数据相关性强。伊斯特林（Easterlin，1974）的研究发现，幸福水平与绝对收入之间的相关性存在一个临界点，过了这个临界点，幸福感的增强速度远远慢于收入的增加速度。这种现象被称为伊斯特林悖论（Easterlin Paradox）。

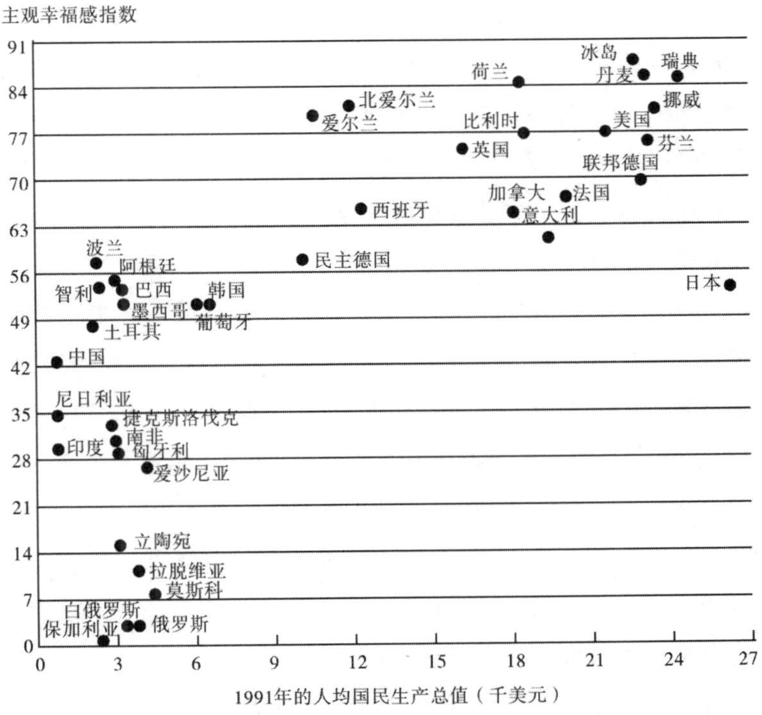

图1–3　1991年一些国家人均国民生产总值与主观幸福指数的相关性

由此可知，幸福指数可分为个人幸福指数和团体幸福指数。家庭幸福指数、社区幸福指数、城市幸福指数、老年人幸福指数、国家幸福指数等都属于团体幸福指数。

二、城市幸福指数的研究取向和视角

（一）城市幸福指数的三种研究取向

对城市幸福指数的研究主要从主观、客观以及主客观相结合的视角进行研究。

对城市幸福指数进行主观视角的研究，是当前研究的主流。持此种观点的学者认为幸福是一种主观感受，是一种积极的心理状态，对自己是否幸福的评价主要依赖于个体内定的标准，而不是他人或外界的准则。前面提到的心理学的三种研究取向都属于主观性视角。有的研究者强调情绪体验的重要性，采用与情绪体验有关的指标来衡量幸福。比如邢占军的《中国城市居民主观幸福感量表》（邢占军，2003）；Kahneman，Krueger，Schkade，Schwarz & Stone采用日重现法（Day Reconstruction Method，DRM），提出以“净效应值”（即积极情绪平均分减去消极情绪平均分）作为幸福感的衡量指标。一些研究者强调认知的重要性，以“生活满意度”来衡量幸福。比如迪纳等人的《生活满意度量表》；美国密歇根大学Inglehart领导的世界价值调查（The World Values Survey）。

社会学者和经济学家常常采用客观视角展开城市幸福指数研究。持此种观点的学者关注促进幸福的客观条件，用硬性的经济指标和社会指标（比如人均GDP、失业率、平均寿命等）来界定幸福。比较有代表性的研究包括：不丹国王Jigme Singye Wangchuck于1972年提出的“国民幸福总值”，由政府善治、经济增长、文化发展和环境保护四个指标组成（Priesner，2004）；联合国开发计划署的人类发展指数（Human Development Index，HDI），由人均寿命、受教育程度和人均GDP三个客观指标构成（McGillivray，1991）。

另外一些研究者提出采用主客观结合的视角来研究城市幸福指数。他们认为测量人们幸福程度如何的幸福指数，其构成应包括引起人们幸福感的客观因素和人们对这些因素的主观感受两个方面。比如，英国“新经济基金”组织的“幸福星球指数”（Happy Planet Index，HPI），主要包括三个指标——对自身生活的满意度、二氧化碳排

放量和人均寿命（Michaelson，Abdauah，Steuer，Thompson & Marks，2009）；幸福江阴综合评价指标体系，包括五个客观指标和五个主观指标（朱民阳，2011）。

其实，幸福是一种很复杂的主观感受，它既反映了人们的主观体验，也与人们的生活环境相联系。我们主张从系统分析的视角来研究幸福指数。

（二）系统分析的研究视角

幸福是一个动态的开放系统，可以从以下四个方面对它进行分析。

1.整体性分析

任何一个动态开放系统都可以被进行整体性分析。首先，整体性分析是指从整体上看幸福是否存在某个或某几个指标（indicator）；这个或这几个指标是否能够反映我们所研究的幸福的全貌。例如，有人以快乐为指标来研究幸福，有人用生活满意感为指标来研究幸福，还有人用意义感为指标来研究幸福。如果我们的分析单位是个体，那么我们便可以观测到某个或某些指标在每个被试者身上的表现。

如果我们想比较甲、乙、丙三个城市居民的幸福指数，便可以通过分层随机取样加以观测。经计算，甲城居民幸福指数的平均值为8.5，乙城的为3.5，丙城的为6.7；那么我们便可以认为幸福指数甲城高于丙城，丙城又高于乙城。我们用来反映幸福这一变量的确定的观测标记就是幸福指数的指标。

应当指出，我们无论怎样谨慎地对幸福进行界定，用某个甚至某几个指标来界定幸福都可能出现例外和不协调的情况，不只是我们与其他研究者的想法会有不一致，甚至我们自己也可能会前后不一致。这也表明，幸福感确实是一个复杂的、开放的动态系统。

其次，考察幸福感的各种类型会加深我们对幸福感全貌的了解。我们可以用不同维度（dimension）对幸福感进行分类。例如幸福感可分为情绪层面的幸福感和认知层面的幸福感，总体幸福感和具体领域幸福感，满足生理需要的幸福感和满足精神需要的幸福感，征服他人的幸福感和帮助他人的幸福感，等等。这些问题都是我们对幸福感作整体分析时应当考虑到的。

2.结构性分析

结构性分析也称等级结构分析，是指幸福感的诸成分是排列有序的。我们根据幸福的不同指标和维度分析出其子系统，例如具体领域幸福感；据此可以进一步把幸福感划分为以下六个维度（子系统）：经济生活幸福感——反映个体对家庭收支、住房以及工作状况的满意程度；政治生活幸福感——反映个体对自己行使政治权利的幸福感和对政府执政活动的信任度和满意程度；文化生活幸福感——反映个体对所居住城市的认同程度以及对业余文化生活的满意程度；人际关系幸福感——反映个体对家庭、亲戚、朋友、同事、邻里关系的满意程度；健康状态幸福感——反映个体对自己身体和心理状况的满意程度；环境幸福感——反映个体对自己所处自然生态环境和社会生活环境的满意程度。

上述六个独立的子系统之间又是相互联系的，比如对经济生活满意的个体更可能对自己的健康状况感到满意。这六个子系统联系起来组成一个有机的整体系统，共同衡量幸福。单独研究一个子系统只能提供关于幸福的片面知识，因此，研究城市幸福指数或国民幸福指数时应将幸福看作一个整体的系统，进行多维度的综合研究。

我们可以把幸福视为一种多维度、多层次、有机的、整体的心理现象，它具有等级结构性。比如具体领域幸福感系统不仅可以划分为上述六个子系统，各个子系统又可以分为次级子系统，如，经济生活幸福感可以划分为家庭收支、住房和工作满意度状况三个次级子系统；健康状态幸福感可以划分为身体健康和心理健康满意度两个次级子系统；环境幸福感可以划分为自然环境和社会环境满意度两个次级子系统。不同的次级子系统又可能会有多个成分，比如，身体健康次级子系统包括睡眠、饮食、精力等成分。总之，研究幸福感时，可以把幸福视为一个多维度、多层次的组织结构。可以想见，一方面在系统内部的各个子系统、次级子系统和成分之间有纵向的联系，低层次的系统共同服务于高层次的系统，高层次系统统合低层次系统；另一

方面，各个子系统、次级子系统、成分之间有横向的联系。系统内部这些纵向和横向的联系使幸福成为一个有机整体。

根据系统的结构性原则，我们在研究幸福时，就应当研究幸福是由哪些子系统和次级子系统组成的，它们之间的横向联系和纵向联系是何种情况，它们之间相互作用的方式是怎样的，从而找出幸福内部各成分的相互关联的结构网络。

3.动态性分析

我们的幸福是一个动态系统。就系统而言，静态是相对的，而动态是绝对的。因此幸福是发展变化的，有时有些人也会呈现出一种相对稳定的幸福状态。

在人的生活实践中，外在环境的变化会影响人的幸福感，使之提升或下降。比如物质生活的改善、人际关系的融洽等都会提升人的幸福感。

个体幸福水平也因主观参考框架的不同而发生变化。看到周围的人比自己更幸福，可能会降低自己的幸福感；看到周围的人比自己不幸，可能会提高自己的幸福感。个体以心目中的幸福标准为参考框架，这个标准会随时间变化，其幸福感也会发生变化。比如，解放前，战争取得胜利，人民翻身做主人可能就会体验到幸福；困难时期，只要能吃饱肚子，人们就会感到幸福；在解决了温饱问题的今天，可能人们更关注精神层面、社会层面的因素，社会公平、食品安全等便成为影响幸福的主要因素。

总之，无论是谁，无论是哪个时期，幸福都是动态的、发展的，而不是一成不变的。

因此，在对幸福的研究中，我们应进行动态分析，弄清幸福的各个子系统、成分是怎样发展变化的。

4.环境适应性分析

幸福是一个开放的系统。开放系统是与其他系统发生交换关系的系统，我们不能将自己的幸福看成一个脱离其他系统而孤立存在的封闭系统。

一方面，个体的幸福系统与其外环境（包括自然生态环境和社会文化环境）系统发生交互作用。自然生态环境和社会文化环境都会对个人的幸福产生不同程度的影响，比如生态环境的恶劣、物质的匮乏、人际关系不融洽、社会分配不公等都会影响到个人的幸福感。幸福也对周围环境产生作用，一个具有正确价值观的人感到幸福快乐，会对周围自然环境、人际关系产生积极的影响，这个人对自然环境、社会环境会做出更大的贡献；而一个具有邪恶价值观的人的幸福快乐可能会对周围的自然环境、社会人际环境产生负面的、破坏性的影响。

另一方面，个体的幸福也与机体内环境（包括生理的和心理的）系统发生交互作用。已有研究表明，人格与幸福之间有着密切的关系，外向性与个体的幸福感有显著正相关，而神经质则与个体的幸福感呈显著负相关。个人的价值观也影响幸福：看重精神追求的人可能有更高的幸福感，而看重物质的人幸福感可能较低。另外，个人的幸福还与其神经系统、基因系统发生交互作用。因此，在对幸福进行研究时，要将幸福看成是一个与其他系统发生交换关系的开放系统，不仅要研究幸福本身内部各个变量之间的关系，也要研究幸福与其他系统的交互作用。

总之，幸福是一个动态的开放系统，它是由许多成分构成的。幸福的每一个成分都有其独自的功能，且彼此交互作用。同时，幸福又与其他系统交互作用。基于以上内容，我们力求用系统分析方法对幸福或城市幸福指数进行深入的研究。

第二章　城市幸福指数问卷编制

要编制出城市幸福指数测量工具，就必须要解决以下四个问题：幸福指数的维度构建、测题的研制、受测者的取样、对测量工具的信效度检验。本章着重分析了测题的前期研究、受测者的取样，以及对城市幸福指数问卷的信效度检验。

第一节　问卷编制的前期研究工作

一、测题前期的研究工作

(一）测题前期的理论准备工作

基于研究团队对幸福及幸福指数的分析，我们认为“幸福”不曾有过单一的、清楚的含义，往往是许多复杂含义的集合。例如，李嘉美等（2010）的《幸福书1》收集了三百条对幸福的各种说法，可能从一个侧面反映了人们对幸福的感受和追求。为了抓住“幸福”概念内涵，研制出具有良好信效度的“城市幸福指数问卷”，科学地描述我国城市、社区或团队幸福指数的概况，并试图解释这些城市、社区或团队幸福指数高或低的原因，我们的研究团队做了三项与测题有关的前期研究工作。

第一项研究工作是阅读古代相关文献，对我国传统文献中的幸福观（以“儒释道”为主要取向）做了比较系统的梳理（参见第一章第二节），力图基于我国传统文化的影响来设计“城市幸福指数问卷”的题项。

第二项工作是分析国内外已有的测量幸福指数的测题和问卷的指

标和维度。例如，在幸福指数指标和维度构建上，邢占军（2008）以人际适应、心理健康、目标价值、心态平衡、身体健康、家庭氛围、社会信心、成长进步、知足充裕、自我接受10个维度来研究幸福指数。俞灵燕（2011）认为身心健康、物质充裕、生活便利、环境舒畅、自我价值实现是城市幸福指数的构成要素。吴启富（2008）从身心健康、物质条件、人际关系、个人价值实现和家庭生活状况等方面对北京市居民的幸福指数进行了客观的衡量和主观评价。周四军，庄成杰，刘红，袁鹏（2008）的湖南省国民幸福指数研究包括经济、环境、人口和社会因素。李朝霞（2011）从总体幸福指数和包含居住、交通、就业、医疗、社保、人际关系等分项幸福指数角度对温州城市居民的幸福指数的现状做过调查研究。南京市于2011年开展的“建设人民幸福城市”调查问卷中，所设置的维度包括工作状况，住房状况，业余生活（如文化、娱乐、体育活动），家庭收入状况，家庭生活，人际交往关系，目前的心态状态等。

由上述内容可以看出，这些量表对幸福的指标和维度的建构是不清楚的。指标（indicator）就是标记，就是指此项目可以标记被研究的内容主体。例如“幸福”的指标可以是满足感、获得感、愉悦感、意义感等。对幸福的分类则涉及维度（dimension）的确定。将幸福区分为不同的维度，通常有助于加深对幸福的理解。由于没有确定指标，我们所见到的对幸福的标定，有时为相同的因素，如身心健康、物质条件、人际关系、家庭状况等；但也有更强调个人的幸福体验，强调自我价值实现的；还有的更强调住房条件、交通、工作状况等因素。工作状况和住房状况可以合并为与经济生活有关的因素，心理健康、身体健康、心态平衡可以合并为健康因素等。总之，以往的研究在幸福的指标和维度的构建上并不明确，也不系统。

第三项工作是对社区中的成年样本进行深度访谈，并结合我们团队开展的中国心理健康服务体系现状调查和已完成的国民健康信念问卷调查前的深度访谈积累的资料，再加上以往问卷维度，综合地分析。经过多次讨论，研究团队把生活满意度确定为幸福指标，把城市

幸福指数的测量分为两个分量表：总体幸福指数分量表和领域幸福指数分量表。总体幸福指数分量表包括总体生活满意度、横向和纵向比较的生活满意度。领域幸福指数分量表包括政治生活满意度、经济生活满意度、文化生活满意度、人际关系满意度、环境生活满意度、健康状态满意度。各种生活满意的幸福就是幸福的各种维度，即政治生活幸福指数、经济生活幸福指数，等等。经过此番考量，研究团队设计出共有41个测题的初测问卷。

（二）初测问卷的注意事项

通过前期准备，研究团队着手编制初测问卷。确定测题的总原则是所设置的问题要能针对研究假设，研究者与被试者、被试者与被试者之间对于试题的理解是一致的。具体而言，问卷编制时，要注意以下事项。

第一，问题必须是清楚的、明确的，应当避免表达含混不清。题目的表述不仅要避免太一般化的问题，这样会使被试者不能准确地知道研究者问的是什么，还应当避免语意不清、措辞令人费解的情况。

第二，问题必须是一义的，应当避免一个问题包含两个或两个以上的概念或事件。同一题中有双重或多重内容，会使被者试陷入不能回答的窘境。

第三，问题的主题必须是被试者能够胜任的，应当避免题目超过被试者的知识水平和能力范围，避免用地方土语、专有名词或者用双重否定句来表达。

第四，问题必须是被试者愿意回答的，应当避免社会禁忌、避免引起被试者强烈的情绪联想、避免难以启齿的话题。

第五，问题必须是中肯的，应当避免用假设或猜测的语句提问，应当避免一般人从来没有想过的问题。

第六，问题必须是简短的，应当避免长而繁杂的提问方式。

当然随着研究的深入，对“幸福”理解的加深，初测问卷中的题项也是可以修改的。此外为了使正式问卷能更好地贴近被试者，在封闭式问卷之后可加一两道开放式问题，例如：“请你对该问卷进行评价，哪些题项便于回答？哪些题项不易回答？”“你觉得应当增加哪些题项？请你写出来。”等等。

二、受测者的抽样

城市幸福指数是衡量一个城市各阶层民众生活幸福程度的主观指标数值，那么该如何对这一指数进行测量呢？这就涉及到抽样的问题。

我们要研究一个城市的幸福指数问题，整个城市居民就是研究对象，但要做到对一个城市中的每个居民都进行调查是很困难的，一般都是从总体中抽取一部分个体作为研究样本，应用参数估计或假设检验等统计方法，从样本的研究结果对总体特征进行推论。统计虽然开始于对个体的观察，但是其结果所反映的却是总体在数量表现上的共性，而不是某一个体的个性。在随机测量过程中，虽然每次的观察结果不同，但是大量重复观察出现的结果的平均值却几乎总是接近某个确定值。观察的次数越多，这种规律表现得越明显。这一规律证明了抽样平均数将趋近于总体平均数，为抽样调查分析提供了科学依据。因此，在城市中选取部分个体作为总体的代表用于研究的方法是可行的。

从个体推论总体的可靠性依赖于对研究变量的控制，同时还依赖于样本的代表性。要想做到样本具有代表性，随机化是一个最基本的原则。对幸福城市的评选，之所以会有不同的结果，与幸福定义的不同以及所选择抽样方法的不同是分不开的。《瞭望东方周刊》于2005年对我国31个主要城市进行城市总体幸福感的调查，采用的是随机抽样电话访问的方式和网络问卷的形式。这样的抽样方法，并不能完全代表城市总群体，因为它排除了没有安装电话以及不上网的人群。2010年，全国人大财经委员会中国民生指数课题组所进行的中国城市居民幸福感调查，采用的是中国人民银行的调查网络（全国人大财经委员会中国民生指数课题组，2011），也没有囊括所有的居民。因此，这样的抽样方法是不具有代表性的。最好的一种方法是采用多阶段、概率与规模成比例（Probabilities Proportional to Size，PPS）的方法进行抽样。多阶段抽样，只需给出每个阶段抽出的单元的抽样框，这样

不仅可以节约时间和成本，而且还可以根据现有的行政区域或地理区域划分各抽样单位，简化抽样框的编制，便于组织抽样。概率与规模成比例抽样，使得每个单位具有按其规模大小成比例的被抽中概率，这样可以保证总抽样比不变。此种方法可以做到对样本的抽取随机化，能够有效地代表总体。下面以重庆市幸福指数调查为例来说明这种抽样方法。

（一）研究总体和调查总体的确定

研究总体：重庆市18周岁及其以上的常住人口。常住人口包括：居住在本乡镇街道，户口在本乡镇街道或户口待定的人；居住在本乡镇街道，离开户口所在的乡镇街道半年以上的人。

调查总体：除了居住在军队、安全部门、保密部门等机构内的居民以及在校大学生之外的，满足研究总体要求的居民。

（二）样本量的确定

由于在抽样调查前，总体平均数和标准差通常是未知的，因此用公式计算样本量的方法往往是不切实可行的。在实际的调查抽样中，样本数目一般是根据统计学原理来确定。如表2-1所示，在一个较大的范围内（如重庆市），如想要把最大容许误差控制在2%左右，置信度在95%左右，只需要抽取3401人就可以了。但是在实际调查中考虑到可能会遇到的问题，比如被调查人拒绝、搬迁、地址内无人等情况，我们最终确定样本容量为4000人。

表2-1　较大范围内的抽样选择方案（李莉，孙绪武，2002）

偏差度(%)	信度	信度
	95%	99%
±1	9604	16589
±2	3401	4147
±3	1067	1849
±4	600	1037

（三）抽样方法

本研究采用多阶段、概率与规模成比例抽样。多阶段抽样的程序是先在总体中抽取一些样本单位出来，作为第一级抽样；再在抽中的第一级单位中抽取若干个第二级单位，在抽中的第二级单位中抽取若干个第三级单位……直到从最后一级单位中抽取到所要调查的基本单位为止。这种抽样方法的好处在于不需要事先编制好总体内的所有基本单元的名单，只需在每阶段编定该段抽样单位的名单，然后在抽选中的单位内再编制次一级的抽样单位名单即可。从而可以节约编制样本单位名单的成本和时间。

多阶段、概率与规模成比例的抽样方法，在第一阶段抽取样本单位时采用的是规模大的群以大概率入样、规模小的群以小概率入样的方法（郝大海，2009）。也就说，对于人口比例大的区县抽取的第一级样本单位（乡镇）数就多，人口比例小的区县抽取到的第一级样本单位（乡镇）数就少。除第一阶段外的其他阶段则抽取相同数量的样本单位。通常情况下，在第二级抽样中，从每个乡镇抽取2个村委会或居委会。在第三级抽样中，从每个村委会或居委会中抽取20或25人作为样本单位。

（四）抽样步骤

抽样分三个阶段。第一阶段从重庆市38个区县中按照各个区县人口规模比例抽取乡镇/街道。第二阶段在抽中的各个乡镇/街道中按照PPS方法抽取2个村委会/居委会。第三阶段则从每个居委会内抽取样本户中的个人作为最终的样本单位。

其中，在抽取初级抽样单元（乡镇/街道）和二级抽样单元（村委会和居委会）时，利用人口统计资料进行纸上作业；而在村委会和居委会中抽取要调查的家庭时，则采用地图法进行实地抽样；在家庭中调查个人时，利用基什（KISH）表进行实地抽样（郝大海，2009）。

下面以重庆市沙坪坝区为例。首先根据样本容量及沙坪坝区人数占重庆市人口总数的比例，计算出要在沙坪坝区抽取的人数。在这里需要抽取的人数为4000人×3.47%=138.8人。沙坪坝区共有18个街道、8个镇，在第一阶段的抽样中，按照PPS方法在26个街道/镇中抽取出4个街道/镇；在第二阶段的抽样中，按照PPS方法分别从已抽取出的4个街道/镇中各抽取2个村委会/居委会，得到8个村委会/居委

会；结合前文可确定每个村委会/居委会在第三阶段需要抽取的样本数为138.8人/8=17.35人，四舍五入，即每个村委会/居委会各抽17人。确定了人数之后，按照地图法进行实地抽样，抽取样本户，在进户调查时采用KISH表进行被试（个人）的抽取。

第二节 正式问卷的研制成功

在编制城市幸福指数问卷的前期研究中，研究团队力求按照以下四个原则进行工作。这四个原则是：（1）目的明确性原则：本问卷的目的是测量城市居民幸福指数，只有目的明确，才能准确地选择指标、提出假设，才能围绕着指标和假设来设计题项。（2）题项的适当性原则：设计的题项要与研究假设相符合，在题项的质和量两方面都应该是研究假设的合理内涵和外延。（3）语句理解的一致性原则：研究者与被调查者、被调查者之间对问卷中的指导语和题项语句的理解应一致；如果不一致，就达不到研究者的测量目的。（4）调查对象的合适性原则：即调查的对象要符合研究假设的推论，问卷的结构和题项的文字表达要适合调查对象。

在初测问卷的基础上，研究团队进一步完善了问卷，着重在以下三方面进行加工：

第一，指导语更加完善了。修改后的指导语如下：

您好！我们是西南大学心理学院的科研人员，正在进行一项有关居民生活方面的调查。这次调查的目的，是要通过了解居民日常生活、工作等方面的情况，为政府制定有关政策提供科学依据。您的回答对该研究至关重要！请根据您自己的实际情况回答下面的问题。对于您提供的个人信息，我们将按照有关规定予以保密。衷心感谢您的支持！题目涉及到您在生活中可能遇到的一些情况、您的做法或看法。请仔细阅读每道题目，判断该题目所叙述的内容与您的真实情况是否符合。请在相应数字上打“√”。

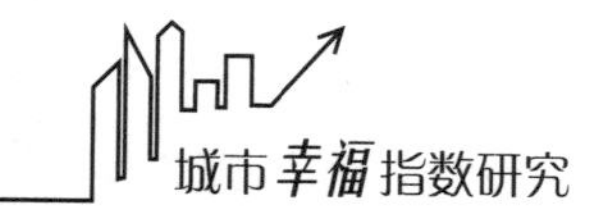

例题：我喜欢看电视。

①完全不符合 ②较不符合 ③说不清楚 ④比较符合 ⑤完全符合

对于这一句子，如果您觉得完全不符合您的情况，请在①上打“√”；如果您觉得较不符合您的情况，请在②上打“√”；如果您觉得有一半符合有一半不符合您的情况，就请在③上打“√”；如果您觉得比较符合您的情况，就请在④上打“√”；如果您觉得完全符合您的情况，就请在⑤上打“√”。每道题只打一个“√”，不要多打，也不要漏掉。

这个指导语向被调查者清楚地交代了我们的工作单位、问卷的目的以及怎样填写问卷；要求被调查者根据自己的实际情况，匿名填写，答案无对错之分，并保证对提供的信息予以保密，对被调查者表达谢意，并给出研究者的联系地址和电话。

第二，要求被调查者填写的个人信息更加精确了。这部分信息是用来探究居民的哪些人口学特征与城市幸福指数有相关。这部分信息既不能少也不宜多，是验证研究假设所必要的。

第三，测题顺序合理，版面编排清晰，留有足够的空白，并请回答者对问卷提出建议。

正式的城市幸福指数问卷（包含35个题项）是一个心理量表，需要从心理测量学的角度评估这个心理量表是否成功。

一、评估心理量表的标准

心理学家设计了许多心理量表，对心理现象和行为，例如兴趣、价值观、抑郁、满意度、幸福感、自信、智力、创造力、人格等进行测量。评估心理量表质量的两项关键指标是信度和效度。

（一）信度

先举个例子，如果请两个人来评估我的体重，其中一个人估计为100斤，另一个人估计为200斤，我们会认为这两个人的估计都是不可信的。但是如果用磅秤来测量我的体重，两次显示的重量相同。显然

这种方法比叫人来估计更加可信。信度（reliability）是指一个心理量表所测量的分数的可靠性或稳定性。如果一个心理量表具有信度时，用它去测量同一群人，在不同时间里所测得的分数几乎是相同的。经常用来评估心理量表信度的指标有三种：

1.折半信度

如果测量某种心理现象的量表是由许多小题目构成，那么量表内部的一致性就很重要。折半信度（chance halves reliability）是指将编制出的量表分成对等的两半，被试者在这两个部分所得分数的一致程度。在量表没有复本且只能施测一次的情况下，通常采用折半法求两个部分的相关系数。用折半法求得的折半信度往往被称为“内部一致性系数”（coefficient of internal consistency）。

2.重测信度

如果你预期获得的信息不应该有变化，那么重复测量就应该得到相同的结果；如果两次重复测量的结果有出入，并且差异较大，那么这个心理量表就一定有问题。重测信度（test-retest reliability）就是用同一个心理量表在不同时间里先后（或多次）施测于同一群人所测得的分数计算出的相关系数。重测信度用于评估相对稳定特质的量表特别有用。

3.评分者信度

心理量表缺乏信度也可能是评分者、编码员等的主观判断所导致的，目前也有多种方式来检查这种信度。例如，随机抽取相当份数的问卷，由两位（或多位）评分者按记分规则分别给分，然后根据每份试卷的两个（或多个）分数计算相关系数，即得到评分者信度（scorer reliability）。

一份问卷即使完全达到了信度的要求，也不能确定我们真正测量了应该测量的东西。用一个量表去测量某项指标的准确程度问题就是下面将要讨论的效度问题。

（二）效度

效度（validity）是指一个心理量表测量某种心理特征的准确程

度。一个有效度的量表测量的结果，必然是该量表要测得的东西。任何一种心理量表都有一定的目的和使用范围。如秤是用来测量重量的，尺是用来测量长度的，用尺来测量长度是有效的，用它来测量重量便是无效的。因此，在使用城市幸福指数量表时，我们应预先了解它的功能和使用范围。有几种方法可以用来检验一个心理量表的有效性（效度）。

1.表面效度

表面效度（face validity）是指实证测量的结果与我们的共识或我们头脑中的印象的吻合程度。举例而言，为了测量社区幸福感，研究人员也许会因为计算和睦家庭的个数而产生分歧，但是无论如何，在人们的印象中都认为“和睦家庭的个数”与社区幸福感相关。如果选用居民待在家里不出门的时间来测量社区幸福感的话，人们肯定会提出严肃的质疑，因为这样的测量是没有任何表面效度的。

2.标准关联效度

标准关联效度（criterion-related validity）是由一些标准所确定的效度，例如有人把积极情绪如高兴、愉悦、欢欣、乐观、快感等视为幸福，那么基于此所设计的幸福量表就是为了预测人们在生活实践中出现的积极情绪的种类和强度。因此标准关联效度有时也被称为预测效度（predictive validity）。

3.构念效度

构念效度（construct validity）是指把研究变量与其他变量在理论上联系在一起的标准；也就是说在某种理论体系中某种心理量表与其他变量的相关程度。例如在编制“婚姻满意度”问卷时，除了要构建这个问卷外，还应当有一定的理论预期，即“婚姻满意度”与其他变量之间的关系。例如可以推论：与对婚姻不满意的夫妻相比，对婚姻满意的夫妻更不可能欺骗对方。如果“婚姻满意度”问卷正如所预期的那样与“婚姻忠诚度”成正相关，那就证明了该婚姻满意度问卷具有构念效度。然而，如果研究显示，对婚姻满意的及对婚姻不满意的夫妻都有欺骗对方的行为，那么问卷的构念效度就有问题了。

4.内容效度

内容效度（content validity）是指测量问卷在多大程度上包含其所需测量的内容。例如数学能力测验就不只限于加法，还应包括减法、乘法、除法，等等。而如果想测量一下幸福指数、满足感、获得感、疏离感、信心、社区氛围等概念，则需要查阅专业词典、以往文献，或深入民间调查，才能确定上述概念的涵义。

因此，应当注意，在不同情况下，可以使用不同的方式来测量效度。此时最需要了解的不是各种效度之间的差别，而是要了解效度的逻辑：如果我们成功地测量了某个变量，那么我们的问卷与其他量表之间就应该有某种逻辑关系。

二、正式问卷的信效度检验

（一）目的

对“城市幸福指数问卷”的信效度做检验。

（二）方法

1.调查对象

本研究的问卷调查于2011年进行，采用方便取样的方法，在全国范围内对18周岁及其以上的常住居民（不包括大学生）进行了问卷调查，共发放问卷1800份，收回问卷1200份，有效问卷894份。回收率为66.7%，有效率为74.5%。其中，男性受访者占52%，女性受访者占48%；被调查者分布于北京、上海、内蒙古、河南、河北、湖北、陕西、四川、重庆、云南、广东等省市，其中以重庆市和四川省被试最多。

2.研究工具

本研究编制的“城市幸福指数问卷”将幸福指数分为总体幸福指数和领域幸福指数两大方面。总体幸福指数包括总体生活满意度，情绪满意度，意义满意度，横向、纵向比较的满意度，共7道题；领域幸福指数包括政治生活满意度、经济生活满意度、文化生活满意度、人际关系满意度、健康状态满意度和环境生活满意度共6个维度，共

28个题目。由于检验的目的是想要考察领域幸福感的结构构成情况，因此在下面的统计分析中，不包含测量总体幸福感的7道题。本问卷采用5点记分，“完全不符合”记为1，“完全符合”记为5。得分越高，表示幸福感越高。

3.数据处理

采用SPSS 16.0和AMOS 7.0对数据进行分析。

（三）研究结果

1.项目分析

将各个题项得分相加，算出每个被试的总分。之后将总分最高和最低的被试（各占27%）分为两组，进行独立样本T检验。结果表明，所编制的题项在高低分组之间存在显著差异，各个题项与总分的相关均大于0.2，故可以保留下来做进一步分析。

2.探索性因素分析

将数据随机分成两份，一份做探索性因素分析（n=456），另一份做验证性因素分析（n=438）。探索性因素分析的结果表明，问卷取样适当性检验结果为KMO=0.884，Bartlett球度检验值为3297.023，P<0.001，说明题目间有共同因素存在，该样本适合进行因素分析。研究者运用主成分分析法及正交旋转法对问卷进行多次探索，发现特征值大于1的因素有6个，能解释总变异的52.01%；并且依据碎石图（见图2-1），以及各因子的题目数不低于3个、因素负荷大于0.3等标准，最终确定6个因子。各项目均在相应因素上具有较大的载荷，处于0.308～0.780之间，旋转成分矩阵如表2-2所示。研究者对6个因子分别进行命名：

因子1，包含对政府执政活动、政务公开、司法公正、政治权利行使等的满意程度，命名为“政治生活满意度”；

因子2，包含与家人、朋友、邻里、同事、婚姻关系的满意程度，命名为“人际关系满意度”；

因子3，包含对住房、家庭收支状况、未来经济状况和工作经济收入的满意程度，命名为“经济生活满意度”；

因子4，包含对水和空气、食品药品、人身安全、居住环境等的满意程度，命名为“环境生活满意度”；

因子5，包含对精力、睡眠、压力和坚持锻炼等的自我评估，命名为“健康状态满意度”；

因子6，包含对本城市文化传承的认同度、文化氛围和文明程度的适应，以及对自己的文化娱乐活动的满意程度，命名为“文化生活满意度”。

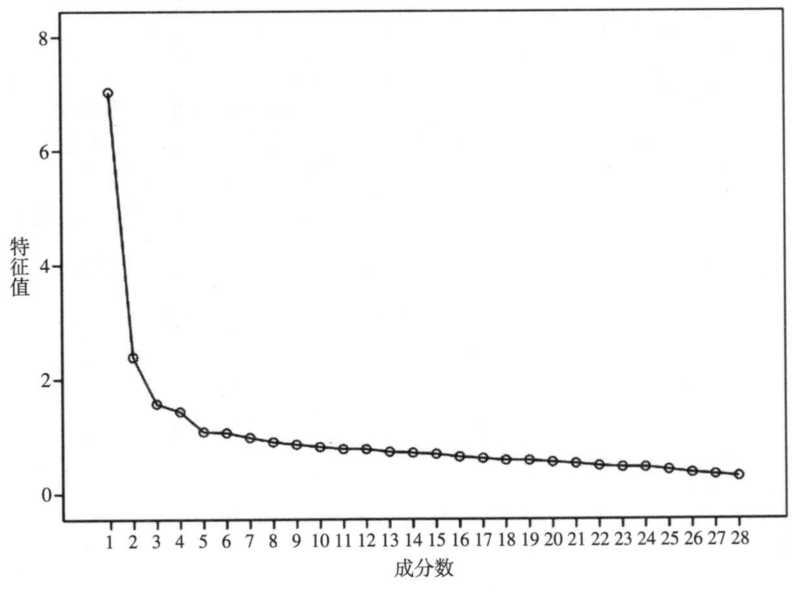

图2-1　探索性因素分析碎石图

表2-2　6因子旋转成分矩阵（n=456）

	政治	人际	经济	环境	健康	文化	问卷题目
zz34	0.780						我相信我们这里的政府在执政活动中是为民着想的。
zz45	0.716						我对我们这里的政务公开(或村务公开)程度感到满意。
zz20	0.701						我觉得我们这里的政府对犯罪分子的打击是动了真格的。
zz7	0.693						遇到法律纠纷，我相信我们这里的司法部门会作出公正的裁决。

续表

	政治	人际	经济	环境	健康	文化	问卷题目
zz24	0.615						我对我们这里的社会保障体系感到满意。
zz47*	0.567						我对自己的基本政治权利(比如选举权和被选举权、监督权、言论自由等)的行使能够得到保障感到满意。
rj31		0.760					我和家人的关系融洽。
rj32		0.721					我和街坊邻居的关系融洽。
rj43*		0.681					我和同事相处得很好。
rj44*		0.612					我至少有一个好朋友。
rj9		0.499					我的婚姻关系(恋爱关系)很好(没有结婚或没有男女朋友的不答此题)。
jj12			0.684				我对我们家庭的收支状况感到满意。
jj38*			0.682				我不担心自己将来的经济状况。
jj25			0.680				我对自己的住房感到满意。
jj10			0.480				我对自己工作的经济收入感到满意。
hj18				0.665			我对我们这里的水和空气质量感到满意。
hj35				0.641			我家周围的绿化环境挺好。
hj16				0.596			我们这里的人情味比较浓。
hj42*				0.388			在我们这里,即使晚上单独走路回家也是安全的。
hj14				0.303			我对我们这里的食品和药品是放心的。
jk15					0.713		我睡眠充足(每天大约睡7至8个小时)。
jk30					0.622		我常常感到精力充沛。
jk17					0.517		在生活中,我觉得压力不是很大。
jk41*					0.468		我经常锻炼身体。
wh23						0.560	我对我们这里人们的文明程度感到满意。
wh6						0.533	我喜欢这里的文化氛围。
wh21						0.509	与其他地方相比,我更喜欢我们这个地方的文化传承。

续表

	政治	人际	经济	环境	健康	文化	问卷题目
wh22						0.465	我对我们这里的文化娱乐活动感到满意。

注：*标记的题项为原始问卷中的编号，故编码数超过了题目数。

3.验证性因素分析

运用AMOS 7.0对理论模型进行验证，结果如图2-2，模型的各项拟合指数见表2-3，从表的结果可以看出，城市领域幸福指数六因子模型拟合的各项指标中，GFI和RMSEA达到了模型拟合标准的要求（吴明隆，2010），而IFI、CFI、TLI、NFI也很接近拟合标准，这表明探索性因素分析得出的城市领域幸福指数6因子结构模型是比较理想的模型。

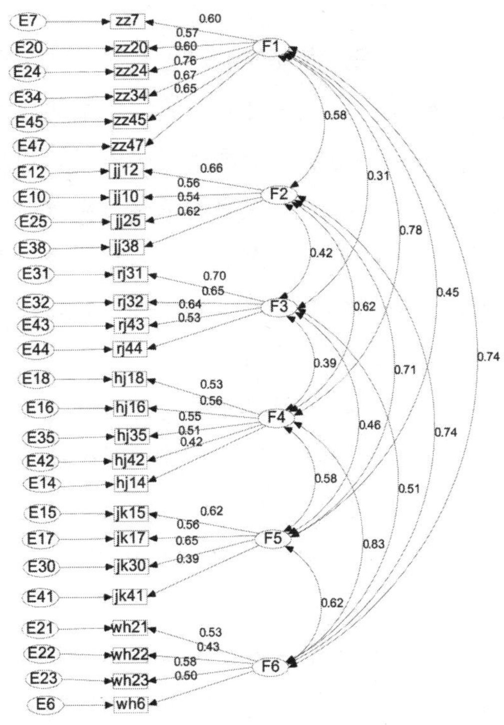

图2-2　城市领域幸福指数结构模型及标准化路径系数

注：路径图中只有27题。另有关于婚姻状况的调查一题，未纳入探索性因素分析中。因为没有结婚式恋爱的被试，无此题项的数据。

表2-3 城市领域幸福指数6因子结构模型的拟合指数表（n=438）

X^2/df	GFI	IFI	RMSEA	CFI	NFI	TLI
2.09	0.903	0.885	0.050	0.883	0.801	0.867

4.内部一致性信度（Cronbach α系数）

最终形成的问卷α系数为0.888，其中各因子α系数分别为0.811，0.694，0.729，0.636，0.671，0.623，表明问卷总体信度良好，并且各个分问卷信度也达到了心理测量学的要求。

5.内容效度

为了保证问卷能够反映城市居民的幸福指数的主要维度，该问卷的编制在广泛收集前人的研究结果基础上，请相关专家对测验的题目与适宜性进行了评价，评价结果为内容效度良好。

（四）讨论

要想建立一个让人民感到幸福的城市，就必须要知道人们对幸福内涵的理解和真实的感受，也就是说必须弄清楚最能代表居民幸福的指标是什么。因此，编制一份能够全面测量居民幸福程度的问卷就显得尤为重要。本问卷开始于对传统文化的考察，在对以往文献的回顾和对开放式问卷调查结果的系统分析基础上编制而成。根据探索性因素分析和验证性因素分析的结果，城市幸福指数问卷包含总体幸福指数和领域幸福指数两部分，共35道题。

总体幸福指数，反映个体根据自身感受对自己的幸福程度的整体评价，包含总体生活满意度（总的来说，我对现在的生活感到满意）、横向（我觉得我的日子过得比别人好）和纵向比较（我觉得自己的生活会更幸福），有意义的生活，及投入的生活满意度。举例而言，一个年收入只有3000元的农民，感到满足了，很幸福。在一般人的眼中，可能会觉得不可思议。其实，他之所以觉得幸福，是因为比较的对象不同。与收入比他差的人相比，他觉得很幸福；与过去吃不饱穿不暖的生活相比较，现在可以吃饱穿暖了，他觉得很幸福；畅想未来，随着全面建成小康社会，国家对“三农”问题的投入经费、政策力度越来越大，各方面条件都在改善，日子会越来越好，幸福感油然而

生。当然，也有的人各方面条件都相当优越，但他却并不感到幸福。这可能是由于他选择了与比自己收入更多的人进行比较的缘故。仅凭一个总体生活满意度的题目，并不能真实反映个体的幸福感水平，也不能反映出幸福感的动态发展状况。而国内对此进行探讨的学者还比较少（姚本先，石升起，方双虎，2011）。因此，本问卷既包含总体生活满意度题项，又包含横向和纵向比较的题项，还包含了有意义的生活和投入的生活满意度的题项，较全面地反映了城市居民的幸福感全貌。

领域幸福指数的六因子反映了城市居民对幸福生活的主要关注点。具体而言，政治生活满意度因子，反映的是个体对自己行使政治权利的满意度、对政府执政活动的信任度以及满意程度。郁达夫说“人类的所以能进步，国家的所以能富强，社会的所以能安定，根本就都在于政治”。政治生活是人民生活中不可或缺的重要部分，最好的政治是能够为大多数人创造最大的幸福的政治。一个民主、公平、法制、健全的政治环境对居民幸福具有重要作用（郭永玉，2010；彭凯平，窦东徽，刘肖岑，2011），正是因为对社会不公平的感知，影响了人们的归因认知，从而导致了国民幸福感的下降（李静，郭永玉，2011； Smyth & Qian， 2009）。因此，个人的基本政治权利能否被尊重，司法部门能否公平公正地审理案件，对犯罪分子的打击力度大不大，在执政活动中能否体现一切为了人民等，都是影响老百姓幸福的重大问题。对政治生活满意，会让人民有真正当家做主的感觉，会提高人民的幸福感。因此，将这一维度纳入城市居民幸福指数的研究中是非常必要的。

经济生活满意度因子，反映了城市居民对自己工作经济收入、家庭收支状况、未来经济状况以及住房情况的满意程度。经济状况会影响人们生活的各方面。与贫穷相比较，财富让人更能掌握自己的人生，做自己喜欢的事情，如旅游、购物、休闲、做慈善事业，在生活中更少有压力事件，接受更好的教育。与穷人相比，富人生活更优越、更健康、更长寿。迪纳（2000）分析了一些国际调查所收集到的数据后得出结论，国家的富裕程度与人民的幸福水平之间有高相关（r=0.5～0.7）。但是在某些国家，个人富裕程度与个人的幸福水平之间相关较低（r=0.02～0.4）。与富裕国家相比较，在贫穷国家，财富与幸福的相关明显增大，例如在印度加尔各答的贫民区其相关系数约为0.45；在美国，其相关系数约为0.2。而在一些富裕国家，国民收入的增长并未使他们的主观幸福感增强。这就是所谓的伊斯特林悖论（Easterlin Paradox）。伊斯特林悖论是根据纵向的时间序列的数据分析得出的，但在固定的某一时间点上，收入与幸福一般是呈正相关的关系（李静，郭永玉，2010）。我们通过对大多数研究的分析也发现经济状况对幸福感有显著的影响（张爱莲，黄希庭，2010）。收入与幸福可能存在曲线关系，在低收入水平下，收入的增加会导致幸福感水平的显著提升，但当收入一旦达到能够满足人们基本需要的水平之后，它对幸福的积极效应就会被社会比较、适应和欲望等心理因素削弱（李静，郭永玉，2010）。因此，个人的经济收入、个体的家庭收支状况、未来的经济状况应该是影响居民幸福的重要因素。值得注意的是，住房问题一直是老百姓非常关注的问题。大多数中国人都渴望能够拥有自己的一套房子，很多人也因此成为了“房奴”。能够拥有一套房子，就如同有了根，有了保障，也就有了幸福感。因此，个体对家庭收入、住房情况、工作状况以及未来经济情况的满意程度，共同构成了经济生活满意度指标。

文化生活满意度因子，反映了城市居民对所居住城市文化传承的认同程度、文化氛围和文明程度的适应程度，以及对业余文化娱乐活动的满意程度。文化不仅包括如文艺表演、文化娱乐活动等有形的层面，还包括信念、价值观、文化氛围、文明礼貌等无形的层面。我国拥有着五千年的灿烂文化，仁义礼智信、忠孝廉耻勇等传统美德至今仍是人们行为的准则。文化对决定一个人是否幸福具有重要作用。陈来（2015）的研究认为，中华文明核心价值所强调的仁爱原则、礼教精神、责任意识，以及王道世界的想象与实践，贯穿于中国历史事件中，彰显出中华文明对关联性、交互性伦理的特别重视，以及对多样

性和谐的特别推崇。中国城市居民可能既感受着中华文明，也感受着西方文明。他们对文化生活的满意度，既包含着有形的业余文化娱乐活动，还包含着符合中华传统价值观的活动。

人际关系满意度因子，反映了城市居民对家庭、邻里、朋友、同事、婚姻等关系的满意程度。人际关系是社会关系的表现形式，产生于群体的人际交往中，受整个社会关系的制约。关系是幸福的一个重要决定因素（彭凯平，窦东徽，刘肖岑，2011）。中国人尤其注重人际关系，崇尚以和为贵。在中国传统伦理文化中，把人与人之间的关系概括为“人伦”。它具体是包括个人、家庭、社会关系在内的人际关系。儒家所强调的“明人伦”，实际上就是要正确地划分和处理家庭以及社会中的各种人际关系。人际关系的协调发展是幸福的重要前提，人际关系与主观幸福感存在显著的正相关（王登峰，崔红，2008），个人如果每天花一些时间和他人进行深入的交流，能够有效地提高幸福感（Mehl，Vazire，Houeran & Clark，2010）。先前的研究也表明人际关系是幸福指数的重要组成部分（邢占军，2008；李朝霞，2011），与本研究的结果相一致。

健康状态满意度因子，反映了城市居民对自己身体和心理健康状况的满意程度。人们对自己健康状况的主观评价与幸福相关，但是医生给出的客观评价与幸福不相关（严重残疾者除外）（Diener et al.，1999）。本量表包含的睡眠是否充足、精力是否充沛、是否坚持锻炼以及对压力的自我感觉等，都是被调查者对自己身心健康的主观评价。当然，无论是健康状况的主观评价或是医生的客观评价都会受被调查者的人格特质（如高神经质者）及应对方式（如否认）的影响，但毕竟是特例。大多数人都能适应自己的健康状况，对自己的健康状况形成与自己的幸福水平相一致的自我认识。健康会促进幸福，幸福（表现为更多的积极情感）也可以通过对免疫功能的加强而促进健康。所以，幸福的人免疫系统功能强，少生病，更长寿。总之，本问卷中的精力充沛、睡眠充足、无压力等题项不仅符合世界卫生组织提出的衡量健康的标准，而且也表明这些题项所测试的内容是幸福指数的重要维度（邢占军，2008；俞灵燕，2011；吴启富，2008）。

环境生活满意度因子，反映了城市居民对自己所处的自然生态环境和社会生活环境的满意程度。水和空气质量、食品药品安全等重要的自然、社会环境指标，与群众生活息息相关，关系着社会的和谐稳定。国家新修订的《环境空气质量标准》中增加了对PM2.5的监测，以切实满足人们对优美自然生态环境的需要，提高人们对所处自然生态环境的满意度。除了优美的自然生态环境，人们还需要良好的社会治安、安全的食品药品等社会环境。近年来频繁爆出诸如毒胶囊、毒奶粉、染色馒头和地沟油等食品、药品安全事件，让民众对自己的健康产生了担忧情绪，对社会生活环境的满意度下降，严重影响了居民的幸福感。个体对所处的环境有安全和美的需要，舒适的生态环境，安全、可信的食品、药品等社会环境是个体幸福感的重要来源。因此，环境生活满意度因子是构成居民幸福指数的主要维度之一（严翅君，2010）。

幸福是一个动态系统。随着社会经济的不断发展，人民生活水平的不断提高，对幸福的要求也会有所不同。我们也会对所编制的问卷加以修正，这样才能反映城市居民的真实幸福水平。

（五）结论

本研究设计的城市幸福指数问卷包含35个题项（总体幸福指数7个题项、领域幸福指数共28个题项）。总体幸福指数包括总体生活满意度、投入生活满意度、有意义生活满意度以及横向和纵向比较的满意度；领域生活满意度包含政治生活满意度、经济生活满意度、文化生活满意度、人际关系满意度、健康状态满意度、环境生活满意度六个子维度。该问卷具有较好的信效度，可以作为城市居民幸福指数的测量工具。

第三章　中国城市居民幸福指数的总体特征

第一节　总体幸福指数的特征

总体幸福指数反映个体根据自身感受对自己的幸福程度的整体评价，包含总体生活、有意义的生活和投入的生活满意度，以及横向和纵向相比较的生活满意度。在本研究中针对全国30个省（直辖市、自治区）2171名居民的抽样调查结果显示，国内居民的总体幸福指数平均得分为3.64（5点记分，来源于生活、情绪、意义和横向比较满意度这几项的平均分），表明当前我国居民的总体幸福指数处于中等偏上水平。这一研究结果与对以往其他群体幸福感的调查结果相似，即国内居民和大学生对当前生活的总体感受较为积极。这在很大程度上得益于近几十年来国内经济持续高速发展，综合国力大幅提升，人民生活水平不断提高，也与党和政府努力构建“劳有所得、住有所居、老有所养、学有所教、病有所医”的社会主义和谐社会息息相关。

在总体生活满意度上，分别有52.20%和8.80%的人感到比较满意和非常满意，有17.50%和4.00%的人感到较不满意和很不满意，其他人表示不确定，如图3-1所示。数据显示，大多数的城市居民整体上对当前的生活状态比较满意。

一直以来，生活质量都是衡量人们幸福感的重要组成指标，也是基础性的衡量标准，因为日常生活质量的高低直接影响人们对自身幸福程度的感知和评价。正如管子所说，“仓廪实而知礼节，衣食足而知荣辱”（《管子·牧民》），“仓廪实”和“衣食足”都反映了人们对基本生活质量的追求。当今中国城市居民的物质生活水平居于世界中等偏上水平，研究团队调查后得到居民的总体生活满意度高于平均值的结论，符合基本国情。

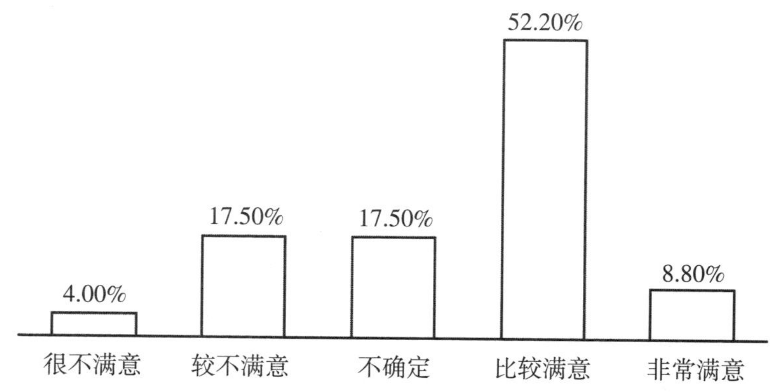

图3–1　城市居民总体生活满意度

在总体情绪满意度上，分别有49.20%和14.90%的人常常感到比较快乐和非常快乐，有12.80%和1.80%的人感到较不快乐以及很不快乐，其他人表示不确定（见图3–2）。数据表明，积极情绪似乎是城市居民的主导情绪类型，仅有不到15%的被调查者将自己的情绪描述为消极。情绪体验的正向还是负向，也是反映人们幸福感的一个要素，尤其是西方人对幸福感的理解，非常注意个体内心的快乐感受，他们对幸福感的最直观的体验就是快乐与否（高良，郑雪，严标宾，2010）。中国城市居民在情绪体验上的幸福感也表现出比较积极的倾向，可能暗示人们没有太多的担心、忧虑和痛苦，能够体验到快乐，拥有美好的情感。

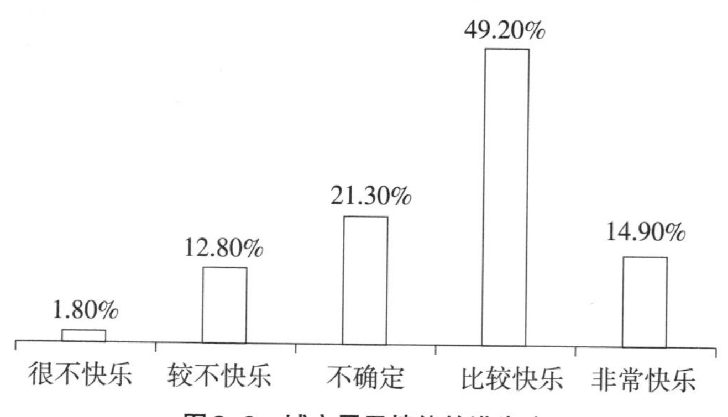

图3–2　城市居民情绪的满意度

在有意义生活的满意度上，分别有49.70%和30.00%的人因认为生活较有意义和非常有意义而感到满意，有4.40%和1.10%的人因认为生活较无意义和非常无意义而不满意，其他人表示不确定，如图3–3所示。这说明，绝大多数的城市居民因自己的生活有意义而总体上感到幸福。过有意义的生活是我国的优秀文化传统。孟子提倡“君子三乐”，认为只要遵循仁义礼智信，就能获得人生的幸福与欢乐。而要做到“仰不愧于天，俯不怍于人”（《孟子·尽心上》），就必须在任何时候和任何情况下都保持自己的人生意义，气节情操，绝不能为了暂时的蝇头小利、口腹之欲而抛弃原则，违背意志，玷污了自己的人格。过有意义的人生是中华民族志士仁人所追求的。过有意义的人生，也养成了我们对国家、对民族的社会责任感，看来这也是当今中国人对自己的人生意义的感悟，即体验到人生意义和价值才能获得幸福感。

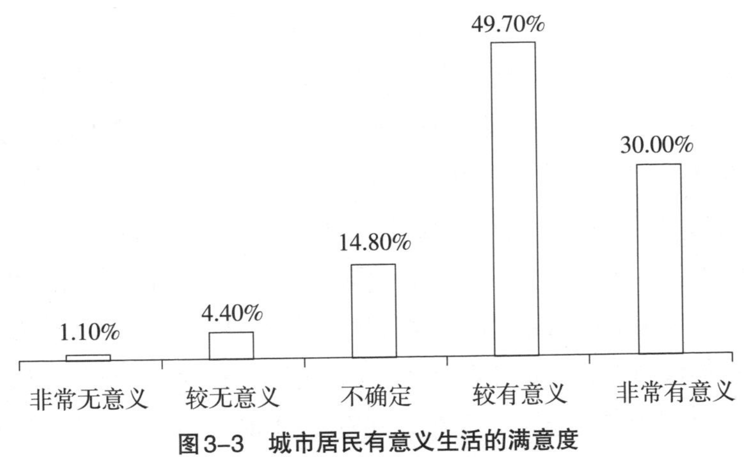

图3–3　城市居民有意义生活的满意度

在横向比较满意度上，分别有32.9%和5.0%的人认为自己过得相对好于他人和显著好于他人，有20.2%和5.4%的人认为自己过得相对比他人差和显著比他人差，其他人表示不确定。这一结果显示，近40%的城市居民认为自己比别人幸福。这可能源于他们在进行社会比较时持比较积极的态度，也可能是因为选择了不同的参照系使他们对幸福感的感知有了差异。而近30%的被调查者认为自己不如他人幸福。这一结果可能受许多方面的影响。正如俗语所说，“痛苦来自比较之中”，经过与他人（尤其是富裕的人）的比较，幸福感反而减少了。

在纵向比较满意度上，有78.3%的人认为自己的生活有越来越幸福的趋势，只有8.2%的人不这样认为，另有13.5%的人表示不确定。此结果说明，中国大多数城市居民对未来生活持积极的态度。这一结果可以从社会现实得到印证。在过去的年代，人们吃不饱、穿不暖，现在不仅可以吃饱穿暖，还能在温饱生活的基础上畅想未来。而随着改革开放的进展，随着全面建成小康社会，国家会更加富强，人们的日子会越来越好，幸福感也就油然而生。此外，研究发现个体都具有自我提升的动机，致使人们对未来抱有美好的期许和追求，相信明天的自己会越来越好。

第二节　领域幸福指数的特征

领域幸福指数主要包括政治生活满意度、经济生活满意度、文化生活满意度、人际关系满意度、健康状态满意度和环境生活满意度6个维度（因子）。其中，政治生活满意度因子，反映的是个体对自己行使政治权利的满意度、对政府执政活动的信任度以及满意程度。经济生活满意度因子，反映的是个体对家庭收入、住房情况、工作状况以及未来经济情况的满意程度。文化生活满意度因子，反映个体对所居住城市的认同程度以及对业余文化生活的满意程度。人际关系满意度因子，反映个体对家庭、邻里、朋友、同事、婚姻等关系的满意程度。健康状态满意度因子，反映个体对自己身体和心理状况的满意程度。环境生活满意度因子，反映个体对自己所处的自然生态环境和社会生活环境的满意程度。不同领域的幸福指数反映了城市居民对幸福生活的不同需求指向和美好的愿景。

我们的调查发现，国内居民的领域幸福指数各维度平均得分由高到低依次是：人际关系满意度（4.10）、文化生活满意度（3.47）、经济生活满意度（3.20）、政治生活满意度（3.13）、环境生活满意度

（3.11）和健康状态满意度（3.09），结果见图3-4。从图可见，当前我国居民的人际关系满意度最高，其他各领域幸福指数均高于3分。

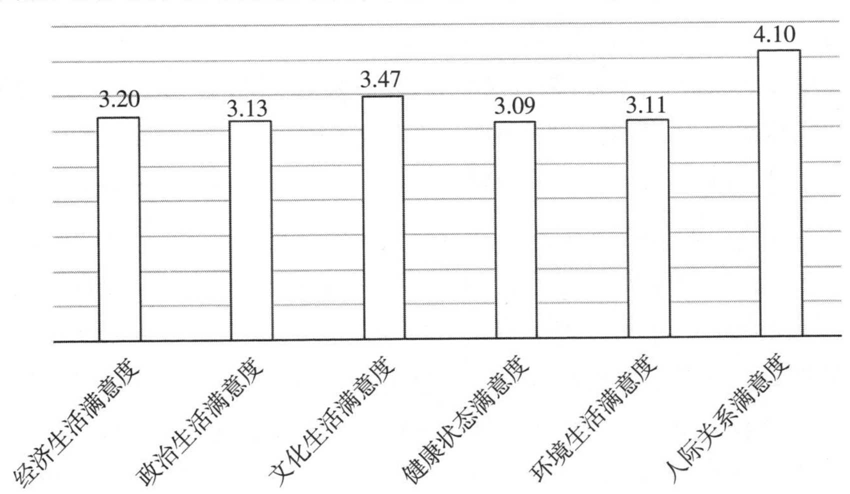

图3-4　城市居民领域幸福指数现状

调查发现国内城市居民的人际关系满意度平均分最高（共5点记分），说明相比其他5个领域，城市居民对自己周围的人际关系最为满意。这样的结果符合之前的预期，也能从中国文化中找到不少根据。例如，梁漱溟（2005）总结中国文化的特征时指出："人一生下来，便有与他相关系之人（父母、兄弟等），人生且将始终在与人相关系中而生活（不能离社会），如此则知，人生实存于各种关系之上。"而且，Lu和Gilmour（2006）开展的中西文化比较研究认为中国人倾向于社会取向，在社会关系中角色责任的实现、建立和维持人际和谐、促进团体（如家庭）财富和福利的增长是东方人幸福感的核心。现实中，中庸为上、人人和谐、社会和谐、凡事以和为贵的传统思想早已深入人心。由此可知，中国城市居民强调人际关系的重要性，所以他们在人际关系领域感知的幸福感最多是可以理解的。

本研究得到文化生活满意度、经济生活满意度、政治生活满意度、环境生活满意度和健康状态满意度均较高（均值>3.0），说明中国城市居民对其所处的文化背景、政治经济状况和周边环境都持有正面的认知和感受。这种积极的倾向，与中国改革开放以来发生的巨大变化有关。近30年来，中国的经济高速发展，主流文化繁荣昌盛，环境问题也越来越受到重视，人均寿命不断延长，城市居民实实在在享受着改革开放带来的成果，他们的政治、经济、文化生活水平得到了大幅提高，人民的温饱问题已解决，逐渐迈向了小康生活。因此，城市居民在这五个领域的满意度的较高符合目前中国社会的发展趋势。

对城市居民的总体幸福指数与领域幸福指数进行相关分析后，研究者发现，总体幸福指数和领域幸福指数各维度均呈显著正相关关系。由此可以推断，以上6个领域幸福指数与总体幸福指数密切相关，是当前我国居民幸福指数的主要来源。进一步以总体幸福指数为因变量、领域幸福指数各维度为自变量进行多元回归分析，结果显示，经济生活满意度对总体幸福指数的影响最大（$\beta=0.40$，$p<0.001$）。经济生活满意度的预测作用最大，可能源于当今党和政府以经济建设为中心，将经济发展作为第一要务，不断解放和发展生产力，使得人们对经济生活水平给予了前所未有的重视。人际关系满意度这一指标对总体幸福指数的预测作用位居第二（$\beta=0.24$，$p<0.001$）。如前所述，中国人自古以来就重视人际关系，整合社会可以被看成是无数关系网络的集合，故人际关系满意度必然起着重要作用。对总体幸福指数预测作用排名第三的是健康状态满意度（$\beta=0.16$，$p<0.001$）。追求健康是每个人的愿望，身心健康才能具有良好的效能状态，“身体是革命的本钱”，没有好的身体就干不好工作、过不上幸福生活。因此，健康状态满意度制约城市居民的总体幸福指数也具有现实依据。

第四章　中国城市居民幸福指数的非经济特征

第一节　性别与城市居民幸福指数

大量的研究表明，人类的心理和行为存在着性别差异，比如注意、思维风格、归因方式、自尊、自我调节、情感等（崔红，王登峰，2005；钱铭怡，张光健，2000；石艳玲，2006）。以此推断，在对幸福感的主观体验方面，两性可能有差异。

至于是男性的幸福感高于女性，还是女性的幸福感高于男性，研究者们的回答莫衷一是。一些研究者认为男性的幸福感高于女性（Unger & Crawford，1992），另一些研究则发现女性比男性的幸福感更高（Brody & Hall，2000）。国内研究者吴启富和马立平（2008）从不同性别视角开展调查，发现女性的幸福程度高于男性，认为比较幸福和很幸福的女性比例达到总性别人口的62.6%，明显高于男性的51.9%；而认为很不幸福或不太幸福的女性比例仅为总性别人口的7.4%，男性则为13.5%。杨扬和郑兴山（2007）对“2007年中国城市幸福调查”的数据进行分析发现，性别对幸福感具有显著的主效应，女性的主观幸福感显著高于男性。凌东山等（2008）对192名大学生进行问卷调查发现，西南地区女性大学生的家庭满意度、爱情满意度、总体主观幸福感都显著高于男性大学生，这一结果也出现在陈开亮（2013）对大学生主观幸福感的调查中。但是，也有一些研究者认为两性幸福感的差异并非简单的线性关系，在不同领域，两性的体验感差异较大：女性的“工作幸福感”大于男性，而职业女性的“生活幸福感”却小于男性（孙凤，2007a）。这种矛盾的结果，无法让中国大众对幸福感有明确的认知。因此，目前迫切需要厘清性别对主观幸福感可能的影响。

我们的研究团队通过对城市居民大样本的施测，发现女性的总体幸福指数、经济生活满意度、文化生活满意度和人际关系满意度的平均得分均显著高于男性，两性在政治生活满意度、健康状态满意度和环境生活满意度方面无显著的差异（见表4-1）。

表4-1　我国男性、女性居民幸福指数各方面平均得分差异的t检验

	男性（M±SD）	女性（M±SD）	t	p
总体幸福指数	3.56±0.69	3.70±0.61	−4.79	0.000
经济生活满意度	3.13±0.84	3.26±0.78	−3.65	0.000
政治生活满意度	3.12±0.71	3.14±0.67	−0.49	0.622
文化生活满意度	3.44±0.72	3.49±0.67	−1.97	0.050
健康状态满意度	3.11±0.83	3.06±0.80	1.46	0.145
环境生活满意度	3.12±0.78	3.10±0.74	0.73	0.464
人际关系满意度	4.07±0.57	4.13±0.49	−2.65	0.008

中国城市居民在经济生活满意度方面存在性别差异，这可能与我国传统文化中男主外女主内的特点有关，也与我国家庭中夫妻所承担的经济责任有关。随着现代市场经济的不断发展，中国的社会经济转型所带来的经济责任在男女两性之间的分配是不平等的（Qustafsson & Li，2000；李实，马欣欣，2005）。不管是古代还是现代，男性都被赋予了养家糊口的经济责任，男性要有一份体面的工作，为家庭带来经济收入和社会尊重（蔡华俭等，2008）。而社会对女性的角色期待则较少涉及经济方面的要求，而是要求主要以家庭为主，即相夫教子、做贤妻良母。所以男性承担了更大、更多的经济压力。在这种压力的影响下，男性的经济生活幸福感低于女性，说明性别角色的不同要求已经在两性幸福感的主要来源方面有所体现。

同时，女性在人际关系满意度方面也高于男性，似乎说明女性更能够从和谐融洽的人际交往和邻里沟通中感受到幸福感。这一结果与国内外研究相当一致。国内的研究表明，女性的幸福感更多来自生活，她们的主观幸福感更多来自融洽的人际关系，尤其是与家庭成员

和睦相处，而男性的幸福感则主要来自物质追求和事业成功（Lu & Shih，1997；Lu，2000）。国外的研究也得出了类似结论，如Mookherjee（1997）分析了美国居民10年来的生活满意状况数据，结果显示在每个亚群体中女性的人际关系满意度均显著高于男性，日常人际交往中女性也表现得更游刃有余。

女性具有更高的文化生活满意度，说明与男性相比，女性体验到了更快乐的文化生活。原因可能源于随着世界范围内对女性解放的关注，当代中国女性在文化方面的社会地位得到了提高，女性可以享受独立的文化娱乐生活。例如，文娱生活的形式之一广场舞的参与者绝大多数是女性。此外，女性更容易受情绪的影响，遇事存在大喜大悲的倾向（Kring & Gordon，1998；Hamann & Canli，2004）。因此，她们对幸福感受大起大落的可能性更大。男性的情绪变化相对更小，更稳重，两性即便面对大致相当的生活条件，也可能产生不尽相同的心理体验。

调查发现，中国城市居民在健康状态满意度和环境生活满意度方面无显著的性别差异。这一结果符合我们的预期。健康状态和环境生活是支撑人生存的基本要素，在当下的社会环境下，女性和男性在基本物质生活条件上没有明显的差异（张向葵等，2006）。例如，不同性别的城市居民享受着相同的医疗条件，呼吸着一样质量的空气，饮用同源同质之水，享受着等量的阳光和同质性的雨水。因此男性和女性在实际生活中体验感受到同等水平的主观幸福感，也是可以理解的。

综上所述，性别角色是西方当代人格和社会心理学关注的一个重要内容。中国当下多元的文化中既有促进个体男性化特质的因素，也有促进个体女性化特质的因素，但社会政策提高对男性幸福指数的关注是很有必要的。随着中国国民对性别平等观念的认识不断深入，全社会在关心女性自身发展的同时，也应倡导男性人格的解放，重点就是关注男性心理健康和情感需求，以宽容、接纳的态度对待男性，逐渐减轻男性的社会压力和经济负担，为提升男性的幸福指数提供良好条件和舆论支持。此外，在推崇两性关系平等的基础上，一方面要求两性权利与机会的平等，且在男女平等的原则下，保障妇女优先发展，以弥补女性竞争力的不足；另外由于先天因素，男女两性各自的性别优势与潜能应该通过互补合作得到最大发挥。

第二节　年龄与城市居民幸福指数

每一个人都在为获取幸福而努力，虽然不同的年龄会有截然不同的幸福体验，但幸福感在个人的整个生命历程中仍具有非常重要的意义。这些幸福体验可以是农民朋友眼中的“久旱逢甘霖”，也可以是中年创业者的“他乡遇故知”，还可以是青年人的“洞房花烛夜”，或者是年少学生的“金榜题名时”。总体而言，不同年龄段的个体会有不同的幸福体验，一方面这可能与个体心理发展的年龄特征、人生历程中所面对的主要矛盾和主要问题有关，例如个体在一生中会按年龄层级不断扮演社会规定角色和经历生活事件，如结婚、生子、工作等。这些与年龄相关的转变会通过直接或间接的方式影响幸福感的强弱。另一方面，幸福感可能与某些年龄群体的独特经历乃至所面对的社会机会有关。年龄与幸福感的关系一直以来都受到国内外学者的广泛关注。

不少西方研究者发现主观幸福感在一生中具有较大波动性，个体在一生的不同阶段的幸福感具有差异性（Fiori et al.，2007；Röcke & Lachman，2008；Lachman et al.，2008；Stones et al.，2011）。Blanchflower（2009）综合分析过多个涉及自评幸福感与人口统计学相关的国际调查后发现，老人和小孩的幸福感高于中青年，人一生中的幸福感体验随年龄呈U形曲线趋势变化。中国研究者也对这一问题开展了一些探究，例如陆洛（1997）认为，不同年龄群体的幸福感影响因子不同，中年和青年的主观幸福感差异最大，老年人的主观幸福感较高。许淑莲等（2003）采用心理幸福感量表对777名20～94岁的人进行测查，除“自主性”无明显年龄差异外，个人成长维度较年轻组得分均高于较年长组，与他人积极关系及生活目的维度较年轻组得分均高于老年组，环境掌握维度中年组得分高于老年组，自我接受维度老年组

得分显著高于青年组。又如，吴启富和马立平（2007）通过2007年问卷调查分析出北京市城镇居民幸福状况，他们重点从年龄角度分析不同人群的幸福感状况及其幸福观。数据表明，北京居民幸福程度较高，年轻人和老年人比中青年幸福。再如，陈志霞和李启明（2014）从毕生发展的研究视角出发，调查了3192位不同年龄群体的被试者，通过研究比较了6个年龄段的幸福感，发现了不同年龄段的幸福感水平差异显著。目前的研究结果显示不同年龄段的人群其幸福感水平存在不一致，那么，中国不同年龄段的城市居民的幸福指数究竟是否会表现出这样的差异，就值得进一步探讨。

我们的研究参考了邢占军和刘相（2008）的年龄划分标准，充分考虑不同年龄群体的社会历史背景条件差异，对不同年龄段城市居民的幸福指数进行了调查，结果见表4–2。该结果显示，除了人际关系满意度，年龄对居民的总体幸福指数、经济生活满意度、政治生活满意度、文化生活满意度、健康状态满意度和环境生活满意度均有显著影响，大致表现为年龄越大，幸福指数越高的趋势。其中45～54岁居民的各项平均得分均较高，青年群体特别是25～34岁居民的各项平均得分均较低。

表4–2　我国不同年龄居民幸福指数各方面平均得分差异的F检验

	18~24岁（M±SD）	25~34岁（M±SD）	35~44岁（M±SD）	45~54岁（M±SD）	55岁以上（M±SD）	F
总体幸福指数	3.55±0.63	3.61±0.65	3.66±0.63	3.74±0.68	3.63±0.69	4.21**
经济生活满意度	3.06±0.80	3.11±0.79	3.32±0.80	3.35±0.83	3.33±0.82	11.93***
政治生活满意度	3.19±0.70	3.05±0.66	3.13±0.69	3.25±0.71	3.28±0.70	6.71***
文化生活满意度	3.42±0.76	3.38±0.68	3.54±0.66	3.56±0.71	3.60±0.68	7.74***
健康状态满意度	3.08±0.83	3.03±0.79	3.04±0.81	3.26±0.82	3.30±0.85	6.99***
环境生活满意度	3.18±0.76	2.97±0.73	3.18±0.76	3.29±0.78	3.20±0.78	14.53***
人际关系满意度	4.10±0.52	4.11±0.53	4.10±0.51	4.10±0.55	4.08±0.55	0.05

注：*表示显著水平为95%，**表示显著水平为99%，***表示显著水平为99.9%，下同。

采用Scheffe法进行多重比较分析发现，45～54岁城市居民的总体幸福指数显著高于18～24岁和25～34岁被调查的居民；35～44岁、45～54岁城市居民的经济生活满意度显著高于18～24岁和25～34岁被调查者；45～54岁和55岁以上的城市居民的政治生活满意度和文化生活满意度显著高于25～34岁被调查者；45～54岁城市居民的健康状态满意度显著高于25～34岁和35～44岁被调查者；25～34岁城市居民的环境生活满意度显著低于18～24岁、35～44岁、45～54岁及55岁以上的城市居民。

结果显示，与其他年龄段的城市居民相比，18～24岁组的幸福指数不高。可能是因为18～24岁组群体初入社会（本研究的研究对象不含大学生），开始寻求独立，但自我认知和社会经验尚不成熟；对物质生活期待比较理想化，十分重视自身需要的满足，但自身客观条件又尚未完全具备满足自身需要的能力；在社交生活丰富且花销较大的同时，往往又面临工作不稳定、收入较低、情感生活受挫的现实困境。这些都会在一定程度上影响该年龄群体的幸福体验。处在这一年龄段的个体大多不能适应严峻的社会现实，对美好现实社会的预期使其在很多方面都有负面情绪，如愤懑不平、失落无助等，从而减低其主观幸福感。

我们的结果似乎说明，25～34岁的城市居民体验的主观幸福感最少。究其原因，可能是与25～34岁年龄群体处于事业的起步期，对物质生活和社会地位具有较大期待，对社会公平和保障体系也有更多要求（张倩妹，邢占军，2008）有关系。步入成年期，个体将会面对无数突然的转变，如面临着自我发展、职业发展、社会融合等多重发展任务，需要同时应对各种各样的生活事件，但由于工作时间较短，收入预期无法得到满足、积蓄较少，同时又要面对谈婚论嫁或生养子女的问题，因此，该年龄群体在感受预期与现实之间心理落差的同时，还要面对因建立家庭带来的角色身份转变和责任负担增加的双重适应压力。这都可能在一定程度上影响本年龄段群体的幸福体验。

35～44岁年龄群体，一方面历经了多年社会生活的磨练，心态较

为务实，并且基本完成了个人家庭角色转变的适应过程，自我认知也趋于成熟；同时事业、家庭、生活等方面也都基本呈现稳定上升的状态，这会在一定程度上增加其幸福体验。另一方面，该年龄群体往往要担负赡养父母、教育子女的责任，可能也会感受到一定程度的压力；并且这个年龄群体正步入事业的发展阶段及关键期，事业成功是这个年龄群体个体最为看重的东西。

45～54岁年龄群体在家庭生活中居于主要地位，子女的长大成人不仅能给个体带来付出的回报与成就感，同时还能逐渐分担家庭的一部分经济和日常生活中的压力。同时，这个年龄群体个体职业发展步入稳定期及高峰期，看重家庭和睦和稳定良好人际关系。事业的稳定和经济水平的提高可以增加该年龄群体的成就体验和快乐感受，这对于这个年龄阶段幸福感水平的提升具有重要意义，而且还会提升其对社会资源的掌控感，从而在一定程度上增加幸福体验（郭永玉，李静，2009）。

值得注意的是，55岁以上年龄群体基本出生于新中国成立前后，亲身经历了我国社会由弱变强、个人生活逐步提高的过程，因此在纵向比较中容易产生强烈的满足感。虽然该年龄群体较多受到身体健康状况的困扰，但国内外研究均发现，对个体生活满意度影响最大的是对待身体健康问题的主观情绪和行为，而非客观患病情况（项曼君，吴晓光，1995；Watten et al.，1997）。处于这个年龄段的绝大多数人快要离开工作岗位，或已经离开工作岗位，且大多数人都还具备充足的体力和精力，会更多地参与到各种社会活动中以及从事各种娱乐休闲活动，从而体验到更多的积极情绪和生活满意度。他们在物质需求降低、社会压力减小以及人生阅历积累的同时，逐渐形成了豁达的心态，能够更加成熟、通达、温和地看待自己、家人和生活，进而一定程度上增加幸福体验（王秋，邢占军，2008）。

总的来说，我们的调查显示出城市居民幸福指数会随着年龄的变化而高低不同，不同年龄段的人们体验到的幸福感程度有所差异。这样的结果提示，国家政策制定者应兼顾处在不同年龄阶段居民的生存状态，给予适当的政策支持，提升其主观幸福感。

第三节　受教育水平与城市居民幸福指数

受教育水平与幸福、健康、长寿及社会经济地位正相关（Michalos，2008）；受教育水平与主观幸福感之间的正相关在欠发达国家特别明显（Diener et al.，1999）。教育是培养人的活动，其出发点和归宿都是为了人的幸福。如诺丁斯（2003）所说："幸福与教育具有内在的一致性：幸福应当成为教育的目的，而好的教育会增进个人与公共幸福。"两者之间的这种关系，是否在现实生活中也存在呢？不少研究者就教育与幸福的关系进行了科学探讨。

在主观幸福感的研究中，大多数研究者认为较高的教育水平是受访者感到幸福的一个重要影响因素，多数受访者都强调教育对主观幸福感的积极效应。如Oswald（1997）将教育与主观幸福感之间的关联归结为一个基本结论：受过良好的教育是主观幸福感程度较高者的基本特征之一。Hartog和Oosterbeek（1998）分析了教育对人们主观生活质量的影响途径，认为良好的教育能有助于人们获得稳定的高收入工作、控制更多的经济资源及构造稳定的社会关系，从而增强其主观幸福感。他们的这一观点也受到其他研究者的肯定（Gerdtham & Johannesson，2001；Michalos，2008）。国内研究者也得出类似的结果，如最近葛腾飞等（2016）开展的中国综合社会调查得出，"受教育水平对居民幸福感呈显著正向效应，但受教育水平与城市居民幸福感并非呈简单的线性相关关系"的结论。此外，中国家庭金融调查与研究中心2015年的报告显示，受教育水平的提高并不会导致理论意义上居民幸福感的提升。黄嘉文（2013）通过多元线性回归和路径分析发现，受教育水平越高，城市居民幸福感越高，两者呈显著正相关关系。罗楚亮（2006a）调查发现，不同受教育水平的被试者之间的回答具有比较明显的差异，大体上表现为受教育水平越高，选择"很不幸福"与"不幸福"这两个选项的人群比例越低；选择"比较幸福"与"很幸

福”的人群比例越高。相反，也有研究认为教育对幸福似乎没那么大的作用，如袁鸣和付少平（2013）运用逻辑回归模型统计分析，认为在对性别、年龄、地区等相关变量进行控制后，受教育水平对幸福感无显著影响。这种截然相反的结论在张学志和才国伟（2011）的研究中也被重复验证，他们发现学历对高收入和低收入阶层的生活水平状况分析并没有显著的效应。

上述研究关于受教育水平与幸福感之间的关系，学界因研究的视角、方法的不同，所得结果存在较大差异。为此，我们的调查再次考察了受教育水平与城市居民幸福指数之间的关系，以期能弄清楚两者之间的真实关系，为深入推进教育领域改革，落实并扩大义务教育的覆盖面，进一步提高全民的文化素质和教育水平提供理论支持。

研究者对调查数据进行方差分析，结果见表4-3。数据显示，除了文化生活满意度和健康状态满意度之外，受教育水平对居民的总体幸福指数、经济生活满意度、政治生活满意度、环境生活满意度和人际关系满意度均有显著影响。进一步进行多重比较发现，具有大专及以上学历的城市居民的总体幸福指数、经济生活满意度和人际关系满意度均显著高于初中及以下学历者；初中及以下、高中中专学历者的环境生活满意度都显著高于大专及以上学历的城市居民。

表4-3　不同受教育水平居民幸福指数各方面平均得分差异的F检验

	初中及以下（M±SD）	高中中专（M±SD）	大专及以上（M±SD）	F
总体幸福指数	3.56±0.64	3.60±0.66	3.66±0.65	3.59*
经济生活满意度	3.08±0.81	3.18±0.84	3.23±0.81	4.46*
政治生活满意度	3.18±0.72	3.31±0.73	3.08±0.67	12.85***
文化生活满意度	3.47±0.73	3.49±0.73	3.46±0.69	0.17
健康状态满意度	3.06±0.81	3.13±0.83	3.08±0.82	0.72
环境生活满意度	3.28±0.76	3.27±0.77	3.04±0.75	20.71***
人际关系满意度	4.03±0.61	4.12±0.55	4.12±0.50	4.19*

由此可以推断，受教育水平对当前我国居民的幸福指数具有一定的影响，且该影响在幸福指数的不同方面有着不同的表现。从教育的

社会经济意义上而言，随着我国市场化进程的日益加快，教育回报已经成为影响城市居民幸福感的重要因素。教育可以通过传播知识促进个体的身心发展，进而增加幸福体验（金生鈜，2009）。教育之所以能切入人的幸福，是因为幸福是一种客观性的主观存在，幸福在本质上是一种人的主观状态，而教育的本质是改造和建构人的主观世界、直接指向人的精神的活动（孟建伟，2010）；教育之所以能对人的幸福有所作为，是因为教育有助于改善个体生存和发展的外在条件，更有助于提升个人的幸福能力（余英，2014）。本研究发现，受教育水平对当前我国居民的幸福指数具有一定的影响，并且该影响在幸福指数的不同具体方面有着不同的表现。其中，受教育水平较高的居民在总体幸福指数、经济生活满意度和人际关系满意度上得分较高。张厚粲（2010）认为教育能促进个体成长，使其获得更多机会，同时也会改变个体的认识水平，进而提高其对幸福的标准。受教育水平对城市居民主观幸福感的这种作用，究其原因可以从以下两方面得到解释：

一方面，教育的核心是文化知识，个体通过掌握和运用知识，逐渐内化自身智慧，从而获得一种内在的幸福感。教育本身就包含着一些幸福的元素，教育多少都会触及真善美，都会有读书、思考和探索，都会带来充实和发展，从而或多或少给人带来幸福和快乐（龙宝新，2008）。此外，教育还可能影响个人的经济地位，增加其获得社会支持的机会。陆学艺（2002）发现我国教育的收入回报率大约为6%~7%，即每多受一年教育，收入会增长6%~7%。由此可见，受教育水平越高，往往意味着生存条件越好、发展机会越多，并可以获得更多的人际支持，在人力、物力、财力方面的占有率明显高于低学历者，达成目标的可能性就变大，进而获得成就感和幸福体验的可能性就越大。这就为本研究发现受教育水平高的城市居民在总体幸福指数、经济生活满意度和人际关系满意度三个指标上，显著高于受教育水平低者提供了现实依据。

另一方面，个人在知识面扩大、认识水平提高的同时，对幸福的标准和要求也可能会相应提高。例如，受教育水平较高的群体可能会

预期相对更完善的政治制度和更适宜的生活环境，当与其他群体共同面对同样的社会不公平现象以及食品药品安全问题等客观事实时，难免会因要求较高、差距较大而影响幸福体验。也就是说，受教育水平较高者具有更高的预期，而难以实现的预期可能成为主观幸福感的消极影响因素，受教育水平较高的人可能对生活与工作具有更为强烈的不满足感，他们可能面临着更大的工作压力（Cuñado & de Gracia，2012）。这就能解释为什么高学历者在政治生活满意度和环境生活满意度上的得分反而比学历较低者更低。然而这并未否定教育对幸福的作用。许多研究均指出，教育是幸福的保护性条件，教育对人的影响始终是积极有用的（郭永玉，2010）。因此，要不断提高国民的受教育水平、保障居民拥有平等的受教育机会，为提升居民幸福指数保驾护航（扈中平，2008）。

总的来说，不论是从教育本身所蕴涵与潜藏的幸福元素的意义上讲，还是从人们可以赋予教育过程幸福元素的意义上讲，教育自身都可能是幸福的。但是学生是否有上学幸福感（或学校满意度），则与学生的个人特点和学校的特点有关。因此，学校应关注人性、尊重人性。教育中应注重多元、发现和探索，提倡关爱、尊重和鼓励学生的个性发展，使学生有更多的获得感和幸福感。

第四节　健康水平与城市居民幸福指数

健康是个人幸福的基本前提，也是关乎每个人生命延续的重要课题，还是事业成功的保障、获得人生幸福的源泉。要创造人生辉煌、享受生活乐趣，就必须珍惜健康，学会健康生活（程翠萍，2013）。身体健康状况是幸福感最基本的要素，良好的身体是人们一切活动的基础。当个体身体状况良好时，个体对幸福的感受更多受其他因素的影响，但当身体健康状况较差时，身体疾病造成的生理痛苦与心理压力往往成为人类追求幸福的重要阻碍因素。如洛克（2006）所言："健全的精神寓于健康的身体。"随着人们行为方式和饮食结构的改变，身体活动及能量消耗呈下降趋势，从而导致了诸如冠心病、糖尿病、肥胖、高血脂、高血压、高血糖、暴食症、消化系统疾病等慢性疾病的高发（谭广等，2009）；加上空气污染、噪声污染、水质污染等危害居民健康的负面因素增多，导致城市居民的身体健康状况堪忧，进而会降低居民的主观幸福感。由此可知，身体健康状况与人们的幸福感之间存在密切的联系。

大量以往的研究表明在影响幸福感的诸多因素中，健康状况被视为是影响幸福感的重要因素之一。Luechinger（2010）使用欧盟国家数据发现，空气中二氧化硫的浓度对个人幸福感具有负向影响，类似的结果也出现在其他研究者对美国环境指标和幸福感的调查中（Cuñado & de Gracia，2013）。而且，Gerdtham和Johannesson（2001）的研究认为，健康状况会影响居民的幸福感。国内研究者葛腾飞等人（2016）认为，健康状况与居民幸福感显著正相关，与健康状况好的居民相比，健康状况一般的和健康状况差的居民幸福感较低。李艳玲（2006）的调查结果也显示不同健康状况群体之间的主观幸福感存在显著差异。孙庆洲和王军（2012）采用结构方程分析调查数据，也得出高自评健康组在幸福感上的得分显著高于低自评健康组的结论。黄永明和何凌云（2013）的统计年鉴数据发现，空气污染显著地降低了居民的主观幸福感，居住在二氧化硫排放量、烟尘排放量以及建筑和拆迁扬尘产生量较高地区的居民更不幸福，原因是环境污染影响了他们的身心健康。

之前的研究似乎对健康与幸福感之间的关系的看法颇为一致，说明人们的幸福感都摆脱不了身体健康的影响，那么，身体健康问题是否真的会影响幸福感呢？我们就这一问题也进行了系统调查，要求被试报告自己近一年来的健康状态，关注其受疾病困扰的程度，分析健康状况与幸福指数的关系。

对调查数据进行初步整理后，研究者以幸福指数为因变量，健康状况为自变量进行方差分析，结果见表4-4。调查数据显示，身体健康状况对城市居民的总体幸福指数及6个具体领域幸福指数均有显著

影响。大致表现出身体健康困扰越多，幸福指数越低的趋势。其中没有健康困扰的居民各项平均得分均较高，有很多健康困扰的居民各项平均得分均较低。自我报告有很多困扰的居民的幸福指数得分大多低于均值3分，相反没有健康问题的居民的幸福指数得分均高于3分。

表4–4　我国不同身体健康状况居民幸福指数各方面平均得分差异的F检验

	没有困扰（M±SD）	只有一点困扰（M±SD）	有一些困扰（M±SD）	有很多困扰（M±SD）	F
总体幸福指数	3.75±0.68	3.69±0.59	3.54±0.65	3.29±0.70	25.38***
经济生活满意度	3.34±0.82	3.26±0.76	3.08±0.80	2.78±0.85	25.00***
政治生活满意度	3.27±0.74	3.12±0.66	3.02±0.66	3.05±0.68	14.74***
文化生活满意度	3.55±0.75	3.52±0.64	3.39±0.66	3.17±0.81	15.13***
健康状态满意度	3.34±0.79	3.13±0.76	2.89±0.78	2.64±0.91	52.85***
环境生活满意度	3.25±0.77	3.17±0.74	2.99±0.72	2.79±0.86	22.95***
人际关系满意度	4.19±0.56	4.13±0.46	4.03±0.53	3.94±0.58	14.83***

进一步多重比较发现，城市居民健康状况“没有困扰”和“只有一点困扰”两组人，只在“健康状态满意度”一项上有显著差异；健康状况“有一些困扰”和“有很多困扰”两组人在“人际关系满意度”“环境生活满意度”“政治生活满意度”上无显著差异，在其余维度上，两两差异显著。

同之前的大部分研究结果一致，本研究中也发现身体不健康对幸福感有显著的消极影响，更差的身体状况与更低的幸福感相联系。身体健康问题是如何影响幸福感的呢？我们认为可能存在两种路径：一是疾病产生的生理痛苦直接影响个体的幸福感；二是生理疾病使个体产生心理压力从而影响幸福感。如有研究发现，由于对疾病的担心和不确定，40%以上的癌症患者都有中等程度以上的焦虑、抑郁等情绪(杨智辉，王建平，2011)。除了各自单独对幸福感产生消极影响，生理痛苦和心理压力间还可能发生交互作用，从而形成恶性循环，最终共同影响个体的幸福感（史继红等，2014)。实际上，饱受疾病困扰的居民常会体验到慢性疼痛，幸福感因这些漫无止境的痛苦烟消云散。

还有一种可能是经常生病的人情绪波动较大，爱发脾气，与他人相处容易产生摩擦，与外界环境关系失衡，也经常对自己感到不满。与之截然相反的是，身体健康的人则相对更能保持良好的情绪和健康的心态，与人相处也较为融洽，乐于与他人接触并开放自己，对自己的满意感也相对较高，并且这种心理上的满意感又会给生理带来健康愉悦的感受，从而形成良性循环（赵云猛，2008）。

由于年龄与身体健康状况存在一定的关系，我们以年龄和身体健康状况为自变量，各幸福指数为因变量，进行多元方差分析；结果显示，年龄和身体健康状况的交互作用对经济生活满意度［F（12, 2093）=2.60，p<0.01］和健康状态满意度［F（12, 2093）=2.11，p<0.05］有显著影响。简单效应分析发现，25~54岁居民身体健康困扰越多，经济生活满意度和健康状态满意度平均得分越低；而18~24岁和55岁以上居民身体健康状况对其经济生活满意度和健康状态满意度无显著影响。由此可以推断，身体健康状况对不同年龄段居民幸福指数的影响程度不同，即相对两端年龄段居民（18~24岁及55岁以上），中间年龄段居民（25~54岁）的经济生活满意度和健康状态满意度受身体健康状况的影响更大。这可能是因为中间年龄段群体正扮演着社会、家庭核心支柱的角色，承担着相对更多的责任和义务，更需要健康的身体作为其为自己和家人拼搏奋斗的“革命本钱”。同时，该群体的身体状况逐渐由盛转衰，器官功能、免疫功能趋于降低（许强，2007），此时个人的先天体质与后天锻炼对健康状况的影响逐渐凸显，身体健康状况的个体差异较为明显。本研究的数据还显示，在中间年龄群体中，选择没有健康困扰、只有一点健康困扰和有一些健康困扰的人数比重基本均衡，而两端的年龄群体分别是选择没有健康困扰或有一些健康困扰的人数比重更大。这种较大的个体差异也会使该群体在与同龄人比较时产生较大压力，尤其是老年人群体，身体机能持续下降，可能会感受到老年痴呆、骨质疏松、便秘、腰椎颈椎疼痛等多种疾病带来的困扰（王发渭等，2006），进而影响其幸福体验。

总体来看，身体健康不仅是人全面发展的基础，也关系着国民的

幸福。但是值得注意的是，人们对自己的健康状况可分为主观评价和客观评价，个人对自己健康的主观评价与幸福感相关；但医生给出的客观评价与幸福感的关系比较复杂，且与个人是否相信评价有关。同时，健康状况的主观评价与幸福感的相关性更容易受人格特质的影响。例如高神经质的人可能痛苦地抱怨自己身体不健康，但他的身体状况很好。尽管客观的健康状况对幸福的影响可能不大，但有许多证据表明，幸福可以通过免疫系统对健康状况产生积极作用。与不幸福的人相比较，幸福的、拥有积极情感的人免疫系统机能更强、更少生病、更长寿（Cohen & Pressman，2006；Steptoe，Dockray & Wardle，2009）。

第五节　婚姻状况与城市居民幸福指数

婚姻是家庭的基础，家庭是社会的细胞。美满的婚姻被视为人们幸福生活必不可少的一部分。婚姻的基本价值，不仅在于其对婚姻行为主体的苦乐体验意义，同样还在于它的社会意义。婚姻不只是传宗接代的外在形式，也具有预示个体良好的社会适应和社会地位的功能(李后建，2013)。婚姻质量的好坏对心理健康、生活满意度有着重要的意义。婚姻状态与幸福感的关系一直受到多个学科研究者的关注和讨论。比如文学研究者柳卓霞（2010）思考："是幸福的人选择了结婚，还是婚姻会使人幸福?"又如心理学研究者池丽萍（2014）认为：是否幸福取决于人们生活在什么样的社会文化背景中。那么，婚姻状态与幸福感水平究竟存在怎样的关联呢？这一问题不断在不同社会文化背景、不同经济水平的人群中被反复提及。

国外的许多研究都表明，已婚的人比单身的人幸福，单身包括离异、分居和未婚（Myers，2000；Glenn & Weaver，1988；Lee et al.，1991；Mastekaasa，1994；Stutzer & Frey，2006），然而，最不幸福的是套在不幸福婚姻之中的人。近期一项大规模的中国综合社会调查发现，中国已婚群体的幸福感最高，未婚群体次之，分居、离婚群体幸福感较低，丧偶者幸福感最低（池丽萍，2016）。针对护士和青年军官等特殊群体的调查显示，主观幸福感与其婚姻质量显著正相关（潘谷颖，潘乃林，2013；王巍，2012），婚姻并不是“爱情的坟墓”，结过婚的人更加幸福。通常来说，已婚者比未婚者、离异者、丧偶者拥有更健康的身体、更长的生命、更健康的心理和更高的自我报告幸福感水平。

然而，也有研究者认为婚姻对主观幸福感的影响并非如此积极。例如，邢占军和金瑜（2003）的研究结论表明，从总体上看在城市样本中单身未婚群体的主观幸福感显著高于那些已经结婚的生活群体，这一结果与Stack和Eshleman（1998）的调查结果一致。又如，吴丽民等（2007）对不同婚姻状况居民的幸福感及苦乐源进行分析，发现在对以往幸福感的回顾方面，未婚人群优于已婚人群，在对目前的幸福感受以及对未来五年后的幸福预期中，已婚人群优于未婚人群。另有研究表明，已婚城市居民和未婚城市居民在主观幸福感总分方面并无显著差异，但在心态平衡、社会信心等具体领域幸福感上存在一些差异（李艳玲，2006）。

那么婚姻是否确实预示着人们具有高水平的幸福感呢？为弄清楚这一问题，我们的幸福指数调查中也涉及了这个问题。调查数据显示，婚姻状况对居民的总体幸福指数、经济生活满意度、文化生活满意度和人际关系满意度均有显著影响，而在政治生活满意度、环境生活满意度、健康状态满意度3个指标上差异不显著。进一步多重比较发现，已婚居民的各项平均得分均较高，未婚居民的各项平均得分均较低，分居、离异或丧偶（婚姻状况为其他）对居民幸福指数的负面影响主要体现在总体幸福指数和人际关系满意度两方面（见表4–5）。

表4–5　我国不同婚姻状况居民幸福指数各方面平均得分差异的F检验

	未婚(M±SD)	已婚(M±SD)	其他(M±SD)	F
总体幸福指数	3.53±0.64	3.69±0.66	3.53±0.65	13.90***
经济生活满意度	3.05±0.77	3.27±0.82	3.17±0.85	17.16***
政治生活满意度	3.09±0.68	3.15±0.70	3.17±0.71	1.61

续表

	未婚(M±SD)	已婚(M±SD)	其他(M±SD)	F
文化生活满意度	3.39±0.71	3.51±0.69	3.43±0.69	6.52**
健康状态满意度	3.05±0.78	3.10±0.83	3.18±0.86	1.30
环境生活满意度	3.09±0.74	3.13±0.77	3.04±0.76	0.67
人际关系满意度	4.06±0.54	4.13±0.52	3.96±0.50	6.54**

婚姻生活是幸福人生的重要组成部分，这一点已被国内外研究者反复论证（陈璐，王威海，2013；Coombs，1991）。本研究发现，婚姻状况对居民的总体幸福指数、经济生活满意度、文化生活满意度和人际关系满意度均有显著影响，其中已婚居民的平均得分相对其他居民均较高。婚姻状况与幸福感究竟是如何联系起来的呢？这可能是因为婚姻能够为个体提供工具性和情感性支持，从而实现维持个体心理健康和幸福感的保护功能（Wilson & Oswald，2005）。例如，经济学的资源理论认为婚姻可以通过带来伴侣收入、降低生活成本在一定程度上减少经济负担，两个人结合成为一个经济体，可以共享居所等生活物资，分担生活成本。同时，婚姻代表着一种社会契约，可以提供持久的归属感和稳定的亲密关系，并且伴侣间的日常互动也有助于缓解心理压力，在一定程度上减少负性情绪，增加幸福体验。而且，社会文化因素也在婚姻关系中起作用。在注重集体的社会中，社会对婚姻的认同程度比较高，所以结婚的人得到的积极情感较多。婚姻制度规定下的婚礼被看作是对忠诚的公共承诺形式，婚姻降低了伴侣关系的不确定性，强化了双方的承诺和相互付出（Diener et al.，2000）。基于婚姻承诺，已婚者在亲密关系、经济资源和社会资源等方面都表现出超越其他人的优势，有一个持久的、支持性的亲密关系能帮助个体免受孤独的煎熬。相关调查研究认为婚姻对个人的幸福水平有一些积极的影响，如可以让人们更容易走出生活困境、得到情感和经济方面的帮助等，所以婚姻能提高幸福感（Graham et al.，2004）。不可忽视的是不结婚带来的损失也会影响婚姻状况与幸福感的关系。因此，婚姻承诺所带来的经济资源、社会网络和心理需求满足三个方面的好处，

能解释出婚姻为何能够提升个体的主观幸福感。

被调查的城市居民在政治生活满意度、环境生活满意度、健康状态满意度上并无显著差异，似乎暗示人们结婚与否，对政治生活的态度，对环境状况的感知以及对自身健康状态的把握并无明显变化。造成这一结果的原因可能是，政治生活和环境生活的满意与否与执政党的政策导向、福利措施、民主权利等有关，而健康水平则更多取决于个体的生活作风、运动量、饮食习惯等，而这些因素受婚姻状况的影响较小（张贵良等，1996）。值得注意的是，在有些地区已婚者的幸福感和生活满意度并不一定会比未婚同居者高，这可能是在这种特殊的社会文化环境中，未婚同居和婚姻破裂的现象较为普遍的原因（Zimmermann & Easterlin，2006）。所以，婚姻对人们幸福感的影响还是存在某些不良作用，这同样取决于社会文化氛围对婚姻的态度。

和谐美满的婚姻会带来幸福，那么哪些因素会促进婚姻和谐美满呢？根据巴伦和伯恩（黄敏儿等，译，2004）的观点，最主要的因素是：

1.夫妻在态度、价值观上的相似性

和谐美满的夫妻总是在态度、价值观、兴趣等方面具有很多相似性，好夫妻结婚时便很相似，而且随着时间推移，这种相似不但不会减少，反而会增加。这是因为一对打算结婚的恋人在除身体吸引和性吸引之外，都会仔细考虑他们之间的相似和不同之处。相似的人结婚，夫妻关系融洽。他们在想象中与对方相似并在行为上与之相似。因此，态度、兴趣、价值观和政治见解相似的夫妻，更可能对婚姻满意，维持婚姻，避免冲突和不忠，为子女提供稳定的家庭环境。

2.个人的人格特点

例如，有责任心、有能力管理愤怒等消极情绪的人，不会因家庭琐碎的小事而与伴侣发生严重冲突。又如，自恋的人总觉得自己优于他人，追求的是爱人的钦佩与爱慕，对批评很敏感，对他人缺乏同情心，并有一定的剥削性。这种人很难有幸福的婚姻。其他人格特点如焦虑、抑郁、悲观和神经质等都可能会导致夫妻交往困难并使婚姻

破裂。

3.婚姻中问题的处理

夫妻意见不合甚至发生争吵，在婚姻中是时有发生的事。对当事人而言，千万不要有争个输赢的想法，夫妻间的争论不是一场必须分出输赢的比赛，既不要争强好胜，也不要假装冲突不存在，更不要用侮辱性、破坏性的方式反击对方。遇到冲突时，双方都要冷静下来，仔细考虑怎样把争吵引向建设性的方向。要设身处地地从对方的角度去思考问题，理解对方的难处，相互理解、相互支持、相互帮助。如此处理，冲突不但能够被化解，夫妻关系还会更加恩爱。

第六节　宗教信仰与城市居民幸福指数

根据2007年的数据，中国居民中明确认为自己有宗教信仰的人所占比重已达21.79%，这些信教群体主要集中在中国农村，占农村人口的65%（阮荣平等，2011）。如此庞大的信教人口，显示出宗教信仰已经成为人们日常生活的一部分。宗教是一种过程，是对与神圣事物相关的事物或方式意义的一种追求（Zinnbauer et al.，1997）。宗教信仰作为人把握世界和生命的一种独特的方式，充分体现了人的主观能动性和精神对物质的反作用（孟唯一，2013a）。

大多数教徒参加宗教活动不是出于“神秘感”和“好奇心”，而是想解决“精神上的烦闷”和“生活上遇到的困难”。建立和维持宗教信仰的过程中可以扩大个体的人际网络，无配偶个体可以在宗教信仰中找到相应的社会支持和归属感。归纳起来，信仰宗教的功能包括两种：寻求心理安慰与自我实现的需要。一方面宗教信仰作为一种特殊的心理需要，能够弥补和治愈心灵创伤（戴燕，2008）。宗教通常有一些固定的群体活动或者仪式，既扩大了人们的活动空间，满足了人们的交往需要，又通过这种仪式和自己信仰的神明对话，祈求庇护、平安等，使人们获得心理上的安全感和归属感。另一方面，不论佛教的轮回、基督教的天堂，都使信徒相信，只要依从教义，通过积德行善、保持信仰，必将使人进入美好境界，把在现实中无法实现的目标对神明、上帝祷告，向老天祈福，以这种方式完成自己的心愿，实现自我的价值（孟唯一，2013b）。

以往研究对宗教信仰与主观幸福感之间关系的看法不一，既有两者无关系的结论，也有认为两者之间存在正向关系的见解。认为宗教信仰与主观幸福感没有关系的研究有，罗燕（2012）采访的101位被调查者中，信教者与不信教者的总体幸福感之间无显著性差异；同样，阮荣平等人（2011）利用河南省某县340户农户样本数据检验了宗教信仰与主观幸福感之间的关系，发现无论是何种形式的宗教参与都与总体主观幸福感没有显著的相关关系。

相反，认为两者有正向关系的研究多集中于老年人和大学生群体。对于老年人全体的实证研究认为，老年人的宗教参与可以提高其主观幸福感：与无宗教信仰者相比较，有宗教信仰者老年人在临终前体验到较高的主观幸福感（Brown & Tierney，2009；Krause & Ellison，2003）。另有王武林（2012）对过去6年的“中国城乡老年人口状况追踪调查”数据使用回归分析得出，当排除了人口学、城乡、地区、经济状况、健康状况、家庭代际关系等控制变量后，有宗教信仰的老年人的主观幸福感显著高于无宗教信仰者。而且王璇和马琪山（2015）的研究发现，不同宗教卷入程度的老年基督教徒的主观幸福感有显著差异，高宗教卷入程度的老年基督徒的主观幸福感高于低宗教卷入者。在大学生群体中也有类似的结论，例如，宗教信仰可以促进研究生的主观幸福感（李昊等，2010），宗教信仰尤其对少数民族大学生的心理健康和主观幸福感能够起积极的调节作用（杨玲等，2013）。大学生信教者的宗教态度能够正向预测主观幸福感，自尊和社会支持在宗教态度和主观幸福感之间分别发挥中介作用（康廷虎，曹彦，2015）。

现实中，宗教信仰可能会有效缓解个体的生理痛苦及其导致的心理压力，进而减缓不良身体健康状况对幸福感的消极影响。在中国，因身体健康问题而求助于宗教的情形普遍存在。一项对中国人信仰基督教原因的调查发现，36.4%的个体是由于身体疾病而开始信仰基督

教（陈宁，2013）。另一项研究也发现，在中国每500名到寺庙进香的人中96.6%的抽签都与治病有关（杨庆堃，范丽珠，2006）。为何如此多的中国人在身体健康出现问题时会求助于宗教呢？陈宁（2009）的一项质性研究为此提供了一种解释，他发现个体希望通过信教来缓解自身的生理痛苦，以及各种疾病对自身及家人造成的心理压力，和由此导致的家庭关系失衡、破裂。人们能从持有的宗教信念或进行的宗教活动中获得慰藉，从而缓解各种问题及其产生的心理压力，进而提升幸福感。那么，信教能否能真正提升患病个体的幸福感呢？

综上所述，尚未有研究深入考察过城市居民的宗教信仰与其幸福指数之间的关系，两者之间的关系究竟如何，值得进一步探讨。因此，我们的调查就针对这一具体问题展开，深入调查了城市居民的宗教信仰与幸福指数之间的关系，并探索了身体健康状况这一因素可能的协同作用。

调查数据显示，信教组与不信教组的城市居民的总体幸福指数及经济生活、政治生活、文化生活、环境生活、健康状态、人际关系6个领域的幸福指数均无显著性差异，结果见表4-6（F值均不显著）。这似乎提示我们，宗教信仰对城市居民的幸福感受没有什么影响，宗教信仰的作用并不像许多宗教团体宣传的那样神奇，并不能提升城市居民的幸福感。

表4-6　我国不同宗教信仰状况居民幸福指数各方面平均得分差异的F检验

	不信教(M±SD)	信教(M±SD)	F
总体幸福指数	3.63±0.66	3.65±0.63	0.40
经济生活满意度	3.18±0.81	3.21±0.79	0.78
政治生活满意度	3.12±0.70	3.14±0.66	0.17
文化生活满意度	3.64±0.70	3.44±0.69	0.33
健康状态满意度	3.06±0.81	3.11±0.81	1.34
环境生活满意度	3.10±0.76	3.11±0.76	0.08
人际关系满意度	4.10±0.53	4.10±0.54	0.02

为深入探讨了解不同身体健康状况的被试群体有无宗教信仰时的总体幸福指数状况，研究团队对不同群体的幸福感得分平均数、标准差进行分组统计，结果如表4-7所示。

表4-7　宗教信仰对不同身体健康状况群体总体幸福指数的影响

幸福感得分	有宗教信仰(M±SD)	无宗教信仰(M±SD)
没有健康问题	3.42±0.58	3.44±0.54
有一点	3.35±0.51	3.37±0.49
有一些	3.21±0.52	3.25±0.53
有很多	3.20±0.63	2.98±0.61

进一步通过多因素方差分析检验宗教信仰与身体健康状况对幸福感的主效应与交互作用，结果发现宗教信仰对幸福感的主效应不显著［F（1，5163）=2.50，p>0.05］，身体健康状况对幸福感的主效应显著［F（3，5161）=45.88，p<0.001］，两者对幸福感的交互作用影响显著［F（3，5161）=3.96，p<0.01］。为直观了解宗教信仰与健康的交互作用对幸福感的影响作用，研究者绘制了两者交互作用图（图4-1）。

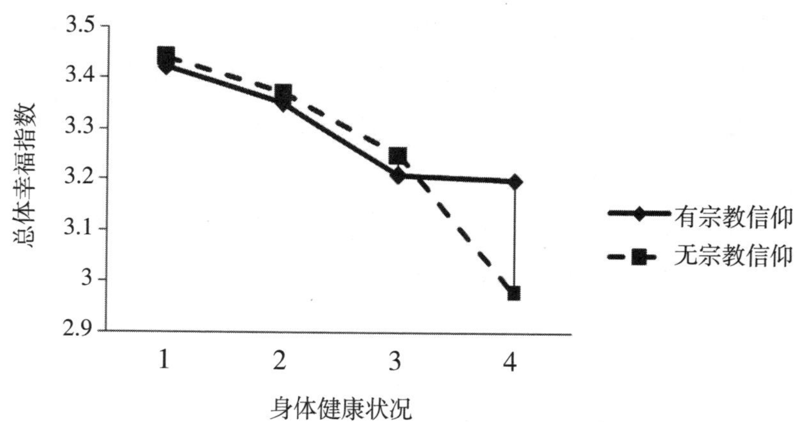

图4-1　宗教信仰与身体健康对幸福感的交互影响

研究者对宗教信仰与身体健康在幸福感上的简单效应进行检验，结果发现在没有健康问题、有一点健康问题以及有一些健康问题三种健康水平上，有宗教信仰与无宗教信仰的被调查者在幸福感得分上无显著差异［F（1,5157）=0.92，p>0.05；F（1,5157）=0.22，p>0.05；

F（1,5157）=1.18，p>0.05］，但对于有很多健康问题的群体而言，有宗教信仰者幸福感显著高于无宗教信仰者［F（1,5164）=9.95，p<0.01］。这一结果表明，宗教信仰与身体健康对幸福感影响显著主要体现在对有很多健康问题人群的影响上。

本研究结果发现宗教信仰对城市居民的主观幸福感并无明显作用。出现这样的结果，可能因为城市居民的文化水平较高，对客观世界的认知能力和掌控能力也较强，即使人们具有某种宗教信仰，也还是能保持理性的观念。相反，以往在农民群体和老年人研究中所得出的宗教信仰对于农民（老年人）有其特定的心理安慰功能（刘海强，2014；高椿雷，2008），可能是由于农民的文化水平普遍偏低，老年人认识能力衰退，易出现心理困惑。在基督信仰中经常出现的祷告仪式和教徒的忏悔情景往往伴随着情绪的宣泄、倾诉和哭泣，有利于排放消极情绪产生的化合物，有利于缓解压力。因此，宗教卷入有助于这些教徒释放内心积郁和缓解精神压力，从而使信教者产生轻松愉快的情感体验，提高主观幸福感。

本研究中还发现宗教信仰能可以调节个体身体健康和幸福感间的关系，且这一调节作用对于有很多健康问题的个体尤其显著。本研究结果也与之前多项研究结果一致：以西方基督教和犹太教群体为被试的研究也发现宗教信仰能够改善身体健康状况较差个体的抑郁程度，某种程度上表明宗教信仰对缓解身体健康问题造成的压力进而减缓抑郁、提升幸福感具有跨文化的一致性（Gerdtham & Johannesson，2001；赵林，2005）。我国台湾的一项研究也发现，相信最高天神（玉皇大帝）的存在能够提升身体健康状况较差个体的幸福感（Diener & Chan，2011），该研究与本研究结果的一致可能主要源于中国台湾和大陆宗教文化同根同源、共性大于差异。对于中国人而言，疾病是个体走向宗教的原动力之一，个体试图通过信教改善健康状况并获得支持，而本研究结果也表明信教的确能使部分人获益。

为何宗教信仰能够提升有很多健康问题个体的幸福感，而对健康问题不是很多的个体的幸福感却无显著影响呢？这一结果可以从资源耗竭（客观）和个体应对（主观）两方面加以解释。首先，从资源耗竭角度来看，有很多健康问题的个体承受着更大的生理痛苦与心理压力，需消耗更多的资源。并且，由于其家人也承受着较大压力，因而个体难以从外界获得支持，此时，宗教信仰给予个体的支持与归属感就显得尤为重要。而对于健康问题不是很多的个体，其无论是在生理痛苦还是心理压力上所耗竭的资源均不是太多，因此，信教对其幸福感的改变作用并不明显。其次，从个体应对来看，个体在面临较大压力时更会由于难以承受而试图改变现状。对于有很多健康问题的个体，由于压力过大，其更可能做出改变现状的行为，但由于自身可利用的资源不多，更会倾向于借助宗教的力量来应对压力。未来的研究可以对这两种解释做进一步验证。

那么，宗教信仰是如何促进有很多健康问题个体的幸福感的呢？本文认为可能存在以下途径：个体通过将压力性事件解释为神对自己的考验，所知觉到的压力相对较小；个体相信自己可以借助神的力量应对压力事件，从而增加自我效能；个体通过宗教信仰增加自我存在的确定性，从而形成强烈的生活目标感与意义感，增强对生活的可控感。此外，个体还可以通过“生死轮回”以及“因果报应”等宗教信念减缓疾病造成的心理负担：“生死轮回”的信念可以减缓个体的死亡焦虑，“因果报应”的信念使个体确信这个世界是公平的，从而能够帮助其更有效地忍受病痛（梁丽萍，2004）。宗教的一些教义，如把人们遇到的困境、灾难等归结为“天命”，从而降低人们的心理失调程度，减轻心理焦虑，为处于困境中的人们提供一个超自然的避难所，使人们在精神上得到某种慰藉。未来的研究可以对以上途径进行检验，从而进一步明确宗教信仰对提升存在很多健康问题的个体幸福感的作用机制，并使之服务于临床治疗。

自20世纪70年代开始，宗教信仰与幸福的相关问题，一直受到学界的关注。Ellison Paloutzian（1977，1979）在美国心理学会上介绍了他们对宗教幸福感与生活满意度、生活方向感之间关系的研究。该研究采用问卷调查，包含3个因素20道题，具体题目如下：

幸福感问卷

因素1　宗教幸福感
我对上帝祈祷时感到有些不满意。
我相信上帝爱我并关心我。
我相信上帝不是人格化的,对我的日常情况不感兴趣。
对我而言,我与上帝之间有一种很有意义的关系。
我从上帝那里没有得到多少力量和支持。
我相信上帝会关心我的问题。
就我个人而言,我与上帝之间并没有满意的关系。
我与上帝的关系使我不感到寂寞。
当我与上帝有密切的灵交时我感到最充实。
我与上帝的关系提升了我的幸福感。

因素2　生活满意度
我觉得生活是一种积极的体验。
我并不很喜欢自己的生活。
我觉得生活充满了矛盾和不幸。
生活没有多少意义。
我相信我的生活有某种真正的目标。

因素3　生活方向感
我不知道我是谁,从哪里来或到哪里去。
我觉得我的未来不确定。
我觉得我的生活十分充实和满足。
我对自己生活的方向感到幸福。
我的未来充满希望。

有不少研究表明宗教幸福感与生活满意度存在相关，但是否具有因果关系尚需进一步的研究（梅多，卡霍，陈麟书等译，1990）。值得指出的是，宗教幸福感与宗教信仰导致的生活满意度是有区别的，中国人的宗教信仰与西方人的宗教信仰也是不同的，主要表现为对“神、鬼、祖先”的民间宗教信仰。另外，虽然目前多数中国人都是无神论者，但中华民族具有其自身特色的信仰系统。其中，以儒、释、道为代表的传统文化是其精神之源，以“仁、义、礼、智、信”为核心的道德诉求是其精神之魂，以“圣人、君子”为风范的人格理想是

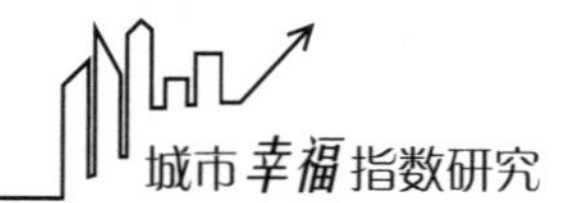

其修身追求，以“天人合一”“民胞物与”为特点的终极关怀是其精神旨归。在“入世”中“出世”，“在世”中“超世”，构成了中国人独特的精神世界。它“让中国人具有很强的民族自信心”（徐俊，刘强，2017）。2015年2月28日，习近平总书记在会见第四届全国文明城市、文明村镇、文明单位和未成年人思想道德建设工作先进代表时强调：“人民有信仰，民族有希望，国家有力量”，更是将民众信仰与中华民族伟大复兴的中国梦结合进行了阐述。在未来研究中，中国城市居民的信仰体系对其幸福指数的预测作用及其机制也是需要学者探讨的问题之一。

第五章　中国城市居民幸福感的经济特征

第一节　收入与城市居民幸福指数

自 Easterlin（1974）首次使用调查数据分析了美国国民个人收入对其幸福感的作用之后，对于收入与主观幸福感关系的探讨，不仅成为了经济学领域中的热点问题，也是积极心理学关注的重点（Shin，1980）。收入增长的意义所在就是要提高民众的幸福感，让每一个生活在经济共同体内的个体获得更多的幸福体验。那么，收入的增长是否伴随着国民主观幸福感的增长？换言之，是不是越有钱就越幸福呢？

为回答这一问题，大量国内外学者开展了跨学科的研究，却没有达成一致的结论，形成了著名的“幸福—收入之谜”（娄伶俐，2009）。一些学者认为收入增长会带来幸福感的增加。比如，对德国居民的收入与主观幸福感进行研究，发现居民主观幸福感的35%～40%的提高源于收入的增长。另一项研究结果认为，绝对收入对主观幸福感影响较大，一个国家的幸福感水平会随着收入增长而增加（Stevenson & Wolfers，2008）。他们的后续研究得出，在一个国家内部，富裕群体的幸福感要高于贫穷群体，在国家之间，经济发达国家国民的幸福感要高于经济不发达国家国民的幸福感（Sacks et al.，2010；Stevenson & Wolfers，2013）。Veenhoven 和 Hagerty（2006）通过对多个国家1946—2004年的国民经济与幸福感数据进行分析，结果发现幸福感会随着经济的发展而增长。同时他们还意外发现，在发达国家幸福感增长趋势是比较小的，而在贫穷国家幸福感随经济增长而提升的趋势是十分明显的。另一个纵向统计研究得出1981—2007年居民的收入与其主观幸福感正相关（Inglehart et al.，2008）。此外，国内的一些研究也发现绝对收入的提高对于提升幸福感存在很大作用。例如，罗楚亮（2009）对2002年全国城乡住户调查数据进行分析，发现绝对收入对幸福感的解释率为17.2%，即增加绝对收入能够在很大程度上提升幸福感。又如，任海燕和傅红春（2011）对2006年中国综合社会调查数据进行分析，结果表明绝对收入对主观幸福感的影响很大，其解释率达到了26.5%。再如，张爱莲和黄希庭（2010）对国内46篇涉及经济与幸福感的文献进行统计分析，发现大多数研究均表明经济状况对幸福感有显著影响。

然而，另外一些研究则发现收入增长并不能提升幸福感。例如，Diener和Oishi（2000）对英国居民的研究显示，尽管人们都希望自己拥有更多的财富，但收入对他们的主观幸福感没有显著影响。Easterlin（2001）对美国1946~1970年间的人均收入与幸福感之间的关系进行研究，结果发现虽然人均收入有显著增长，但人们的幸福感却并没有得到显著提升。之后，学者再次对这一现象进行验证，结果发现尽管美国的人均收入在最近的几十年里有明显的增加，但在同一时期内那些认为自己非常幸福的人的比例却在减少，类似的结果也出现在日本、英国、爱尔兰、比利时的研究中，即收入增长并未带来幸福感的提高（Easterlin et al.，2010；Schimmel，2009）。同样，国内的一些研究也表明我国存在着幸福感与收入的不同步增长现象。中国社科院调查显示，2005年72.7%的城乡居民感觉生活是幸福的，比上年下降了5个百分点。戴廉（2006）发现中国人的幸福感在过去十年中先升后降，与高速的经济发展并不同步上升。西方研究者通过对中国部分地区的幸福感数据进行分析，提出无论是纵向还是在省际的横断分析上，我国出现了经济增长与国民幸福感背离的现象（Veenhoven，2005；Shek et al.，2005；Zhang & Veenhoven，2008）。中欧国际工商学院2006年发布的《2005年中国城市及生活幸福度调查报告》表明幸福指数最高的前两位城市居民收入都不是最高的（田国强，杨立岩，2006）。Easterlin等（2012）通过对中国居民1990—2010年间的生活满

意度的研究，发现伴随着中国经济的空前增长，幸福感并没有得到持续性的提升，其原因可能与收入不均等、失业数量增多等因素有关。

为调和以上两种相互矛盾的结果，不同的学者提出了不同的理论，其中包括“收入拐点论”和“收入分类说”。收入拐点论认为收入与幸福感之间的关系存在一个拐点，当收入低于这个拐点时，收入的增加伴随着幸福感的增加；但当收入高于这个拐点时，即使收入增加，幸福感也是停滞的，甚至下降。大量的国外研究支持这一假说，认为收入与幸福感之间存在一定程度正相关，这种相关关系在低收入人群中更为显著。这一结果包含了来自一个国家内部的研究与国际间的比较。例如，Lever（2004）在对墨西哥的研究中，将研究对象划分为极度贫穷、适度贫穷以及不贫穷3组，结果发现从极度贫穷组到不贫穷组，幸福感逐渐上升。Graham和Pettinato（2001）对发展中国家与转型国家的实证研究结果也表明，收入水平与主观幸福感之间有显著的正向关系，并且在较为贫穷的国家，这种相关性更强。Hagerty和Veenhoven（2003）在对近30个国家的研究结果中发现，在未对这些国家进行某种特别处理前，人均收入水平与幸福正相关，回归结果在0.01水平上，呈显著相关；但如果排除印度的数据，收入与幸福的关系则不再显著。由这些结果可以看出，幸福感是可以伴随着收入的增长而提升的，只不过两者不是直线关系，而可能是一种曲线关系，即当收入增长到一定程度时，其对幸福感的提升作用相对减小（朱建芳，杨晓兰，2009）。而国内对于收入与主观幸福感之间是否存在曲线关系的研究是比较少的。仅一项研究表明，人们的主观幸福感伴随收入增加时存在一个临界值，当收入超过这一临界值时，幸福感反而会降低（田国强，杨立岩，2006）。

收入分类说将收入分为了绝对收入与相对收入，认为是相对收入而非绝对收入对幸福感产生影响。相对收入指的是个体的实际收入相对于某一对照组时的个体所处的位置。目前，相对收入的度量方法主要有两种：一是研究者选定某些特定的因素为指标定义参照组，如教育、年龄、地域等，另一种度量方法是根据被试主观感觉到的自己的相对地位进行排名。有一项涉及20个国家的调查显示：在任何一个国家，社会经济地位高的人往往要比社会经济地位低的人更为幸福（Ball & Chernova，2008）。大量国外研究对于相对收入与绝对收入对幸福感的影响进行了比较研究，有越来越多的证据表明相对收入的确对幸福感的影响作用更大（Powdthavee，2010）。国内的研究也给予相对收入对幸福感的影响以一定的关注，官皓（2010）通过对2008年中国社会科学调查中心（CFPS）在北京、上海、广东三个地区采集的数据进行分析发现，相对收入、地位对幸福感具有显著的影响作用，即相对收入越高，幸福感越强。周春平（2013）对中国综合社会调查2006年的数据进行分析，结果发现在绝对收入对主观幸福感作用不显著的情况下，相对收入对主观幸福感影响显著。目前看来，国内与国外的研究结果是一致的，但存在的问题是，由于国内关于相对收入对主观幸福感的研究所采用的数据较为陈旧，且存在取样不够全面的问题，因此，相对收入是否对我国居民幸福指数影响较大，仍需要进一步验证。

鉴于此，我们的研究团队也考察了收入与城市居民幸福指数的关系，以期为探究收入对于幸福感的影响提供实证依据。

一、绝对收入与总体幸福指数的关系

为了解我国国民目前的收入情况，我们的研究团队将其划分为不同收入层次。描述统计结果发现，年收入在1万元到5万元以下的人口比例最多，占到总调查人数的83.2%。不同收入层次人群的总体幸福指数平均数与标准差见表5-1。

表5-1　不同收入层次人群所占比例及其总体幸福指数

绝对收入（元）	1万以下	1万~2万	2万~3万	3万~4万	4万~5万	5万~6万	6万~7万	7万~8万	8万~9万	9万~10万	10万以上
%	3.6	10.5	18.6	25.6	20.5	1.8	8.7	3.8	1.2	2.0	3.8
M	3.27	3.24	3.29	3.35	3.34	3.46	3.40	3.38	3.43	3.45	3.39
SD	0.59	0.57	0.54	0.52	0.54	0.56	0.54	0.53	0.51	0.54	0.56

为了对不同绝对收入与幸福感的关系有更为直观的了解，并探究两者之间的关系究竟为直线关系还是曲线关系，研究团队以不同的收入层次为自变量，对总体幸福指数进行了单因素方差分析，结果如图5-1所示。由此图可知，绝对收入与总体幸福指数之间并不是简单的直线关系。当年收入在5万～6万元之间时，总体幸福指数是最高的。之后，伴随着收入的继续增长，总体幸福指数上下波动。但事后检验结果表明，当收入超过5万元以后，任意两组不同收入层次人群的幸福感之间的差异是不显著的，即既没有幸福感的显著提升，也没有显著下降。这在统计学上被认为是一种停滞状态。

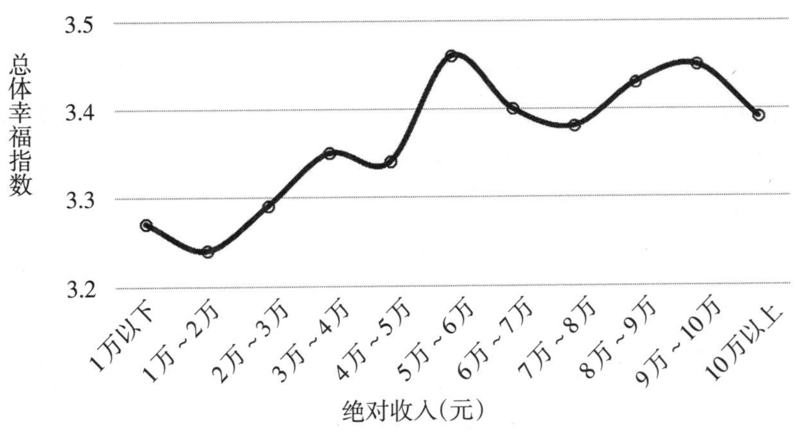

图5-1　总体幸福指数随绝对收入变化趋势

目前对于我国国民的绝对收入与幸福感的关系一直没有明确定论，有学者认为两者之间是完全正相关；而有的学者则认为两者之间并不是完全的正相关，而是曲线关系（邹红兵，2011）。本研究也发现，绝对收入与幸福指数之间确实存在一种曲线关系，即存在幸福感随收入增长变化的临界点。年收入在5万～6万元的群体总体幸福指数是最高的，当年收入超过5万元时，虽然随着收入增长，幸福指数在无规律地上下波动，但实质上总体幸福指数的变化是不明显的。因此，可以推论，当年收入超过5万元以后，收入虽然继续在增长，但幸福感处于停滞状态。Cummins（2000）指出，收入的确是维持幸福感的一个重要因素，对于穷人尤其如此，但是，收入所提升的幸福感有一个最高极限，一旦达到这一极限，收入的增加将不会导致幸福感的变化。Graham（2005）也发现，当收入水平较低时，绝对收入的增长能提升幸福感，但当收入达到一定水平后，绝对收入对其作用会变弱。Myers（2000）在分析1991年人均国民收入和幸福感的关系时发现，在贫穷国家里，财富对幸福感的影响还是比较大的，但是当人均国民收入超过8000美元时，国家财富与国民幸福感的相关就消失了。我国居民人均收入与幸福感之间的关系也与上述结论相符。必须指出的是，两者间为曲线关系并不能否认两者的正相关。同样地，两者在统计学上表现为正相关时并不代表它们的关系一定为直线关系。正相关结论与曲线关系是不矛盾的。结论的不同很大程度上是由于数据分析方法导致的，而将收入分层似乎是得出曲线关系的前提条件。Diener等（2013）也认为，收入与幸福感的关系之所以不确定，很大程度上是因为研究方法、研究年代差异所导致。本研究中的相关分析确实表明绝对收入与总体幸福指数间为正相关，但两者的线性趋势却是曲线的。

此外，以往的大部分研究发现，虽然绝对收入与总体幸福指数之间存在相关性，但两者的相关程度是非常小的，收入对主观幸福感的解释力也很小。本研究再次验证了这一结果，两者的相关只有0.07，绝对收入对主观幸福感的影响作用非常小，只有5.4%左右。Frey和Stutzer（2000）在对瑞士的一项研究中得出结论，在一个国家内部，个体收入同主观幸福感的关系虽然显著但仍较弱。Rojas（2007）通过对墨西哥民众的调查，发现收入对主观幸福感的解释率只有7%。也有研究者说在个体层面，增加收入的确能够增加主观幸福感，但是收入只能解释幸福感的很小的一部分（Mahadea，2013）。关于收入与幸福感的相关以及解释率的问题，我国之前的研究结论则非常不一致。罗楚亮（2006b）对2002年全国城乡住户调查数据进行分析，发现绝对收入对幸福感的解释率为17.2%，即增加绝对收入能够在很大程度上提升幸福感；绝对收入对主观幸福感的影响很大，其解释率达到了26.5%。邢占军（2011）通过分析全国六个省会城市2002年的数据以及山东省2002年到2008年7年的数据，结果发现收入与城市居民幸福

感之间具有一定正相关，但相关系数只有0.14，收入对幸福感的解释率也不足2%。这两项研究的结论非常不一致，这很大程度上与数据样本有关。并且，似乎呈现出收入对幸福感的影响作用越来越小的纵向变化。人们的总体幸福感没有随着收入的增长而增长，但这一推论尚需要来自全国纵向数据的检验。

二、相对收入与总体幸福指数及领域幸福指数的关系

本研究还通过使用相对地位与收入欲望满足程度这两类不同于绝对收入的相对收入指标，来进一步探讨收入与总体幸福感的具体关系。其中，研究相对地位与幸福感的关系时，一般假定存在某个参照组，用个人收入与参照组的收入进行比较。这一参照组可以为某一个特定群体，可以是整个国家的平均水平或一个地区的平均收入，也可以是自身的理想水平或过去收入（Wolbring et al.，2013）。在本研究中，相对收入采用相对地位和收入欲望满足程度两个指标来衡量。指标一相对地位选用个体所在省份的人均收入为参照组，此时相对地位等于个体绝对收入与其所在省份人均收入的比值，表示个体的收入水平在全省的地位排名；另一个指标收入欲望满足程度以自身期望收入为参照组，此时相对收入等于实际收入占期望收入的比例，其值越大表示实际收入与期望收入之间差距越小。相对地位、收入欲望满足程度与幸福感的相关系数矩阵见表5-2。

表5-2　相对地位、收入欲望满足程度与幸福指数的相关系数

	总体幸福指数	经济生活满意度	政治生活满意度	文化生活满意度	人际关系满意度	健康状态满意度	环境生活满意度
相对地位	0.09**	0.17**	0.05**	0.05**	−0.01	0.04**	0.05**
欲望满足	0.14**	0.13**	0.11**	0.11**	0.08**	0.07**	0.11**

如表5-2所示，城市居民的总体幸福指数与相对地位以及欲望满足程度都呈显著正相关；领域幸福指数中经济、政治、文化、环境、健康状态满意度与两类相对收入指标也均呈显著正相关；而人际关系满意度与欲望满足程度呈正相关，与相对地位相关性不显著。

由图5-1与表5-2可知，虽然绝对收入与总体幸福指数呈现为显著正相关，但幸福指数随绝对收入的变化并不是直线型的，而表现为一种曲线。为探究总体幸福指数随相对地位和欲望满足程度的变化趋势，本研究将相对地位与欲望满足程度也进行分层，结果如图5-2、图5-3所示。

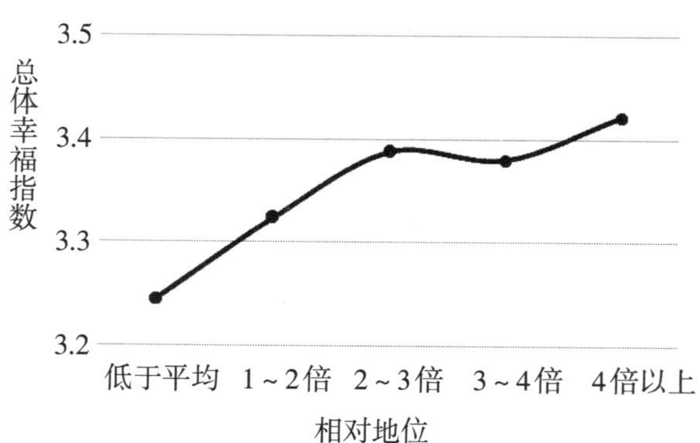

图5-2　总体幸福指数随相对地位变化趋势

从图5-2中可以看出，总体幸福指数随相对地位的变化基本呈直线关系，相对地位越高，幸福感越高。事后检验表明，当收入是当地平均收入的3倍以下，收入的增长伴随幸福感的显著性增长，但当收入是当地平均收入的3倍以上，幸福感虽然仍然随着相对地位增加而增加，但变化却已经不再显著。

图5-3　总体幸福指数随收入欲望满足程度变化趋势

图5-3表明，总体幸福指数随收入欲望满足程度的变化趋势也基本呈直线，但当实际收入占期望收入的比例在0.3～0.4之间时，总体幸福指数明显下降，之后又继续回升。事后检验也表明，比例在0.3～0.4之间时，总体幸福指数的下降是显著的。

这一结果验证了以往研究的发现。Easterlin（1974）认为，收入对主观幸福感的影响取决于个体进行社会比较的标准和随时间变化的个体期望，即相对收入对幸福感的影响作用要大于绝对收入。Frank和Sunstein（2001）也认为主观幸福感与相对收入而不是绝对收入的关系更为重要。之后不少研究也表明，和绝对收入相比，相对收入对主观幸福感的影响程度更大，相关性也更强。一项包含日本、中国、韩国三个国家的研究显示，中国国民的相对收入对主观幸福感的决定作用更高（Oshio et al.，2011）。之前国内研究也与国外研究结果存在某些一致。本研究结论也证明了相对收入对幸福感的重要作用，幸福感随着相对收入的增加而增加，两者呈线性变化趋势，并且相对收入对幸福感的影响相对于绝对收入更大一些，当加入相对收入时，绝对收入对幸福指数的作用减小了。当研究者控制了绝对收入后，相对地位以及收入欲望满足程度对总体幸福指数仍有很大的影响。

那么相对收入是如何影响幸福感的呢？究其原因，相对收入对幸福感的影响部分源于对自身收入水平相对地位的判定，即来源于与他人的社会比较。Firebaugh和Schroeder（2009）曾总结说："个体生活在社会群体的中间阶层会更为幸福，而位于贫穷阶层幸福水平较低，下行比较使人们觉得更幸福；相反地，上行比较降低幸福感（李静，郭永玉，2007）。Luttmer（2005）基于对15万居民的研究发现，个体的幸福感与邻居的收入呈负相关，邻居收入越高，个体越不幸福；反之，邻居的债务越多，个体越幸福。Oishi等（2011）通过对1972—2008年的数据进行分析，结果发现在收入不平等较低的年代人们的幸福感要高于收入不平等较高的年代，并且，收入不平等对幸福感的影响不是由于较低的收入引起的，而是由人们感知到的收入分配的不公平性以及对分配方式的不信任引起的。这种由收入不平等带来的感觉就是相对剥夺。大部分的研究表明，相对剥夺越低，幸福感越高，即内心感觉良好、收入较高、地位优越的个体其相对剥夺较低，从而主观幸福感较高，反之，其主观幸福感较低（任国强等，2012）。因此，减少收入不平等和由于收入不平等产生的相对剥夺感，对于提升幸福感无疑具有非常重要的意义。

相对收入对幸福感的影响同时也来自于自身的比较。个体把自己与多种标准进行比较，这些标准不仅包括他人，还包括自身的抱负、满意的理想水平、需要或目标等。个体期望收入与实际收入落差太大就会降低幸福感。由结果可以看出，期望收入与实际收入越接近，个体就越幸福，其对总体幸福指数的影响甚至要大于绝对收入与相对地位对总体幸福指数的影响。Sirgy（1998）曾提出了物质主义（materialism）这一概念，认为物质主义会显著影响个体的幸福感。之后大量研究几乎一致发现，物质主义价值观与幸福感的所有指标之间有着显著相关，高物质主义者的生活满意度和积极情绪更低（蒋奖，宋玥，邱辉，时树奎，2012；李原，2014a；Sidhu & Foo，2015）。这可能是因为物质主义者把物质追求的目标设置得太高，不切实际，以致根本没有能力实现这些目标，导致他们对自己的生活不满意。可见，收入对幸福感的影响很大一部分来源于收入对欲望的满足程度。另外，如果对金钱的欲望来自于消极动机，如社会比较（social comparison），这种动机便会严重降低个体的主观幸福感（李原，2014b）。当对动机加以控制后，对金钱的欲望对主观幸福感的影响则不再显著（Tang，2007）。因此，消极的金钱动机可能是导致收入欲望满足程度影响总体幸福指数的主要原因。

由此可见，居民收入与幸福指数的关系是相当复杂的。本研究主要从绝对收入以及相对收入两个角度对其展开探讨。可以发现，在我国当前情况下，绝对收入对主观幸福感的影响的确存在一个临界值，收入低于这个临界值时，幸福感随收入增加而提高；收入高于这一临界值时，幸福感则会停滞。此外，相对收入对总体幸福指数的影响要远远大于绝对收入，绝对收入对幸福感的影响可能是通过相对收入起

作用的。换言之，收入之所以能够影响人们的主观幸福感，不是源于收入本身，而是源于社会比较以及欲望满足程度。社会比较可能通过使人们注意到收入不平等并因此产生相对剥夺感来影响主观幸福感，对于因过度比较而幸福感偏低的人群，应帮助他们树立正确的社会比较观；个体对金钱的欲望满足程度以及金钱欲望背后的消极动机对于总体幸福指数也有很大影响。

因此，在国家层面，在发展经济、提高国民收入的同时，还应该减少收入不平等现象，从而减少国民的相对剥夺感。郭永玉和胡小勇（2010）认为，如果一个国家的低收入群体规模较大，此时增加收入就会使国民产生强烈的幸福体验，进而导致整个国民幸福指数的显著提高。

因此，基于我国国情，为提升国民幸福指数，当务之急就是改善弱势群体的生存质量。自十八大以来，特别是习近平总书记2013年11月在湘西州花垣县十八洞村提出了精准扶贫的方略以后，国家自上而下，按照精准扶贫、精准脱贫的方略谋划，进行了一系列的顶层设计：包括建立了中央统筹、省负总责、市县抓落实的工作体系；在财政、金融、土地等方面出台了一系列围绕贫困人口脱贫和贫困地区经济发展的相关政策，等等。短短的几年内，扶贫政策取得了巨大的成绩，从2013年以来到2016年底，每年都保持减少贫困人口1000万以上，并预计到2020年打赢全面脱贫攻坚战。正如习近平总书记在2015减贫与发展高层论坛上所指出的，要“坚持开发式扶贫方针，把发展作为解决贫困的根本途径，既扶贫又扶志，调动扶贫对象的积极性，提高其发展能力，发挥其主体作用”。因此，贫困主体内部的心理因素也不可忽视，需要进一步开发弱势群体的自信、希望和乐观等积极心理资源，提高其应对生活压力的能力，增加其对未来生活的信心（Lachman & Weaver，2008；傅安国，黄希庭，2018），这可能是接下来扶贫工作的一个重要突破口。

在个体层面，则应该培养个体自身对于金钱的正确态度。由于存在攀比心理，个体的幸福指数在很大程度上还受他人收入的影响（任海燕，傅红春，2011）。因此正确的金钱收入观对幸福感的影响是不容忽视的，这些因素主要是通过人格、动机等中介变量对个体的主观感受产生影响，进而影响主观幸福感。因此，形成积极的金钱动机，培养健全的人格品质对于提高心理和谐、提高主观幸福感是十分重要的（黄希庭，2010）。

第二节　职业阶层与城市居民幸福指数

上一节我们探讨了收入与城市居民幸福指数的关系，本节我们将关注点转移到职业与幸福感上。1978年至2012年的34年间，我国经济平均增长速度为9.8%，其中2001年至2012年的11年间更是高达10.2%，可谓正处于经济快速增长期（魏后凯，高春亮，2012）。在此期间在职业阶层分化和职业流动两个方面发生了深刻的社会变迁。第一，职业阶层显著分化，2012年城镇化率已升至52. 57%，并且职业阶层趋于多样化。不同职业阶层的收入分配很不平衡，有些职业的收入颇丰，如IT程序员、机械设计师、注册会计师、房地产置业顾问、私营企业主等，而有些职业的劳动者却只能获得较少的工资，如清洁工人、一线产业工人、中小学教师等。统计发现，私营企业主的收入是农业劳动者收入的27倍，是产业工人和商业服务业员工收入的6至9倍，而国家与社会管理者和经理人员的收入是农业劳动者收入的6至9倍，是产业工人和商业服务业员工收入的2倍（李春玲，2004）。第二，职业间流动人口庞大，且向上流动率较高。2000年我国流动人口为1.21亿人，而2012年已达2.36亿人，12年间将近翻了一倍。在我国现阶段，人口的职业间流动率高，并且大多数流动者实现了职业地位的向上流动。那么职业之间这么大的差异，是否也会影响我国城市居民的主观幸福感水平呢？有关当前居民的不幸福或者幸福的研究，是否同时适用于每一个职业阶层，或者不同职业阶层的幸福感水平存在怎样的差异，仍是一些尚未明确的问题。

学界常常将职业和幸福感合为一体，视其为主观幸福感的一种类

型，关注职业幸福感的测量、影响因素和提升措施。例如，在中国文化背景下，人际型心理资本对职业幸福感的作用更大（吴伟炯等，2012），另一项针对教师群体的调查也发现了小学教师的心理资本与主观幸福感间存在显著正相关关系（张西超等，2014）。蔡玲丽（2010）认为影响高校教师职业幸福感的因素包括教师的自我价值实现程度、组织支持程度、社会认可程度3个方面。也有研究显示，是否为省（市）直属特殊学校是影响特教教师职业幸福感的重要因素，职称、特教教师所教学科、所承担教学及月收入对特教教师职业幸福感没有显著影响，人口学变量对特教教师职业幸福感各维度影响的交互作用显著（赵斌等，2012）。相反，操凯和杨宁（2014）的调查发现，教师所在幼儿园的性质、教师编制、年龄、教龄、学历等因素对其职业幸福感有显著影响。积极的择业动因能够增强幼儿园教师职业幸福感，在一定范围内收入、社会地位认知与教师职业幸福感呈正相关。

然而，关于职业类型和主观幸福感关系的直接研究较少。一项国内研究发现，从幸福感的职业排序看，排在前几位的职业都是收入稳定、享有社会保障的职业，排在末位的是离退休、外来务工者和失业下岗人员（孙凤，2007b）。根据“拥挤理论假说”（Bergmann，1974），男女工资差异不仅源于同一职业对女性的歧视，而且来自于职业分布对女性的不利，因为能够对女性开放的职业远远少于男性，她们很难进入男性主导的职业，女性劳动者对有限职业的大量供给造成了工资水平的下降。张云武（2015）调查发现，不同职业阶层的幸福感水平会存在差异；职业阶层越高，幸福感水平可能会高一些。职业地位的提升将导致幸福感的获得路径趋于多元化，具体从收入增加向着身心健康以及社会关系的方向演变。李艳兰（2010）对不同职业的人群进行的相关分析表明，主观幸福感与职业压力呈显著负相关。陶涛和李丁（2015）的研究结果显示，夫妻职业相对地位对家庭幸福感有着显著的影响，呈现出男性职业地位相对越高，夫妻双方幸福感越强，婆媳关系越好的趋势。原因在于工作环境、接受医疗服务、抵御健康风险等方面，职业地位高的阶层要好于职业地位低的阶层。张兴贵和郭扬（2011）对北京、上海、南京、成都、长沙及广州知名企业员工有效样本的测查，发现员工幸福感在工作特征变量上存在显著差异。

纵观以往关于职业与居民主观幸福感关系的研究，结果一致肯定了职业对人们的幸福感有着截然不同的作用。事实是否真的如此？为验证这一被认同的结论的真实性，我们调查了不同职业的城市居民的幸福指数，所调查的职业涉及以下几类，如表5-3所示。参照张云武（2015）研究的分类标准，不同职业被划分为上层、中层、下层以及不便分类的几种。

表5-3　职业阶层与职业类型对应表

职业阶层	职业类型
社会上层	国家机关、党群组织、事业单位负责人；规模以上企业负责人；私营企业主；普通公务员；专业技术人员（包括医生、教师、科研人员、工程技术人员等从事专业技术工作的人）
社会中层	办事人员和有关人员（包括基层管理人员和非专业性办事人员）；个体工商户
社会下层	商业、服务业人员（不包括业主）；产业工人；农业劳动者
不便分类	离退休人员；自由职业者；无职业人员；其他

对不同类型的职业阶层进行统计分析，结果如表5-4所示。数据表明，职业阶层对居民的总体幸福指数［$F(3,2115)=6.75$，$p<0.001$］、经济生活满意度［$F(3,2115)=15.37$，$p<0.001$］、环境生活满意度［$F(3,2115)=3.81$，$p<0.01$］和人际关系满意度［$F(3,2115)=6.18$，$p<0.001$］均有显著影响，对文化生活满意度的影响边缘显著，但对政治生活满意度和健康状态满意度却没有显著作用。

进一步多重比较发现，职业处于上层居民的总体幸福指数显著高于下层和其他；职业上层居民的经济生活满意度显著高于中层、下层和其他；职业下层居民的环境生活满意度显著高于上层；职业上层和下层居民的人际关系满意度均显著高于不便分类的职业阶层。由此推断，职业阶层对当前我国居民的幸福指数具有一定的影响，并且该影

响可能是教育、收入和住房情况等方面的综合反映。

表5-4　不同职业阶层城市居民的幸福指数状况

	上层（M±SD）	中层（M±SD）	下层（M±SD）	其他（M±SD）	F
总体幸福指数	3.69±0.63	3.64±0.66	3.59±0.67	3.53±0.68	6.75***
经济生活满意度	3.32±0.80	3.12±0.80	3.10±0.80	3.05±0.85	15.37***
政治生活满意度	3.11±0.66	3.10±0.70	3.19±0.76	3.14±0.70	1.29
文化生活满意度	3.50±0.66	3.40±0.71	3.49±0.74	3.41±0.73	2.29
健康状态满意度	3.07±0.81	3.07±0.77	3.12±0.83	3.09±0.84	0.37
环境生活满意度	3.07±0.76	3.09±0.75	3.21±0.76	3.11±0.79	3.81**
人际关系满意度	4.13±0.50	4.07±0.51	4.14±0.54	4.01±0.60	6.18***

注：类别“其他”等同于表5-3“不便分类”所含全部

在我国现阶段，城市居民总体幸福指数平均得分高于3.50，介于一般幸福与比较幸福之间，但是不同职业阶层的幸福体验存在较大差异。职业地位越高的阶层，幸福体验越强。众所周知，职业阶层是以职业分类为基础，综合反映个人文化资源、经济资源和组织资源占有情况的指标，是影响国民幸福指数的重要因素（于天琪，2011）。出现这种结果的原因可能涉及不同职业阶层的幸福感获得路径并不一致，职业地位低的阶层的幸福感主要产生于收入增加，而职业地位高的阶层的幸福感主要产生于身心健康与社会关系。职业地位低的阶层的生活需求主要是衣、食、住、医需求的满足，而职业地位高的阶层的生活需求主要是交通通信、文教娱乐、人情交往的满足。

本研究还发现，社会上层居民的经济生活满意度和人际关系满意度得分较高，且与社会中层居民在大多数方面无显著差异；社会下层居民的环境生活满意度得分较高；不便分类居民的幸福指数绝大多数方面均得分较低。在当代中国社会，文化、经济和组织资源的拥有情况决定了各社会群体在阶层结构中的位置以及个人的综合社会经济地位（陆学艺，2002）。可以看出，职业阶层是居民教育、收入和住房等方面的综合反映，其中的原因也基本相似。

就不便分类居民的幸福指数相对较低而言，该群体主要包括离退休人员、自由职业者和无职业者等，其共同特征是无职业或职业不稳定，这都可能导致自我认同感、经济安全感和集体归属感的缺乏。因此，对于离退休人员，影响其幸福体验的适应困难、自我效能感降低以及社会支持缺乏等方面问题，需要社会和家庭充分认识到该群体为推动社会发展进步所作的重要贡献以及所积累的宝贵经验。在给予尊重和支持的同时，关注其高层次需要的满足，提供其发挥主动性和潜力的机会，建立老有所为的和谐社会氛围，进而增加该群体的幸福体验和快乐程度（杨学军，洪炜，1996；轩希，2012）。

对于自由职业者，他们的总体幸福指数和各个领域幸福指数都较低。有研究者指出，目前我国自由职业者发展中面临的突出问题包括:个体生存和发展压力大，缺乏安全感；行业组织发展不足，难以实现自治；政府服务性功能未能充分发挥，缺乏正确引导等（张国槐，2011）。以上种种因素共同作用，可能是导致在本研究中自由职业者幸福指数相对较低的原因。这就需要政府和社会大力宣传，培育有利于自由职业者阶层发育的社会文化；健全政策法规，为自由职业者提供公平的发展环境；创新管理方式，促进自由职业领域的发展；倡导民众给予该群体关怀和尊重，增加其心理归属感和社会认同感（朱英，2007；李萍，2008；崔月琴，刘秀秀，2008）。

无职业者大多数是失业、待业或无劳动能力人员。目前我国国民生活得到初步改善，个人资产积累程度低且极不平衡。因此，一般家庭对就业所提供的经济来源依赖程度很大（邱美珠，2006），无职业势必影响个人及家庭的生活水平和制度保障。并且，无职业对个体的影响绝不止于经济收入，更重要的是个体缺乏社会融合和社会地位，会引发心理失衡、焦虑，甚至丧失自身信心和生活希望，这都会影响个体的幸福体验（托尼，丁开杰，2005）。因此，为改善无职业群体现状，在大力增加就业岗位、拓宽就业渠道、实行灵活就业的同时，还需重点关注该群体的社会保障和心理保障，充分提供主动发挥自身价值的机会，为提升其幸福指数提供条件。

因此，在中央政府日益关注国民生活质量的现实下，如何使不同

职业阶层的幸福感随着经济发展而获得同步提升是重要的课题。研究提示我们，政府应努力缩小不同职业阶层的收入差距，降低消费物价指数，并提升中间阶层，特别是基础阶层的幸福感，落实针对这一阶层的社会保障制度，改革户籍制度、人事制度和劳动就业制度。

第三节　住房与城市居民幸福指数

住房是财富的一个具象表现，也是一项基本人权。住房不仅关系国计民生，还关乎国民幸福水平（何元斌，2010）。住房问题在中国一直是城镇居民民生问题中重要的一个环节。居民住房问题的核心在于如何实现“住有所居”的目标，而实现这一目标的主要途径就是买房或租房。对于大多数普通中国居民来说住房问题对个体幸福感存在着很大的影响，甚至拥有住房能够提高个体的主观幸福感已经成为社会的一种共识。

中国的住房改革，改善了城市居民的住房状况，但也导致了住房不平等的不断扩大。随着经济的飞速发展，我国房价一路飙升。住宅商品房的平均销售价格从2000年的1948元/米^2，上涨到2012年5429.93元/米^2，房价年均增长率高达14.9%（http：//data.stats.gov.cn/easyquery.htm.cn）。这就导致了少数的城市居民家庭自有别墅、花园洋房、小产权房等多种房产，大多数城市居民家庭自有普通商品房，还有少数城市居民家庭因无力购买房产而租房生活。与此同时，周围的宣传舆论也让无房者产生恐慌和无助，特别是无固定房产的居民更是处于极度焦虑状态，住房问题给无房者带来的痛苦指数渐渐上升。这种极不均衡的住房状况，很可能会对城市居民的幸福感产生影响。因此，研究城市居民的居住状况与其幸福感的关系对政府保民生、促和谐有一定的参考意义。

以往研究对住房和幸福感的关系进行了有益的探讨，所得结论颇为一致，都认同住房是影响城市居民幸福指数的保障性因素之一。例如，陶美珍（2007）以经济学中的快乐理论为指导，得出可支配住房的用户比正向影响着国民幸福指数的结论。孙伟增和郑思齐（2013）利用2010年北京、上海、深圳和成都4个城市的微观调查数据，统计得到家庭越早拥有住房，所带来的生活质量提高和其自身的资产增值效应表现得越充分，居民的幸福感越高。房屋的居住属性（房屋房间数目、房屋人均使用面积和房屋已使用时间等）均对居民主观幸福感有显著的正向影响（张翔等，2015）。住房面积每增加30平方米所带来的幸福指数的提升与收入增加53.2%所带来的幸福指数的提升相当（陆铭，2010）。此外，研究者采用全国性的常模数据也得出类似的结论。毛小平（2013）基于CGSS 2005数据的分析表明，有住房产权的居民比没有住房产权的居民幸福感水平更高，住房产权对居民幸福感水平有直接的决定作用。林江等（2012a）利用大型微观数据库CGSS 2006分析发现，城市房价上涨程度对居民幸福感具有显著的负面影响，房价上涨越快，民众主观幸福感越低。房价上涨对租房者幸福感具有显著负效应，对多房者和仅有一套房产者的幸福感带来显著正向效应。宁琳映（2015）基于CGSS 2010数据，统计分析出城镇居民的住房面积对其个人主观幸福感存在显著正影响。

住房和主观幸福感的关系并非简单线性，而是存在一些不同的发展规律。李涛等（2011）研究了家庭自有住房状况对居民幸福感的影响，发现平均而言，大产权住房给首次置业和二次置业这两个居民群体带来的幸福感提升幅度并没有显著差异。刘米娜和杜俊荣（2013）采用多层次线性回归模型，发现城市居民住房的绝对不平等影响了其幸福感，住房数量显著提高居民的主观幸福感，而住房面积对幸福感呈现倒U形的影响，居民住房的相对不平等对幸福感具有显著负向效应。然而，风笑天和易松国（2000）在对城市居民家庭生活质量的调查中发现，排除了家庭收入的干扰，人均住房面积对家庭生活满意度不具有显著的预测力。

鉴于住房和幸福感密切的联系，我们的团队也对城市居民的幸福指数和住房状况的关系进行了深入研究。考虑到收入与住房之间的连带关系，我们加入了收入这一变量，同时考察两者的共同作用，以期

为政府今后调整住房政策、促进民生措施提供参考。

本研究中，住房状况包含租房和自有两种。以住房状况为自变量，总体幸福指数和6个领域幸福指数为因变量进行单因素方差分析，结果见表5-5。数据表明，不同住房状况城市居民的总体幸福指数和领域幸福指数之间均有显著性差异，自有住房的城市居民的总体幸福指数和6个领域幸福指数都显著高于租房者。

表5-5 不同住房状况居民幸福指数状况

	租房(M±SD)	自有住房(M±SD)	F
总体幸福指数	3.43±0.65	3.67±0.64	38.62***
经济生活满意度	2.85±0.78	3.26±0.80	77.40***
政治生活满意度	3.00±0.67	3.14±0.68	11.27***
文化生活满意度	3.32±0.72	3.49±0.69	18.12***
健康状态满意度	2.96±0.80	3.10±0.82	8.77**
环境生活满意度	2.89±0.77	3.15±0.75	34.52***
人际关系满意度	3.99±0.57	4.13±0.51	21.43***

由于收入与住房情况存在一定的关系，本研究以收入类型和住房情况为自变量，幸福指数为因变量，进行多元方差分析。其中，收入类型的划分以个人现实年收入与所处省（直辖市或自治区）平均年收入的比值作为划分依据，将样本分为低收入组（20%的低收入者）、中等收入组（60%的中间收入者）和高收入组（20%的高收入者）。结果显示，收入对居民的总体幸福指数［F（2,1876）=4.47，p<0.05］、经济生活满意度［F（2,1876）=8.47，p<0.001］和人际关系满意度［F（2,1876）=5.41，p<0.01］有显著影响。进一步多重比较发现，低收入居民的平均得分均较低，中、高收入居民在绝大多数方面无显著差异。住房情况对居民的幸福指数各方面均有显著影响，表现为自有住房居民的平均得分显著高于租房居民。收入类型和住房情况的交互作用对经济生活满意度［F（2,1876）=8.14，p<0.001］和文化生活满意度［F（2,1876）=3.43，p<0.05］有显著影响。进一步进行简单效应分析发现，对低收入居民而言，住房情况对其经济生活满意度和文化生活满意度都无显著影响。而对中、高收入居民而言，自有住房者相对租

房者的经济生活满意度和文化生活满意度的平均得分更高（见表5-6）。

表5-6　不同收入、住房情况居民的幸福指数状况

	低收入(M±SD)		中等收入(M±SD)		高收入(M±SD)	
	租房	自有住房	租房	自有住房	租房	自有住房
总体幸福指数	3.38±0.73	3.50±0.67	3.43±0.65	3.69±0.62	3.48±0.65	3.76±0.64
经济生活满意度	2.84±0.84	2.92±0.81	2.86±0.77	3.29±0.76	2.85±0.71	3.52±0.77
政治生活满意度	3.08±0.70	3.19±0.69	2.99±0.69	3.15±0.69	2.94±0.66	3.16±0.66
文化生活满意度	3.27±0.83	3.37±0.75	3.33±0.67	3.50±0.68	3.11±0.69	3.54±0.68
健康状态满意度	2.89±0.90	3.02±0.81	2.94±0.78	3.11±0.81	3.00±0.74	3.14±0.85
环境生活满意度	2.97±0.82	3.13±0.78	2.84±0.77	3.15±0.72	2.81±0.69	3.15±0.78
人际关系满意度	3.91±0.66	4.04±0.57	4.03±0.58	4.16±0.49	3.90±0.49	4.12±0.55

总体上，我们发现住房情况对居民的幸福指数各方面均有显著影响，表现为自有住房居民的平均得分显著高于租房居民；相对低收入居民，不同住房情况对中、高收入居民的经济生活满意度和文化生活满意度的影响尤为明显。住房不仅对我国居民的幸福指数影响较大，且对不同收入类型居民幸福指数的影响程度不同，即相对低收入居民，中、高收入居民在幸福指数的某些方面受住房情况的影响更大。出现这一结果，可以从居民的心理需要和客观存在的问题两个角度加以解释。

首先，住房不仅是人类的一项生存需要，而且在国民心中具有超越满足居住需要的特殊意义。第一，“土地情结”是中国传统社会思想价值观念的重要内容（张汉，张登国，2007；杨存田，2001）。对住房的独特情感正是国民土地情结的一种变形的表达方式。因此，住房投资不仅是经济投资，更寄托着国民的情感需求。在“居者有其屋”观

念的影响下，国民明显偏好自有住房的居住方式，认为自有住房是具有归属感的象征，而租房只是经济实力不足的无奈之举。第二，“面子观”是中国人社会行为的重要逻辑基础，人们十分看重面子背后关乎个人身份地位的象征意义和符号资源（姜彩芬，2009a，2009b；郑玉香，范秀成，2011），住房就是其中之一。住房作为家庭财产的重要组成部分，明显具有个人财富、权利、品味的象征意义，其质量常常成为人们进行社会地位评价和认定的重要依据（戚海峰，2009）。由此可见，自有住房有助于个体获得对自身有利的外界评价，进而满足对面子的需求，而租房则会被外界认为是个人能力有待发展、事业尚未成功等不利于自身面子的象征。综上可以发现，相对低收入居民，中、高收入居民的基本生存需要已获得较大满足，随之对高层次需要更加敏感和关注，相对更多地受到上述“土地情结”“面子观”的影响，对自有住房和租房赋予更广泛的象征意义，这都可能在一定程度上影响居民的幸福体验。

其次，住房问题在我国的确客观存在。研究发现，我国不同收入类型的城乡居民所面临的困难基本相同，住房问题始终高居前三（胡大源等，2011）。随着我国城市住房供应制度的重大调整，城市居民的住房模式逐渐由福利分房向购买商品房或二手房转变。同时，近十年间房价涨幅明显，购房消费作为国民消费比重最大的项目之一，逐渐超出国民支付能力，并带来许多显性和隐形压力，对国民的幸福体验造成较大影响。

安居乐业是普通居民所向往的美好生活状态，住房是重要的民生问题。党的十八届三中全会明确提出“健全符合国情的住房保障和供应体系”，目前我国已初步建立起以经济适用房、廉租房、住房公积金、限价房和公共租赁房等为主要内容的住房保障体系。然而，仍未能完全有效地满足居民的住房需要，保障体系各项建设仍在“摸着石头过河”。住房保障发展不平衡不充分，既是当前影响民生的重要短板，也是实现全体人民住有所居亟须解决的关键问题。为此，不少研究者在住房保障这一领域上做了深入的探索。例如，王祖山和王竞

（2019）提出“共享住房”可以作为保障性居住资源生成与配置的新路，遵循这一路径政府部门能通过平台整合、网络交易、信用共享和系统监管等措施，能优化潜在住房资源的配置效率。也有研究者基于福利体制理论视角，统计分析发现住房保障支出与经济发展水平之间存在“倒U形”曲线关系。他们结合住房保障发展不平衡不充分的表现和成因分析，从精准施策、完善绩效考核、多元供给和行政协同等方面提出优化住房保障制度的政策建议（张超，黄燕芬，杨宜勇，2018；黄燕芬，唐将伟，张超，2018）。还有研究者重点关注低收入群体的住房保障问题，认为政府部门需要强化动态监管，兜牢“弱有所扶”的底线；落实政府主体责任，织实“弱有所扶”的密网；构建多元参与机制，健全“弱有所扶”的机制（陈成文，黄利平，2019）。总之，住房保障体系作为政府解决城市居民住房问题的重要手段，其政策效果关系到经济发展和社会稳定的大局，直接影响到城市居民的幸福感和获得感。

第四节　区域与城市居民幸福指数

中国历史悠久、地域辽阔，各个区域不仅地理环境、历史人文、经济发展水平、民族构成不同，而且在文化传统、生活方式等方面也存在着巨大的差异，这些都在一定程度上影响着不同区域居民的幸福指数。例如，城乡差异是中国地区发展不平衡的重要体现。经济发展水平以及生活方式存在巨大差异是城乡相区别的重要特征（Knight & Gunatilaka，2010a），这种差异可能会导致影响两地区居民幸福感的主要因素不尽相同。在城市地区，住房问题（房价、产权、面积等）与居民幸福感密切联系，住房形势越严峻，幸福感越低（高红莉等，2014；林江等，2012b）；而在农村地区，较之于城市，住房问题并不严峻，因此对幸福感影响也并不大。再如，中国内陆和沿海地区的发展也是差异巨大的。内陆地区由于地理位置远离海洋，海拔高，气候不佳，交通不便，经济发展水平较为落后；沿海地区则交通便利，气

候宜人，发展起步早，经济贸易发达，人民生活水平较高。内陆和沿海之间的差异很可能对城市居民的幸福感有影响。此外，南方和北方也有不同的风俗人情，不同的地理环境，导致了不同的文化和社会发展程度，城市居民的生活水平并不完全相同。此外，我国的东部地区、中部地区、西部地区也存在明显的差异。东部地区共11个省级行政区域，国民生产总值占了全国的近60%，中部地区包含8个省级行政区域，约占20%，西部地区有12个省级行政区域，共占国民生产总值的20%，目前，中部和西部地区的发展速度逐年增加，东部地区经济增速相对平缓，但即使如此，生活在不同地区的人民所享受的环境、教育、医疗、养老资源差异巨大，不同区域经济社会文化特色各异，人们的幸福体验也会不同。

我国城市幸福感呈现出典型的俱乐部特征并带有显著的地域差异。有研究对沿海12省（区、市）的城市居民幸福指数进行研究，发现上海、北京、天津、浙江、江苏、广东等生活在三大经济圈的城市居民幸福指数最高，从而推断经济越发达的地区居民幸福指数更高（李桢业，2008）。国家统计局近几年对中国十大幸福城市进行评选，结果显示2008年中国十大最具幸福感城市分别是香港、杭州、成都、上海、西安、大连、常州、北京、泉州、广州；2010年为拉萨、辽阳、枣庄、亳州、赤峰、上饶、扬州、周口、绥化、邵阳。《瞭望东方周刊》对城市幸福指数的调查显示，2007年十大最具幸福感城市分别是：杭州、沈阳、中山、宁波、青岛、台州、珠海、上海、北京、成都；2010年是杭州、成都、枣庄、昆明、南京、长春、重庆、广州、通化、无锡。中国社科院城市与竞争力研究中心与社会科学文献出版社联合发布的《2011年中国城市竞争力蓝皮书：中国城市竞争力报告》中，首次对294个样本城市进行了幸福感调查，结果显示幸福感排名前十位的城市分别是石家庄、临沂、扬州、承德、滨州、莱芜、鹤壁、包头、北京、新竹（袁正，2012）。综观以上研究结果，可以发现无论从纵向角度来看同一调查的结果，还是纵观多种研究的结果，似乎出现了部分经济发达的大城市幸福感相对降低，而部分经济欠发达的中小城市幸福感相对提高的现象。

然而，目前我国城市幸福指数是否出现了这一现象，仍是难以下定论的。比如，庄成杰（2009）通过聚类分析发现东部地区国民幸福程度显著高于中西部，这一结论与过去的调查结果不同。究其原因，可能是社会学领域中对城市幸福指数的研究是对多个城市的单独研究，其研究结果相对松散，难以对不同发展水平的城市的幸福指数做出对比。而在经济学领域，李桢业的研究虽然以经济因素为依据对地区做出了划分，但其研究范围只涉及到沿海12省份，研究结果难以扩展到全国范围，并且其对幸福指数的对比是在省际间进行的，其结果模糊了城市间的差异，难以看出不同城市间的差异。因而，从经济学和社会学领域的城市幸福指数研究结果中难以直观地看出不同发展水平城市之间的幸福指数差异，因此也难以确定在我国是否出现了经济发达的大城市居民幸福指数相对降低，而经济欠发达的中小城市居民反而幸福指数相对增加的现象。

为了探究幸福感的区域差异，本研究对全国不同发展水平城市之间的幸福指数进行了系统研究，根据不同划分标准，分别统计了内陆和沿海地区，中、东、西部地区，华北、东北、华东、中南、西南、西北地区，一二三四线城市的幸福指数的差异。

特别指出的是中国城市竞争力研究会发布的“2012中国最具幸福感城市排行榜”中，成都和重庆分列第4位和第10位。川渝地区地处四川盆地，是巴蜀文化的中心（胡昭曦，2001），也是成渝经济区的核心地带（彭洪淑，梁云，2000），自然条件优越，物产丰富，人们不愁生计，有更多的时间用来娱乐、享受，生活安静闲适，悠闲自在（余楚修，2000）。那么川渝地区居民城市幸福指数如何呢？所以我们以川渝地区为例，试图揭示川渝地区居民城市幸福指数状况并分析其影响因素，系统归纳了两者之间的异同，并对其原因进行初步分析，从而为构建幸福城市提供思路与建议。

一、内陆和沿海、南方和北方城市居民的幸福指数

参照《中国海洋统计年鉴》将被调查区域划分为沿海、内陆地区（潘文卿，李子奈，2007），通过均值的统计检验发现，沿海地区居民的文化生活满意度［F（1,2119）=8.15，p<0.01］和健康状态满意度［F（1,2119）=4.09，p<0.05］的平均得分显著高于内陆地区居民，其他方面均无显著差异（见表5-7）。沿海地区的医疗水平较内陆更为发达，自然环境也更为优越，文娱活动丰富多彩，文明程度更高，这些或许可以解释为什么沿海地区的城市居民的健康状态满意度更高。

表5-7 沿海和内陆、南北方城市居民的幸福指数状况

	沿海（M±SD）	内陆（M±SD）	F	南方（M±SD）	北方（M±SD）	F
总体幸福指数	3.65±0.66	3.62±0.65	0.76	3.60±0.65	3.70±0.66	10.14***
经济生活满意度	3.20±0.82	3.20±0.81	0.06	3.16±0.81	3.27±0.81	8.12**
政治生活满意度	3.15±0.69	3.11±0.69	1.42	3.22±0.73	3.08±0.66	18.82***
文化生活满意度	3.51±0.69	3.42±0.71	8.15**	3.42±0.68	3.55±0.72	16.70***
健康状态满意度	3.12±0.79	3.05±0.85	4.09*	3.02±0.81	3.21±0.81	28.25***
环境生活满意度	3.10±0.75	3.13±0.78	0.69	3.07±0.76	3.20±0.76	15.59***
人际关系满意度	4.10±0.53	4.11±0.53	0.35	4.09±0.52	4.13±0.54	2.66

地理学上以秦岭—淮河一线为分界线，将中国分为南方和北方。研究团队也采用此分法。均值差异检验表明，除了人际关系满意度这一领域幸福指数，南北方城市居民的总体幸福指数和其他5个领域幸福指数均存在显著性差异，结果见表5-7和图5-4。通过数据和直方图，可直观看出北方城市居民的幸福指数显著高于南方城市居民。原因可能与南方和北方居民的性格差异有关，北方人大多性格奔放粗犷、热情外向，更容易感受到生活的幸福；南方人则多清秀细腻、稳重内向，常常因琐碎的小事引发情绪不佳而导致幸福感有所降低。

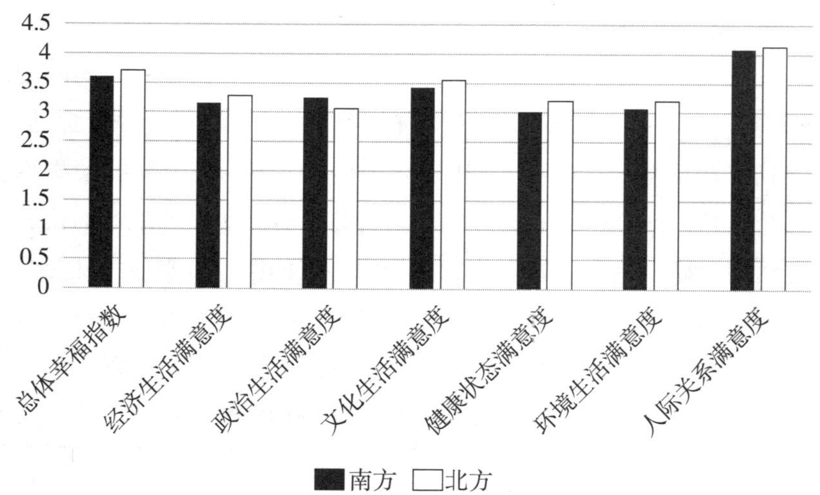

图5-4　南北方城市居民幸福指数

二、东、中、西部地区城市居民的幸福指数

对东、中、西部不同区域居民的城市居民幸福指数进行描述性统计，并进一步对三个区域居民的各项得分进行差异检验，结果见表5-8。单因素方差分析表明，东、中、西部居民在总体幸福指数上差异不显著［F（2,2119）=0.991，p>0.05］，东、中、西部三个区域的幸福指数均值都达到了3.6，可以认为是中等幸福水平的状态。由此可以推断，当前我国东部、中部和西部居民幸福感处于同等水平。在文化生活满意度［F（2,2119）=4.97，p<0.01］、健康状态满意度［F（2,2119）=6.35，p<0.01］和环境生活满意度［F（2,2119）=11.01，p<0.001］三个领域的幸福指数上，三地居民有显著差异，在政治生活满意度、经济生活满意度和人际关系满意度三个领域幸福指数上没有显著差异。事后分析的多重比较结果显示，在文化生活满意度上，东部居民显著高于西部居民。

表5-8　东、中、西部城市居民的幸福指数状况

	东部(M±SD)	中部(M±SD)	西部(M±SD)	F
总体幸福指数	3.65±0.66	3.66±0.65	3.61±0.65	0.99
经济生活满意度	3.20±0.82	3.21±0.81	3.19±0.80	0.45
政治生活满意度	3.15±0.87	3.18±0.87	3.13±0.81	0.43
文化生活满意度	3.51±0.69	3.46±0.70	3.40±0.71	4.97**
健康状态满意度	3.12±0.79	3.16±0.80	2.99±0.86	6.35**
环境生活满意度	3.10±0.75	3.29±0.79	3.05±0.76	11.01***
人际关系满意度	4.10±0.53	4.14±0.51	4.10±0.54	0.67

我们的调查结果说明，东、中、西部城市居民的总体幸福感水平大致相当，但在具体某些领域的幸福体验存在差别。这与过去的研究结果比较一致，例如马敏娜（2015）针对中国三大区域的幸福指数调查发现，东部、中部与西部幸福感均处于中上水平，但三区域间幸福指数存在显著差异，东部（6.12±1.43）与西部（6.01±1.33）的幸福指数显著高于中部（5.79±1.42）。究其原因，一方面在经济快速发展和社会急剧转型、各种社会问题凸显的时代背景下，城市居民能达到这样的幸福水平已经较好。另一方面，社会整体上较为安定、经济也在持续发展，人们的生活水平仍处于上升的趋势，城市居民的幸福感水平高于均值也是合情合理的。

三、华北、东北、华东、中南、西南、西北地区城市居民的幸福指数

参照《中国行政区域划分》标准，也可以将中国分为华北、东北、华东、中南、西南、西北地区（倪鹏飞等，2012）。研究团队也选用此分类，对样本进行分析。单因素方差分析显示（表5-9），除政治生活满意度的平均分存在显著差异外，城市居民在总体幸福指数和其他5个领域幸福指数上的平均得分均无显著差异。结果似乎暗示，以这样的划分标准，中国不同区域的城市居民在大多数方面的幸福体验水平是相当的。但是这一结果与前人研究有很大的不同。比如，倪鹏飞等人（2012）对294个全国地级以上城市的居民幸福感调查数据分

析得出，台湾地区始终领先，西北地区在除2005年外都是相对最差的，其他区域的基本特征也是保持稳定的，东北则在2005年取代西北成为幸福感得分最低的地区。

表5–9 华北、东北、华东、中南、西南、西北城市居民的幸福指数状况

	华北（M±SD）	东北（M±SD）	华东（M±SD）	中南（M±SD）	西南（M±SD）	西北（M±SD）	F
总体幸福指数	3.53±0.71	3.75±0.62	3.65±0.62	3.64±0.69	3.65±0.68	3.59±0.64	1.73
经济生活满意度	3.14±0.84	3.31±0.75	3.21±0.80	3.20±0.83	3.22±0.85	3.15±0.78	0.64
政治生活满意度	3.17±0.72	3.19±0.65	3.13±0.67	3.07±0.69	3.25±0.77	3.08±0.69	2.29*
文化生活满意度	3.46±0.66	3.58±0.64	3.47±0.68	3.41±0.72	3.55±0.75	3.41±0.76	1.95
健康状态满意度	3.08±0.85	3.24±0.76	3.08±0.81	3.11±0.82	3.06±0.85	3.05±0.77	0.74
环境生活满意度	3.09±0.79	3.12±0.69	3.12±0.76	3.11±0.75	3.18±0.79	2.96±0.78	1.38
人际关系满意度	4.05±0.51	4.10±0.40	4.11±0.49	4.12±0.60	4.12±0.60	4.07±0.52	0.62

四、一、二、三、四线城市居民的幸福指数

除了前面几种划分方法，我们还借鉴一、二、三、四线城市的概念，将其命名为不同发展水平城市，此处参考了王丽（2010）对于城市综合水平发展的研究结果。在此，一、二、三、四线城市的划分依据是以经济发展水平为核心，并综合考虑政治地位、城市规模、区域辐射力等（顾朝林，1991），这一划分方式在房地产界比较普遍（徐东，2012；芮明杰等，2011）。借鉴中国社会科学财政与贸易经济研究所与房地产业的划分标准，并以经济学领域中城市发展水平研究为参考，综合考虑近年来各城市的政治地位、城市规模和区域辐射力，我们将全国城市划分为四个发展水平，具体界定如下：一线城市指北京、上海、广州、深圳；二线城市指其他直辖市、副省级城市、计划

单列市、部分经济发达省会城市以及经济非常发达的地级市，如南京、重庆、杭州、青岛等共计36个；三线城市指一、二线城市以外的其他省会城市、比较发达的地级市和在其省域单元具有较强影响力的以及具有战略意义的地级市，如银川、柳州、日照等共104个；四线城市指一、二、三线城市以外的其他城市，包括其他地级市、县级市及某些较大的县城。对一、二、三、四线城市居民在总体幸福指数和领域幸福指数各维度上的得分进行单因素方差分析，结果显示，无论是在总体还是领域幸福指数上，不同发展水平城市居民的幸福指数均存在极其显著的差异。

总体幸福指数与各领域幸福指数表现出了从一线到四线显著上升的趋势。进一步的事后检验发现，在总体幸福指数以及经济、政治、文化、人际、健康各领域幸福指数得分上，仅仅二线城市与三线城市间差异不显著，其余两两之间差异均非常显著；而在环境生活满意度上，表现出任意两种发展水平的城市间的得分差异均非常显著。这样的结果提示我们，不同经济发展水平的城市之间的居民幸福感是有明显差别的，但并非经济越发达的城市，生活得越幸福。恰恰相反，经济发展水平较低的城市的居民总体幸福指数和各个领域幸福指数反而更高。这一结果与之前的幸福城市的调查结果较为一致，经济处于全国领先水平的一线城市诸如北京、上海、广州等城市，并没有出现在幸福城市的名单的前列。

五、川渝地区城市居民幸福指数

川渝地区人口众多，经济发展速度居于全国前列，所涉及的幸福城市也较多，城市居民的幸福指数居于全国前列。因此，我们选取川渝地区的城市居民进行了调查。结果显示，就总体生活满意度而言，回答“非常满意”的占8.6%，回答“比较满意”的占54.0%，两项相加为62.6%，也就是说超过半数的人对自己目前的生活感到满意；有17.8%的被调查者对目前的生活满意度“说不清楚”；回答“较不满意”的占15.9%，回答“非常不满意”的占3.6%，两项相加为

19.5%。在总体幸福指数上平均得分为3.56，标准差为0.69，从结果可以看出川渝地区居民整体上对生活比较满意。

总的来说，中国城市居民的幸福指数存在一些区域差异。大致表现为，经济中等发达地区城市居民、中部地区、北方城市居民的幸福感最高，东部发达地区和西部欠发达地区的城市居民幸福指数相对较低。借助我们的发现，可提示政府关注并重点援助边远区域，在规划和建设城市、城市群的同时，要制定积极有效的财税、金融和产业政策，重点援助非城市群、城市群的边缘区发展。同时，对于经济发达的地区，政策制定者应多关注弱势群体民生方面，尤其是注重房价和医疗卫生政策的调控。

第六章 影响中国城市幸福指数的社会因素分析

追求幸福是人类永恒不变的动机（黄希庭，苏彦捷，2010）。从某种意义上来说，一部人类文明史，就是一部人类不断追求自身幸福生活的历史。从我国传统文化来讲，不论儒释道，都十分重视对幸福的追求，如儒家的德行幸福观，佛家慈悲救世的幸福观及道家的“回复童心”幸福观等。如何“为中国人民谋幸福”更是得到党中央的高度重视。例如，2006年，胡锦涛总书记在美国耶鲁大学的演讲中明确指出要“关注人的价值、权益和自由，关注人的生活质量、发展潜能和幸福指数”。党的十九大开幕会上，习近平总书记在报告中强调，“不忘初心，牢记使命”“中国共产党人的初心和使命，就是为中国人民谋幸福，为中华民族谋复兴”。2019年8月，习近平总书记在甘肃考察时进一步强调：“老百姓的幸福就是共产党的事业。”在这种时代背景下，学界掀起了一股幸福研究和实践的热潮，并取得了丰硕的研究成果。

我们研究团队于2011年开始采用《城市幸福指数问卷》（刘杰等，2012）为研究工具，对中国城市居民的总体幸福指数（包括总体生活满意度、情绪、意义、横向纵向比较的满意度）和领域幸福指数（包括经济生活满意度、政治生活满意度、文化生活满意度、健康状态满意度、环境生活满意度和人际关系满意度）进行了系统性的考察，发现了当前中国城市居民幸福指数的特征和现状，这对于党和政府民生政策的制定和社会经济的发展无疑具有重要的参考价值。面对上述研究结果，我们还想进一步探明目前中国城市居民幸福指数背后的原因。因为只有了解了是什么因素引发了这一结果，才能有针对性地制定相关政策或措施来提升中国城市居民的幸福指数。因此，本章拟在前一章研究结果基础之上，综合我们研究团队的理论构想及前人的相关研究，对中国城市幸福指数的影响因素进行分析和探讨，达到更加深入地认识我们的研究结果的目的。

影响城市居民幸福水平的因素是多方面的，可以从不同的角度进行分析。一方面，城市作为众多异质性人口的聚集地，其政治、经济、文化、自然环境都会对居民的幸福水平产生影响，这也是中国城市居民幸福指数存在区域差异的重要原因，因此有必要从以上社会因素来进行宏观分析和探讨。与此同时，幸福也是一种个人感受、人生态度和一种能力，它会与外界社会环境发生复杂的交互作用。如果一个人没有获得幸福的能力，如缺乏必要的物质基础，没有树立正确的价值观和生活态度，甚至本身就缺乏“幸福特质”，那么即使是身处令人满意的生活环境中，个体也会经常郁郁寡欢。因此，在对中国城市居民幸福指数的现状进行分析时，个体因素也是必不可少的考虑对象。最后，综合来看，幸福指数的影响因素可以从系统论的角度进行整合分析，如此才能更为全面地认识人们的幸福。基于以上考虑，我们将分别从社会和个体两个角度来探讨导致中国城市居民幸福指数现状的可能原因，最后在此基础上总结阐述幸福指数的系统观。其中，第六章将从政治、文化和环境等角度来探讨何种城市环境更有利于居民幸福感的提升；第七章将从人格特点、人际关系、生物基础等角度来探讨什么样的个体可以获得更多的幸福感体验；第八章将论述城市幸福指数的系统观，以全面认识城市幸福指数的影响因素。

综上所述，我们的主要目的是对导致中国城市居民幸福指数现状的原因进行分析和探讨，以对前述结果进行解释，并为之后的干预措施和国家政策的制定提供参考。

第一节　政府调控因素

中国是典型的国家主导型发展模式，党和政府这只“无形大手”深入社会的各个角落，触及每个人的生活，影响着整个社会的动态。因此，政府的表现如何常常在很大程度上决定着居民的幸福水平，而如何提高居民的幸福感亦成为各级政府治理的关键任务。

作为中国的执政党，中国共产党历届领导人都将为人民谋幸福作为执政的首要目标。在革命时期，毛泽东同志指出，革命就是要“使广大中国民众都成为享受文明幸福的人”。1954年新中国第一部宪法开宗明义指出，要“保证我国能够通过和平的道路消灭剥削和贫困，建成繁荣幸福的社会主义社会”。邓小平同志强调：“各项工作都要有助于建设有中国特色的社会主义，都要以是否有助于人民的富裕幸福，是否有助于国家的兴旺发达，作为衡量做得对或不对的标准。”十三届四中全会以来，江泽民同志号召，“共同创造我们的幸福生活和美好未来”。进入新世纪新阶段，胡锦涛总书记指出，要关注人的价值、权益和自由，关注人的生活质量、发展潜能和幸福指数，强调党的一切奋斗和工作都是为了造福人民。习近平总书记也强调：“我们党员干部都要有这样一个意识：只要还有一家一户乃至一个人没有解决基本生活问题，我们就不能安之若素；只要群众对幸福生活的憧憬还没有变成现实，我们就要毫不懈怠团结带领群众一起奋斗。”

新世纪以来，中国共产党和中国政府始终坚定不移地推进“幸福中国”建设。习近平总书记在十九大报告中指出：“中国共产党的初心和使命，就是为中国人民谋幸福，为中华民族谋复兴。这个初心和使命是激励中国共产党人不断前进的根本动力。”

提升居民幸福指数，让百姓共享更多发展成果，已成为当前各级政府的共识，让人民群众生活得更加幸福成为政府施政导向。据统计，我国已有一百多个城市明确提出要将提升民众幸福感作为施政目标。例如，北京市提出“让人民过上幸福美好的生活”，广东省提出

“把保障和改善民生作为建设幸福广东的出发点和落脚点”，武汉市在2012年着手编制《幸福城市专项规划》，将人民幸福与否作为衡量政府公共服务绩效的根本标准。

结合我们的调查结果可知，以GDP为核心的经济社会评价指标体系已经难以适应当前发展需要，而幸福中国目标的实现需要各级政府积极的调控和参与。那么，政府在调控城市幸福指数的过程中究竟发挥着什么样的作用，又将采取何种措施才能切实提高居民的幸福感水平呢？对这一问题的回答有助于各级政府进一步提高其管理职能，从而提升当地的城市幸福指数。有鉴于此，本书接下来将综合已有的研究结果，分别从政府公共支出和政府治理质量两个角度，探讨政府调控因素对居民幸福水平的影响，从而为如何从政府调控角度构建幸福城市提供建议和思路。

一、政府公共支出对公民幸福感的影响

大量关于政府公共支出与居民幸福之间的关系的实证研究得出了基本一致的结论，即政府支出有利于促进居民幸福感的增长。比如，Ram（2009）使用145个国家的大样本数据，在控制了人均GDP、社会信任、投资物品的价格、国家开放程度以及后共产主义虚拟变量后，发现政府公共支出水平（用政府财政支出占GDP的比重来度量）与居民幸福之间显著正相关。Guriev和Zhuravskaya（2009）对转型国家的研究发现，社会经济转型显著地降低了居民的幸福感。除了收入不平等、收入波动性和不确定性上升以及期望水平的改变之外，公共物品的恶化、公共物品供给的数量与质量的同时下降是幸福感降低的重要原因。在计划经济下，几乎所有的公共物品都是免费提供的。但是在转型过程中，政府控制的资源大量缩减，公共物品的供给严重恶化，而且使用者经常得为公共物品的使用付费，这减少了可用于其他消费的可支配收入。这些年来关于公共支出结构对居民幸福感影响的研究也受到幸福研究者的广泛关注，这从另外一个角度说明了公共支出对居民幸福感的重要性。例如，Kotakorpi和Laamanen在2010年的

报告中发现芬兰政府的健康支出对居民幸福感有明显的积极作用。Wassmer，Lascher & Krou（2009）的跨国数据研究表明公共安全支出对幸福感有显著的积极作用。Di Tella和MacCulloch（2005）对欧盟11国的政府失业保障支出与居民生活幸福感之间的关系分析发现，政府失业保障支出能够系统地促进平均幸福水平的提升。Kotakorpi和Laamanen（2008）利用跨国数据发现公共安全支出对幸福感有显著的促进作用。Hessami（2011）随后对欧洲国家政府支出规模以及支出结构对居民幸福感的影响进行研究，也得出了相似的结果。

国内的研究也得出了类似的结论。黄有光（2008）是较早强调政府支出在提高社会福利方面有积极作用的中国学者，他从理论方面阐述了为什么政府支出有利于提升国民幸福。他认为，政府提供公共产品之所以能够大大提高居民的幸福感，其原因在于政府支出是利用税收对资源的重新配置，能够将竞争性十分激烈的私人消费转移到几乎人人都能共享的公共支出，降低了由攀比效应带来的幸福损失。更重要的是，公共支出的提高在较大程度上减少了居民生活上的后顾之忧，提高了居民自由消费的能力，也有利于提升幸福感。尤其在社会的物质日益丰富之后，民众对健康、教育、环保、安全等基本公共事业的需求越来越大，这些方面成为影响人们幸福感的重要因素，而这些公共产品的提供正是社会组织或政府的能力所在。因此，为了提升国民的幸福感，扩大公共支出势在必行。鲁元平和张克中利用2001年与2007年世界价值观调查数据的中国部分研究发现，亲贫式支出对于居民的幸福感有显著的促进作用，它可以作为解决幸福悖论的重要手段。所谓的亲贫式支出主要包括教育医疗和社会保障支出，这些公共支出降低了攀比效应带来的幸福损失，能够促进国民幸福感的持续增加。胡洪曙和鲁元平（2012）根据2005年与2006年中国综合社会调查数据（CGSS），采用Ordered Probit模型来分析地方政府公共支出对农民幸福感的影响，研究发现：增加公共支出有利于促进农民的幸福感。公共支出对农民幸福感的影响主要是通过增加农民的消费来实现，在控制消费之后，公共支出的作用显著下降：对公共支出进行分解发现，教育、医疗卫生和社会保障支出等社会性支出是促进农民幸福感的主要支出，其他支出对农民幸福感并没有显著影响；公共支出对不同收入等级农民幸福感的影响有显著差异。它对低收入农民幸福感的影响最大，因为穷人的消费水平较低，他们更加依赖于政府的公共支出。这进一步证实了公共支出确实是通过促进消费来影响农民幸福感的。鉴于此，扩大公共支出，尤其是社会性支出，是增加农民幸福感的重要手段，而且公共支出应该更加向穷人倾斜。毛小平和罗建文（2012）利用CGSS 2005数据，研究了社会保障政策对我国居民幸福感的影响，发现在社会保险方面，城市社会有社会保险的居民的幸福水平显著高于没有社会保险的居民的水平，而农村社会中两类群体没有显著差异；在医疗方面，无论是在农村还是在城市，医疗支出与居民的幸福感均呈反比，即居民的医疗支出越高，其幸福水平却越低。

二、政府治理质量对公民幸福感的影响

对130多个国家的实证研究发现，国家治理质量是决定公民幸福水平的重要因素。联合国委托的一项大型研究显示，衡量国家治理的政治自由度和政府腐败对公民幸福具有显著影响（Helliwellet，Layard & Sachs，2014）。这是因为，政府虽然可以通过提供公共物品和服务，完善社会保障体系等政策的方式提升居民的主观幸福感，但它们也可以从偏离居民的偏好中获益。公权力掌握者的经济理性导致公共政策的无效和次优结果。具体而言，政府和官员掌握公权力，他们在决定公共支出的规模和配置时有重大的决策权。若政府治理力度不大，公共支出可能会进入官员的私囊，也可能成为利益交换的载体，更可能会有盲目扩大和结构扭曲的风险。具体表现为，首先，政府官员与利益群体勾结，导致某些公共项目的实施只对利益相关者有利，而非惠及大部分社会群体。Persson和Tabellini（2000）构造的立法游说模型和政治竞争模型为政府提供公共物品的无效和不公平性找到了更多的证据。其次，由于从不同支出项目中获取贿赂的难易程度不同，政府将更大的比重支出在基础设施等项目上，而降低对教育和卫

生的投入比重（Mauro，1998）。扭曲的公共支出结构不能良好地满足居民对各类公共物品的需求。当公共物品和服务带来的福利小于因缴税而承受的消费选择损失时，居民的主观幸福感下降。只有政府追逐私利的行为得到制约，纳税者的钱被浪费得较少，公众对生活的满意度才会提高。在研究公共支出与居民主观幸福感问题时，必须考虑制度因素。如果政府的治理水平较高，就能良好地发挥公共物品的效果以弥补市场缺陷。总体上来说，政府效能、减少腐败和公正的制度等维度的政府治理程度的改善都能够显著增加居民主观幸福感（Bjørnskov，2010；Helliwell & Huang，2008；Kim & Kim，2012；Ott，2011）。政府质量通过影响经济增长、收入分配，完善对居民财产权利和人身安全的保护，制度信任和财政支出等行为影响居民的主观幸福感。

具体而言，个别官员的腐败是影响居民幸福感的一个重要因素。Tavits（2008）研究了腐败对居民幸福的影响。他认为如果公共物品只提供给那些有“关系”或者富有的人，没有这些资源的那部分人肯定处于不利地位。而且，一旦卷入腐败交易中，人们会失去追逐自己目标的独立性，因而变得不幸福。不仅如此，腐败带来的经济和社会成本还会恶化居民的人际关系。总之，腐败降低了居民主观幸福感。Tavits分别利用1995年16个欧洲国家17166个被调查者的个体层面数据和世界价值观调查的68个国家的国家层面数据，采用极大似然法估计随机截距模型和有序逻辑模型（Ordered Logic Model），发现腐败是影响居民主观幸福感的重要决定因素，腐败现象越少，居民的主观幸福感越高。Welsch（2008）不仅发现腐败对居民幸福的不利影响，还计算出了这种影响的货币价值，在2001—2004年，146个国家平均腐败水平上升造成的居民福利损失相当于这些国家平均GDP的3.5%。

综上所述，政府调控因素在人们的幸福感提升上的作用不可或缺，正如学者们所指出的，以人为本的政策是个体幸福感的必要前提。因此，提高政府的服务意识，提升民众的幸福感是转型期政府下一步的发展目标。中国经济体制改革研究所原副所长徐景安认为，幸福中国的基本国策应该是：第一，注重公平分配，缩小收入差距，防止财富向少数人集聚；第二，健全公共服务，实行全民福利，消除特殊群体对公共资源的侵占；第三，实行民主法治，建立公共财政，约束政府的自利倾向；第四，推行集约经济，提倡节俭生活，改变浪费资源的生产方式和生活方式；第五，倡导情感关爱，改善人际关系，遏制损害他人的获利行为；第六，创建幸福文化，普及幸福知识，走出以金钱为目的的认知误区（徐景安，2013）。

第二节　经济发展因素

虽然我国政府始终将提高人民的经济生活水平作为改革开放以来的重要目标，而经济发展也被认为是提高幸福指数的物质基础，但是从我们的研究结果来看，经济中等发达地区城市居民、中部地区、北方城市居民的幸福感最高，东部发达地区和西部欠发达地区的城市居民幸福指数相对较低。为什么伴随着很多区域经济水平的增长，居民的幸福指数没有相应提高呢？

综观前人的调查结果，在国外的相关研究中也有类似的发现。例如，不少学者（Blanchflower & Oswald，2000；Diener & Oishi，2000；Easterlin，1995；Lane & Lubatkin，1998；Lane & Milesi- Ferretti，2001）发现，近几十年来，在西方国家中，除了德国、意大利等国人均收入的提高伴随着平均幸福感的小幅提升之外，其他国家如美国、英国、比利时和日本等，尽管人均国民收入大幅增长，但是国民报告的平均主观幸福感却没有增加，甚至有所下降。例如，尽管美国的人均收入在最近的几十年里有明显的增加，但在同一时期内，那些认为自己非常幸福者的比例却在减少（见图6-1）。Oswald（1997）对欧洲9国（1973—1990年）的研究也表明，收入增长并未带来幸福感的提高。也就是说，高经济发展并不能简单地转化为幸福感，经济水平的普遍提高并不是提升每个人幸福感的充分条件。

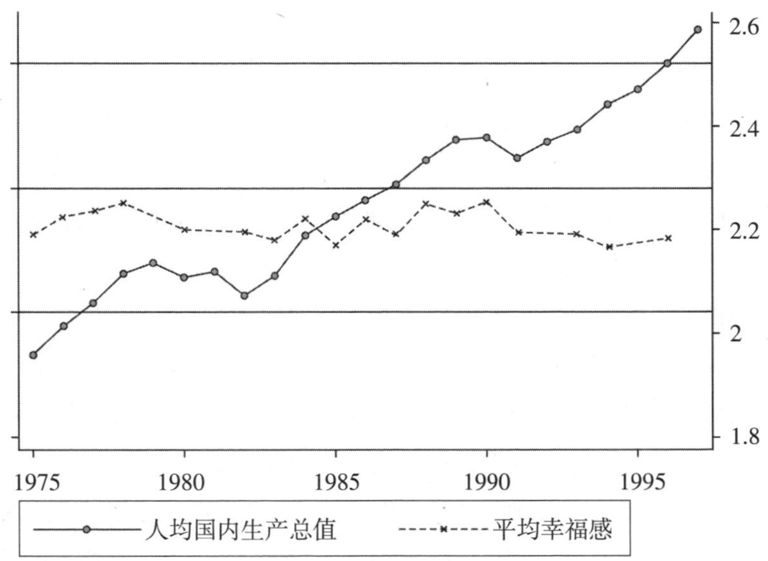

图6-1 1975—1997年间美国人GDP与平均幸福感状况

（数据来源：世界幸福数据库，美国商务部经济分析局和人口统计局）

以中国被试为对象的研究中也发现了类似的现象。例如，通过对世界价值观调查（World Value Survey，简称WVS）数据分析发现，我国居民的生活满意度得分从1990年的7.29分、1995年的6.83分、2001年的6.78分，一直下降到2007年的6.76分，甚至还有不断下降的趋势。与此相对应的是，近三十年来，中国的经济经历了飞速的发展，GDP总量从1978年的3600亿元增长到2011年的46万亿元，增长约127倍。中欧国际工商学院2006年发布的《2005年中国城市及生活幸福度调查报告》称幸福指数最高的前两位城市居民收入都不是最高的（田国强，杨立岩，2006）。中国社科院调查显示，2005年，72.7%的城乡居民感觉生活是幸福的，比上年下降了5个百分点；戴廉（2006）发现，中国人的幸福感在过去十年中先升后降，与总体经济发展并不同步。在张爱莲和黄希庭（2010）的研究中，也发现了“经济发展状况对个体幸福感无显著影响”的结构，其样本来自经济较为发达的广东、浙江、山东、北京等省市，或属于收入有保障的群体。

由此可见，不论是从横向的角度还是纵向的角度，各种研究都发现社会的经济发展水平没有直接提高居民幸福指数的现象。那么是什么原因导致了这一现象的产生，学术界的探索大多认为是社会不公平所致，特别是收入差距的扩大是导致在经济高速发展的情况下居民幸福感反而降低的一个主要原因。毫无疑问，中国经济增长创造的财富并没有在国民间均等地分配。根据世界银行（2003）的研究，中国的基尼系数从20世纪80年代初期的0.20左右迅速上升至1993年的0.42，在世界所有国家中上升幅度最大，1999年中国的基尼系数已经达到0.437。更令人担忧的是，我国基尼系数在越过0.4的国际警戒线后，依然逐年上升，达到2006年的0.496。与此同时，我国城乡间、地区间、行业间以及城乡内部的贫富差距也呈现扩大趋势。

收入差距带给个体的负面心理影响是多方面的。首先，收入差距会产生“相对剥夺感”，这在很大程度上能够削弱进而影响人的幸福感。“相对剥夺感”是指人们通过与参照群体的比较而发现自己处于劣势时所产生的一种被其他群体剥夺的负面心理体验，进而产生消极的感受。其次，很多人采取了超越自己经济支付能力的消费方式，通过这种带有歧视性的比较方式来证明自己的经济实力，索尔斯坦·凡勃伦称这种行为为“金钱竞赛”。金钱竞赛强烈刺激了人们的攀比心理，社会很容易陷入这种奢侈消费的陷阱，因此虽然居民收入在提高，幸福感却在不断降低。与此同时，金钱竞赛提高了人们对物质生活水平的期望，只有更快的绝对收入增长才能确保幸福水平不下降。最后，人类与生俱来具有不平等厌恶（inequality aversion）的社会偏好，这个观点在人类学（Fehr & Schmidt，1999）、行为科学（Kahneman & Krueger，2006），甚至神经科学（Tricomi，Rangel，Camerer & Doherty，2010）都已得到证实。在经济学文献中，Morawetz（1977）最早证实了人类具有的不平等厌恶偏好对主观幸福感的影响。作者通过比较以色列两个收入不平等程度悬殊的相邻小村庄（各有40～50户）居民的生活满意度发现，生活在收入分配更加平等的社区（虚拟变量）的居民生活满意度更高。Schwarze和Harpfer（2002）利用德国1985—1998年间的社会经济面板数据（GSOEP）进行研究。他们分析

西德75个地区的基尼系数与当地居民的生活满意度之间的关系，运用有序概率模型和固定效应模型回归发现，基尼系数与居民生活满意度呈现为显著负相关，而且无论被调查者是穷人还是富人，也就是说德国人具有明显的不平等厌恶。通过类似的方法，Alesina，Di Teua & Macculloch（2004）、Ebert和Welsh（2009）分别对欧美和欧洲十国进行研究，也得出了相似的结论。总之，正是由于人类与生俱来的收入不平等厌恶，从而使得过高的收入分配差距会对个体的主观幸福感产生负面影响。

综上所述，区域经济的迅猛发展或许在超过一定的水平后，并不会给其所在辖区的民众的幸福体验带来直接的效应。相反，由于整体经济发展水平的提高而导致的贫富差距的增大及可能的金钱竞赛效应给居民带来的心理压力，在发达的经济体中生活反而会降低个体的幸福体验。这可能也是目前众多城市居民“逃离北上广”，选择生活在二三线城市的一个重要原因。然而，这并不意味着经济发展不再重要，没有一定的经济基础不可能有真正意义上的幸福感。

第三节　自然环境因素

改革开放以来，中国经济保持了30多年年均增速10%的高速增长。然而，社会为以高投资、高能耗、高污染为特征的粗放型增长付出了资源浪费和环境恶化的惨重代价（彭宜钟，童健，吴敏，2014：20-35）。当前，中国的环境污染已非常严重。亚洲开发银行和清华大学2012年共同发布的《中华人民共和国国家环境分析》报告显示，中国500个大型城市中只有不到1%的城市的空气质量达到世界卫生组织规定的空气质量标准。《2013中国环境状况公报》显示，全国城市环境空气质量不容乐观，对SO_2、NO_2、PM 10、PM 2.5年均值等指标进行评价后发现，74个城市中仅海口、舟山和拉萨3个城市空气质量达标，占4.1%；水质方面，全国十大水系水质一半被污染，国控重点湖泊水质四成受污染，31个大型淡水湖泊有17个水质受污染；固体废物方面，全国工业固体废物产生量为327701.9万吨。北京、哈尔滨等地曾一个月中有20多天处在PM 2.5（空气中的细颗粒物含量）严重超标的状态，这期间医院呼吸内科和耳鼻喉科的就诊人数飙升7至8倍；街道上的红绿灯无法辨识颜色，部分公共交通设施不得不停运，许多居民被滞留在公交站台。这些触目惊心的现实和数字向社会发出警示：全社会为粗放型的增长付出了昂贵的代价。

我们团队之前所获得的研究结果明显发现，中国城市居民的环境生活满意度不容乐观，表现为随着城市经济发展水平的提升而生活满意度则逐渐降低，且城市底层居民的感受更为明显。前人研究表明，对环境的满意度是影响居民总体幸福指数的重要因素。例如，杨玉文和翟庆国（2016）以我国东北地区的哈尔滨、长春、沈阳和大连四个省级和副省级城市为研究对象，探讨我国城市居民的环境满意度与个人幸福感的关系，结果就发现环境满意度是个人幸福感的最为显著的影响因素之一。不仅如此，环境污染还会影响个体的身体健康水平。1990—2011年国内生产总值提高了24.3倍，城镇居民人均可支配收入提高了14.4倍，而医疗保健支出提高了37.7倍。仅仅在2012年，北京、上海、广州、西安四座城市因PM 2.5引发的多种疾病造成的过早死亡人数达8500多人。由此可以看出，虽然经济的快速发展提高了人民的生活水平，但是居民的生存环境却遭到严重破坏、社会健康成本增加更甚（杨继生，徐娟，吴相俊，2013：17-29）。在这种条件下，居民的幸福感水平势必难以提高。

那么，环境污染究竟是如何影响城市居民的幸福感水平的呢？环境污染又为何对不同阶层的个体影响不同呢？针对以上问题，本节接下来将分别从主客观条件论述环境污染对个体幸福感的影响，并探讨环境污染影响个体幸福感的异质性问题。

一、主观感知环境污染程度对幸福感的影响

人类是自然界长期发展和进化的结果，居民的生存环境（自然环境和社会环境）对我们的主观生活满意度有重要的影响。良好的环境

能够帮助我们减少焦虑和绝望的情绪，让人的身心达到良好的状态，进而提高人们的幸福体验。很多研究结果都支持了这一研究结论。例如，Ulrich（1984）曾发现医院病房的环境良好，病人恢复得更快；办公室的环境良好，职员的工作效率更高。Rehdanz 和 Maddison（2005）认为适宜的气温和降雨量能有效提高居民幸福感。MacKerron 和 Mourato（2013）发现当被调查者处于感觉优美的自然环境时，相较于处于普通的都市环境，幸福感会更高。相反地，恶劣的环境会让人觉得痛苦和绝望，进而损害这一区域居民的整体幸福感水平。Rehdanz 和 Maddison（2008）的研究发现，那些自认为受空气污染影响非常严重的居民感觉更不幸福。如果居民自认为所居住社区空气污染严重，他们也会倾向于认为自己生活得并不幸福（MacKerron & Mourato，2009）。

二、客观存在的环境污染因素对幸福感的影响

环境的好坏不仅仅会影响居民的主观感受水平，还会通过其他渠道来影响其幸福体验的高低。以空气污染为例，前人研究发现它主要通过以下渠道影响居民的主观幸福感。首先，空气污染危害居民的健康，进而降低居民的主观幸福感。世界范围内的大量研究发现，空气污染对人体健康有不利影响，它使人体免疫力下降，对病原生物的敏感性增加，从而提高各类疾病的发生率。据估计，2000 年全球因城市大气污染导致 80 万人死亡和 460 万人健康受损（Greenbaum，2012）。具体而言，污染能导致呼吸道疾病、生理机能障碍以及使人眼鼻等黏膜组织受到刺激而患病，还能导致有呼吸道病史的人旧病复发。若居民常年生活在受污染的环境中，他们甚至有患上心脏病和肺癌的风险。身体健康是决定居民幸福与否的一个关键因素，健康状况较差的居民通常感到不太幸福（Frey & Stutzer，2002）。其次，空气污染给居民生活造成不便进而对居民幸福感产生影响。较低的空气能见度可能造成交通堵塞或者交通事故，严重的雾霾天气甚至迫使高速限行、机场关闭。居民的出行不便会对日常工作和生活造成影响。空气污染还

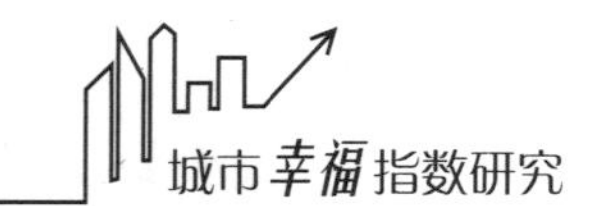

通过侵蚀生活基础设施等方式影响居民主观幸福感。空气中的有害物质损坏各类建筑物的质量，加速建筑材料的折旧，居民因此承受了大量的经济损失。严重的环境污染问题给人们的生活带来了极大的不便，人们将会倾向于更少的出行，很难真正享受到原生态自然环境给生活带来的愉悦。最后，环境污染还会造成严重的社会问题。据统计，因环境污染引发的群体性事件在近几年以年均29%的速度递增，例如，在雾霾天气下，能见度下降，道路通行效率下降，同时会导致碰擦事故数量急剧上升，这些必然带来种种社会冲突与矛盾，形成社会不稳定因素，使得居民的幸福感受到影响。

三、环境污染影响幸福感的异质性

MacKerron和Mourato（2009）认为研究空气污染与居民幸福感时必须考虑环境污染的不公平性问题。例如，美国和英国等国的排污量大的工厂出于成本的考虑，倾向于取址在贫困的地区。享受着这些工厂生产出的产品的人，将他们的幸福成本转嫁给无法避免污染成本的穷人（Mitchell & Dorling，2003）。穷人承受着降低幸福感的双重负担——贫困和污染。面对环境问题，他们的敏感性更强（Brown，1995）。不仅如此，穷人居住的社区环境比较差，而且他们无力治愈因环境污染而患上的疾病，更加剧了环境污染对他们幸福感的负面影响（Mitchell & Dorling，2003）。社会不平等状态下的其他弱势群体，如病人、老年人、受教育水平低的人应对污染的能力也较弱，因空气污染承受的风险比一般人更大。我国的社会不平等现象已经在高速发展过程表现出一定的趋势，因此关注环境污染的不公平性非常必要。若社会经济地位高者因排污行为获得的收益远大于付出的成本，而弱势群体成为主要的受害者，势必会加大我国的社会矛盾。

那么，为什么环境污染对于不同群体幸福感所造成的影响存在显著的差异呢？基于“环境收益—成本”的分配活动，经济地位较高的群体享受了以环境为代价的大量福利，却利用其经济优势将环境影响后果和环境治理责任不对称地转嫁于贫困的弱势群体，而穷人相比富

人迁徙能力差，规避环境污染的能力较弱；基于“资源优化配置”的生产活动，发达的东部沿海地区比落后的中西部地区消耗了更多的资源与环境，但污染工厂为了追求较低的生产要素成本，会倾向于将高污染高耗能产业转移至经济较不发达地区，从而使得环境污染的后果主要由欠发达地区承担；基于“比较优势”的劳动分工，高收入的群体往往从事室内脑力劳动的工作，而低收入的群体则更多地暴露在室外从事体力劳动的工作，因此，低收入群体无可避免地承担了更多环境污染的福利损失。综上，经济地位不利的群体受到收入的约束，要在环境质量与经济成本之间进行权衡，从而享受了较少的环境福利却承担了大量的环境污染。受“不患寡，而患不均”传统思想的影响，人们与生俱来厌恶不平等，这种“环境收益—成本”的不平等将会对人们的幸福感造成相对剥夺，使得低收入群体承受更大的幸福感损失。

综上所述，我国在严重依赖资源和能源消耗的城市化进程中造成了严重的环境污染，居民为此付出了沉重的代价。这种代价不仅直接影响个体的主观生活满意度，还通过危害个体身体健康、生活便利性等方面间接降低个体的幸福感水平。环境污染对个体幸福感的影响还存在不公平性的问题，它对收入水平较低的人，居住在较差社区环境的人，老年人以及受教育水平低的人的主观幸福感的负面作用要更强。为了实现增进国民幸福感的民生目标，治理环境刻不容缓。

值得欣慰的是，我国政府目前对环境治理越来越重视。党的十八届五中全会通过的《中共中央关于制定国民经济和社会发展第十三个五年规划的建议》（以下简称《建议》）明确提出加大环境治理力度的要求，把改善生态环境作为全面建成小康社会决胜阶段的重点任务。这是以习近平总书记为核心的党中央坚持创新、协调、绿色、开放、共享的发展理念，准确研判环境形势、顺应人民群众期盼，作出的重大决策部署，意义重大、影响深远。其中一个具体的表现就是处罚力度的提高。环境保护部于2016年8月24日向全社会公布了2016年上半年环境执法情况，随着我国多项环保法律法规的颁布，环境监督及污染处罚力度不断加大。数据统计显示，2016年上半年按日连续处罚案件307件、罚款数额达2.6亿元。可以预见，在不久的将来，青山绿水遍及祖国大地，我国城市居民环境满意度将会得到质的改善。

第四节　文化休闲因素

国外的研究表明，休息、放松、美食和业余活动都有助于幸福感的短期效应（Argle，2001）。放假期间，有更多积极的情绪，缓解了个体的焦虑感。有证据显示，参加业余活动的团体，特别是舞蹈、音乐、义工或运动锻炼等都能够增强个体幸福感。在2012年1月16日举行的“心理科学与文化建设”研讨会上，就有学者强调了文化娱乐建设与居民幸福感的关系（史占彪，祝卓宏，闫洪丰，2012）。在我们团队所做的调查结果中也发现，不同区域内的文化生活满意度的确存在不同。总体来说，经济发展水平越高的区域，居民文化生活满意度越高；休闲文化越盛行的地区，如川渝，居民文化生活满意度越高。这一结果与之前的调查结论是可以相互印证的，例如，2012年，《中国经济周刊》刊登了《中国城市幸福大排名》。幸福感排名前十的省会城市（直辖市）即“十大幸福之城”，依次是：拉萨、太原、合肥、天津、长沙、呼和浩特、石家庄、济南、银川、重庆。特别需要注意的是，这次调查，增加了对国民休闲状况的调查内容，休闲排名前十的省会城市（直辖市）即“十大休闲之城”，依次是：贵阳、海口、广州、杭州、拉萨、成都、重庆、太原、福州和长沙。其中拉萨、重庆、太原、长沙这四个城市，既是“休闲之城”，也是“幸福之城”。这在很大程度上说明，城市的文化休闲资源越丰富，其所在居民的幸福水平越高。基于此，深入探讨幸福与休闲文化建设之间的关联有重要的理论和实际意义。

改革开放以来，中国经济社会发生了巨大变化。但是，我国民众的幸福感与物质财富的增长并不完全同步。出现这种现象，一个很重要的原因在于，经济转型中复杂多样的社会矛盾导致了人们幸福感的降低。受某些不良社会风气的影响，心灵空虚、心态浮躁等负面情绪

在一定程度上导致部分人精神财富相对缺失，幸福指数下降。这给研究者一定的启示，即文化建设对于幸福实现的作用，更确切地说是让人们认识到了经济幸福的根本缺陷在于没有切实做到“以人为本”，提升国民幸福、推动社会全方位发展应该以追求国民的文化幸福作为各项事业的出发点和落脚点。其实，从科学发展观提出，到和谐社会、美丽中国的构建，再到全面深化社会改革方案的提出，相关政策制定者已经由追求经济幸福向追求文化幸福转变了。那么，文化休闲生活是如何影响居民的幸福水平的呢?

首先，文化建设与整体经济发展的关系是双向的。一方面，经济参与“买来”文化休闲活动，它是回报中的一部分；另一方面，文化休闲活动可以被用来娱乐、消费，支持有效的经济参与，正是这种消费的“再创造性”使得休闲变成一种新的社会经济形式。休闲经济的崛起，在刺激消费和拉动经济增长上起到了重要作用，它使货币加速回笼，使资本在运转过程中获得增值；还为社会提供了大量的就业岗位；调节国民收入的再分配，降低了贫富梯度。随着社会的发展，休闲经济的作用会加大，休闲被誉为21世纪世界经济发展的五大推动力之首。据了解，目前，发达国家的公民大约1/3的时间用于休闲，1/3的收入用于休闲，1/3的人员从事休闲行业，国家GDP的1/3由休闲产业创造。经济水平是公民拥有和享受休闲生活的保障，而经济的最终发展，对于我们个人生活质量的提高、生活品质的提升，应该表现为使我们拥有更多的休闲时间。这也解释了我们所得出的研究结果中，为何居民的文化生活满意度与区域经济发展水平有如此高的关系。

其次，文化建设影响个体切身的幸福感体验。一般认为，文化休闲活动主要通过两种方式来影响个体的幸福感水平：第一，文化休闲活动可以提高个体的积极情感。很多研究都表明娱乐休闲活动与积极情绪之间存在因果关系。这些研究大都使用了情绪诱导事件，即首先让被试者参加某种休闲活动，然后再用自评情绪量表进行多次连续施测。Scherer，Wallbott & Summer field（1986）对欧洲五个国家的学生进行了调查，要求他们写出愉悦体验的原因。几乎所有的学生都认为参加文化休闲活动能使他们产生积极情感。Inglehart（1990）对14个欧洲国家163000名被试者进行了研究，结果发现，报告对生活很满意的人占每周至少去一次教堂的人数的85%，偶尔去教堂的人数的82%，而从不去教堂的人中只有77%报告对生活很满意。Pollner（1989）发现，报告与上帝关系亲密，把上帝当朋友的人往往会有较高的幸福感。第二，文化休闲活动能提高个体的身心健康水平。Riddick和Stewart于1994年对600名美国退休妇女进行了研究，发现参加较多休闲活动的人心理更健康。Iso-Ahola和Park（1996）的研究也表明，美国跆拳道组织的成员的休闲关系缓冲了生活压力对身体健康的影响。从这项研究看来，参加休闲活动是使抑郁得以缓解的关键因素，因为人们能从休闲团体中得到良好的社会支持。在我们的研究结果中也发现，参与宗教活动的确能够提升有很多健康问题的个体的幸福感。这可能是因为，有很多健康问题的个体承受着更大的生理痛苦与心理压力，因而需消耗更多的资源，并且由于其家人也承受着较大压力，个体难以从外界获得支持。此时，宗教信仰给予个体的支持与归属感就显得尤为重要。总之，积极参与文化休闲生活对于城市居民的幸福体验有着积极的影响，这也可能是重视休闲文化和精神生活的川渝地区居民有着普遍较高的文化生活满意度和总体幸福感的重要原因。

最后，文化建设可以通过弘扬积极的价值理念来提升幸福指数。文化建设可以促进民众形成正确的人生信念、人生观以及积极向上的价值理念，这对于幸福指数的提高无疑具有重要的提升价值。以我国传统的儒释道文化为例，儒家价值观重视人际和谐和家族家庭，把促进群体的幸福作为自己的责任；同时强调学思并重、反思自省，注重自我磨炼。道家价值观主张返璞归真、回归自然，提倡无为不争、淡泊名利、知足常乐，以恢复人性的原始、质朴的状态。佛学文化价值观认为人的自私、欲望是万恶之源，为众生的福祉服务便是成就佛果的主要因缘；重视因果报应，认为人应该戒恶取善，才能有善行、得善果。已有研究者初步探讨了这种价值理念对个体幸福感的影响。例如，Lu，Gilmour和Kao曾对中国台湾地区和英国的大学生进行过文化

价值观与幸福感的研究，采用中国文化联系小组在1987年编制的中国价值观调查量表、中国人幸福感量表和哈佛幸福感量表分别对中国台湾和英国大学生进行调查，结果显示中国价值观对于中国台湾大学生幸福感的预测力更好，社会融合和人际和谐仅对中国台湾大学生的幸福感有正面预测力，而孔子工作动力论对中国台湾和英国大学生的幸福感都有正面预测力。张静（2009）的研究结果证明儒家和道家传统价值观对大学生的幸福感有正向的预测作用。这可能也解释了为何文化水平较高的人往往拥有更高的幸福水平。

值得指出的是，目前随着人民群众对精神文化生活越来越重视，各级政府都在花大力气，开拓文化休闲项目。比如，湖北省充分利用“千湖之省”的优势，积极发展休闲农业，力争到“十二五”末，打造10个休闲农业与乡村旅游大县、100个休闲农业示范乡村、1000个休闲农业示范点（省级100个）、1万户星级农家乐，带动休闲农业点5万个，就地就近转移农村劳动力50万人，年接待旅客1亿人次，休闲旅游综合收入达到500亿元。另外，越来越多的中国人将在图书馆、博物馆、影剧院、体育场馆及展览会中体验知识与休闲带来的快乐，而这些公共设施的建设在近些年的城市发展过程中也在逐渐地完善。可以想象，随着我们经济更高质量的发展和更人性化政策的制定，一定可以使得城市居民更多地通过休闲文化活动提高自身的幸福感水平。

第七章　影响中国城市幸福指数的个体因素分析

人人都想过幸福的生活，但并不是每个人都很幸福，幸福感存在很大的个体差异。在日常生活中，我们不难发现，有的人即使身处逆境依然感到很幸福，有的人尽管处境优越却还是感到不幸福。综合来看，人们生活在社会环境中，其心理体验既受社会氛围的影响，也受自身生态系统的调节。因此，在从社会层面分析了何种因素影响了居民幸福指数后，有必要再从个体层面来探讨具备何种特质和属性的城市居民更易于获得幸福体验，以期为今后制定居民幸福指数的提升策略和进行个体干预提供参考。

结合我们的团队及前人的研究结果，在第七章中我们将从以下几个方面探讨影响城市居民幸福指数的个体因素。首先，每个人生活在社会中都有与他人相区别的独特而稳定的思维方式和行为风格，即其人格特点，我们将分析哪些人格特质更容易在与社会互动中获得幸福体验以及人格特质将如何影响其幸福水平；其次，在中国社会中特别重视人际关系，这是中国文化的一大特点，我们将分析人际关系是如何影响个体幸福感水平的；最后，我们还将探讨个体幸福感的生物遗传基础，分析幸福感的脑机制。

第一节　人格因素

在前几章中，我们分别从不同的人口学变量的角度描述了中国城市幸福指数的特征，大致勾勒出了当前中国城市幸福指数的现状。但

是，这些变量对于每个个体的影响是不同的。不同个体即使面对相同的外界环境，其反应倾向也会有差异，因此我们有必要分析人格特点是如何影响人们的幸福感的。

人格是个体在行为上的内部倾向，它表现为个体适应环境时在能力、情绪、需要、动机、兴趣、态度、价值观、气质、性格和体质等方面的整合，是具有动力一致性和连续性的自我，是个体在社会化过程中形成的给人以特色的心身组织（黄希庭，2002）。很多研究发现，人格特质的确影响个体的幸福感水平。主要表现为，幸福感的水平随着时间的推移和环境的改变呈现非常稳定的特征。例如，1973年，美国国家老龄化研究所对五千名成年人做过调查，10年后的再次调查表明，尽管工作条件、居住条件以及家庭状况有了种种变化，但当年感到最幸福的人10年后还是感到最幸福。Hills和Argyle（1998）的牛津大学幸福感调查问卷在得分上非常稳定，受调查者在经过6年的间隔之后，接受这一问卷后结果显示的重测信度竟然超过了0.5。那么，什么样的人格特点更加容易体验到幸福呢？面对这一问题，我们接下来将结合国内外的研究，从大三人格、大五人格及健全人格等比较具有代表性的人格理论着手，系统探讨人格特质是如何影响个体的幸福感水平的，为优化人格提供参考。

一、大三人格与幸福感

所谓“大三人格”是指英国心理学家艾森克（Hans Jurgen Eysenck，1916—1977）提出的对人格维度的分类，即从神经质、精神质和内外倾三个维度来研究人格与幸福感的关系。Eysenck（1983）指出，“幸福可称之为稳定的外倾性……幸福感中的积极情感与易于社交的性格有关，这样的性格容易与他人自然和快乐地相处。同样，抑郁性和焦虑性产生消极情感，因而情绪不稳定和神经质与不幸福相联系。”这种观点与Costa和McCrae（1980）的研究不谋而合。他们研究了1100名被试，发现某些特质如社会活动、社会性、有活力等会产生积极情感，另外一些特质如焦虑、担心等则会产生消极情感。而这两组特质群分别具有较高的内部一致性，构成人格特质中的外倾和神经质。同时，后来的大量研究也得出了与艾森克相同的结论，即外倾与积极情感有关，与消极情感无关，可提高主观幸福感；而神经质与消极情感有关，从而会降低主观幸福感。

虽然外倾和幸福感之间的关系已经得到许多研究者的肯定，但是更多的实证研究的证据还是认为外倾与积极情感的联系更紧密。Lucas和Fujita（2000）研究发现外倾与愉快的相关系数为0.38。而且，当运用复合的、种类不同的测量方法来研究外倾和愉快之间的关系时，相关系数经常达到0.80。它们之间的关系如此紧密以至于Costa（1981）等人认为外倾可以预测一个人17年后的幸福感水平。如果把外倾分解成社交性和冲动性两部分，则社交性同幸福感的相关水平更高。艾森克人格问卷（Eysenck Personality Questionaire，EPQ）中测量的外倾几乎全是社交性，Hills和Argyle（2001）等发现这些社交性同幸福感的相关系数达到了0.5，甚至超过0.5。

Frnaecs等人（1999）对来自美国、澳大利亚、英国和加拿大等国家的大学生被试所进行的研究表明，EPQ分数与幸福感分数的相关模式具有跨国家的一致性，幸福感与外倾性的相关系数在0.41至0.49之间，与神经质的相关系数在-0.39至-0.57之间。总之，众多研究一致表明，外倾性与幸福感存在正相关，能够增进幸福感；神经质与幸福感存在负相关，会降低幸福感。Deneve和Cooper（1998）对74项研究神经质与幸福感关系的研究进行分析后发现，神经质与幸福感的总体相关系数是-0.22。Fujita（1991）在用结构方程建模评估神经质和消极情感之间的相关性时，发现相关系数甚至达到0.80。Waston和Clark（1984）甚至认为，神经质与消极情感的关系如此强烈以至于可以认为这两者具有相等的意义。MiChael Argyle（2011）等运用艾森克人格问卷进行的研究也得出了相似的结论。

二、大五人格与幸福感

所谓“大五人格”或五因素模型是美国心理学家Costa和McCrae

（1980）提出的人格五因素即外倾、神经质、经验开放性、宜人性和责任感，并研究了这五个因素与幸福感的关系。在大五人格中，外倾、神经质与幸福感的关系重复验证了大三人格与幸福感的研究结论，即外倾与积极情感存在正相关，能够提高幸福感，而神经质与生活满意度和积极情感存在负相关，与消极情感存在正相关，会降低幸福感。但其余三个因素，经验开放性、宜人性和责任感与幸福感的关系的研究较少，而且结论也不尽一致。Costa 和 McCrae（1982，1991）的研究表明，五个因素全部与幸福感存在显著相关。其中，经验开放性同时与积极情感和消极情感存在正相关，宜人性和责任感与幸福感的关系模式是一致的，即与生活满意度和积极情感存在显著正相关，与消极情感存在显著负相关，因此能够提高幸福感。

Costa 和 McCrae（1982，1991）的观点得到了一些研究者的支持。如 Furnham 和 Cheng（1997）用 Costa 和 McCrae 的 NEO-PI 五因素调查表（NEO-PI Five-Factor Inventory）考察了人格因素与幸福感的关系，发现幸福感分数与外倾性（r=0.39）、神经质（r=-0.44）、宜人性（r=0.39）、责任感（r=0.31）和开放性（r=0.26）等因素均存在显著相关，回归分析表明，人格因素解释了幸福感分数的43%的方差，而神经质、外倾与责任感等是预测幸福感的有效因素。DeNeve 和 Cooper（1998）对148项研究大五人格与幸福感的研究进行元分析后发现，神经质和外倾同幸福感的相关比艾森克人格量表中这两个因素同幸福感的相关更小，这可能是因为大五人格量表涵盖的范围更广，因而它没有像大三人格量表那样专注于同幸福感相关的特殊人格方面。

不过，大五人格同幸福感关系的研究也没有得出完全一致的结论。例如，DeNeve 和 Cooper（1998）发现，开放性与幸福感并不相关。张兴贵和郑雪（2005）对我国青少年的研究表明，严谨性（责任感）与积极情感和生活满意度具有显著正相关，与消极情感存在显著负相关，支持了 Costa 和 McCrae（1991）的观点。但在宜人性和开放性两个维度上的结论不尽一致。张兴贵等人（2005）发现，宜人性与积极情感不相关，开放性与生活满意度和积极情感存在显著正相关，与消极情感存在负相关，而不是正相关，这也与Costa和McCrae（1991）的结论不同。

Costa和McCrae（1991）提出，外倾导致积极情感，神经质导致消极情感，主要是由于气质的作用。这种气质观认为，外倾者比内倾者更易高兴和活泼，而情绪不稳定的个体更易于产生消极情感。经验的开放性能同时增强个体对积极和消极情绪的体验，对幸福感具有经验性的作用。宜人性和责任感通过创造使人快乐的环境及生活事件而对幸福感具有工具性的作用，这些工具性的人格特质引导人们去面对特殊的生活事件从而影响幸福感。

三、健全人格与幸福感

健全人格（perfect personality）也被称为理想人格或完美人格。早在2500年前，我国古代思想家、教育家、儒家学派的创始人孔子所提倡的君子人生就是儒家的理想人格。当今是互联网和大数据的时代，从现代心理健康的理论来看，心理健康是一个连续体。如果连续体的一端为最糟糕的心理障碍或心理疾病，那么连续体的另一端就是最佳的心理和行为，我们将其称为健全人格。健全人格是个人最佳心理和行为的有机整合。健全人格者能以辩证的态度看待世界、他人与自己，过去、现在和未来，顺境和逆境，是一个自爱、自立、自信、自省、自强的幸福进取者。由此可见，培养幸福进取者是健全人格养成教育的目标。那么，这些优秀的人格品质是如何对个体的幸福水平产生影响的呢？下面，我们将结合已有的研究结果，分别从自爱、自立、自信、自省、自强等方面进行分析和探讨。

（一）自爱与幸福感

自爱是个体对自身及其特征的悦纳和珍重的品格。自爱的人对自身及其身体、智慧、品格、名誉、地位和前途等都是悦纳和爱惜的；他不会因为自己的缺点和弱点而自卑自弃，也不会因自己的优点和成就而傲视他人，而是努力发展真实的自我。

自爱是一个人生存和生活的基础。如果一个人不自爱，不喜欢自

己，讨厌自己，觉得自己没有价值而嫌弃自己，这种自卑感会严重损伤自己的心理功能。有这种自卑感的人常常内心紧张和不安，一方面担心自己不够完美而不为别人所重视，同时又很内疚，常常采用各种自我防卫机制，如否认、压抑、反向作用来缓解内心的紧张和不安，造成严重的心理压力，甚至导致心理疾病。严重自卑的人还可能产生自杀念头。（见个案）

个案：一个自杀者的心迹

有的不自爱的人可能觉得自己活在世上已毫无价值，从而有自杀倾向。下面这段话出自一个自杀未遂妇女之口。

我不能继续活下去了……我很坏……很脏……我以前做的事情都是不好的。我6岁不到就和男性发生了关系，这使我觉得我是一个娼妓……那也是我在11岁时被强奸的原因。我很脏……很坏……是一个妓女……我无法使自己变好。每一个我爱的人都会让我觉得自己很坏，因为我是……因为我很脏。我没有能力改变这些事情……因为我很坏、很脏……

我想不出摆脱这些事情的方法，我已经为了不要变坏而努力了30年，但是我做不到。很多我做过的事情都让我感到我很坏……我无法让自己变好。我的生活毫无意义、毫无目的。我的丈夫和女儿……他们与我相处得不好，他们根本不需要我，我总是让他们不高兴，也许我死了，他们会很高兴。我不应该连累他们，使他们不高兴，所以，最好的选择就是自杀……这样就可以结束我们大家的痛苦。

（引自保罗·贝内特著，《异常与临床心理学》，北京：人民邮电出版社2005年版，第144页）

自爱的人爱惜自己的身体，不会无端地把自己暴露于危险之中（如不系安全带、暴饮暴食等），而是会养成良好的健康行为习惯，如：

· 晚上保证7～8个小时睡眠

· 不吸烟

· 每天吃早餐

· 不饮酒或饮酒精饮料

· 定期锻炼

· 主餐之间不吃零食

· 体重不超过标准体重的10%

自爱的人珍重自己，不仅悦纳自己的身体和外表，还珍重自己的品格、名誉、地位和前途。他们会努力谋求自身的发展，使自己趋于更加完美。但世上并无完人，每个人都有优点和缺陷或弱点，其中有些缺陷或弱点可能是无法弥补的，或者只能做有限度的改变。因而自爱的人会安然接受自己某些缺陷，不会感到羞愧和不安。这样他们就无须花精力在他人面前去掩饰自己，或采取其他自我防卫机制来排解内心的内疚，而会集中精力来发展自己，实现自己的人生价值。

自爱的人还懂得自我约束。他们能克制自己，不饮食过度、不抽烟、不滥用药物或酒精等，他们自爱爱人、乐于助人，有正常的休闲和锻炼活动，保持身体健康。孔子曰："躬自厚而薄责于人。"自爱的人会以社会允许的方式调节自己的情绪反应，使自己的情绪表达不与社会交往相冲突，而保持心理平衡。自爱的人知廉耻、惜名誉，奉公守法，勿以善小而不为，勿以恶小而为之，洁身自好，幸福乐观。所以，Ryff（1995）认为心理幸福感包括自主性、环境掌控、个人成长、积极的人际关系、生活目标和自我接纳。Fredrickson（2005）的研究发现精力充沛的幸福人生具有自我接纳、人生目标、环境掌握、积极的人际关系、个人成长、自主性、社会凝聚力、社会整合、社会接纳和社会贡献等特征。

（二）自立与幸福感

自立是个体从自己过去依赖的事物那里独立出来，自己行动、自己做主、自己判断、对自己的承诺和行为负起责任的品格。自立可以成为一个人的人格特征，自立人格是我国传统文化所重视的积极人格品质，并被视为健全人格的重要内容，心理健康的保护性人格因素，并得到了大量研究结果的支持。曾昱和夏凌翔（2013）假设，作为心理健康的保护性人格因素，立足中国文化的积极人格，自立人格也应

该能预测主观幸福感。自立人格作用主观幸福感的路径是什么呢？心理资本和感恩可能是两个重要的中介因素。这样假设是因为：首先，心理资本和感恩都可以预测主观幸福感。诸多前期研究显示“心理资本显著预测主观幸福感”（李志勇，吴明证，张爱群，2011；唐家林，李祚山，张小艳，2012）。此外，“感恩与主观幸福感密切相关”这一结论也得到了很多研究的支持（Mccullough et al.，2002；Mccullough & Emmons，2004；马丽，2011）。有研究发现，感恩对主观幸福感具有独特的预测作用（Wood et al.，2008），马丽（2011）也认为感恩在一定程度上可以预测主观幸福感。为了探讨自立人格与主观幸福感之间的关系，以及心理资本、感恩在自立人格和主观幸福感之间的中介作用机制，夏凌翔等（2011，2013）曾经采用青少年学生自立人格量表（SSPS-AS）、积极心理资本问卷（PPQ）、感恩量表（GQ-6）和主观幸福感量表对762名中学生进行调查，结果显示：①人际独立、人际主动、人际灵活、人际开放、个人独立、个人主动、个人责任和个人开放与主观幸福感、心理资本和感恩相关显著；②人际独立、人际主动、人际灵活、个人责任、人际开放、个人主动和个人开放通过心理资本的中介作用对主观幸福感产生间接影响；人际灵活、个人责任、人际开放、个人主动和个人开放通过感恩的中介作用对主观幸福感产生间接影响（见图7-1）。

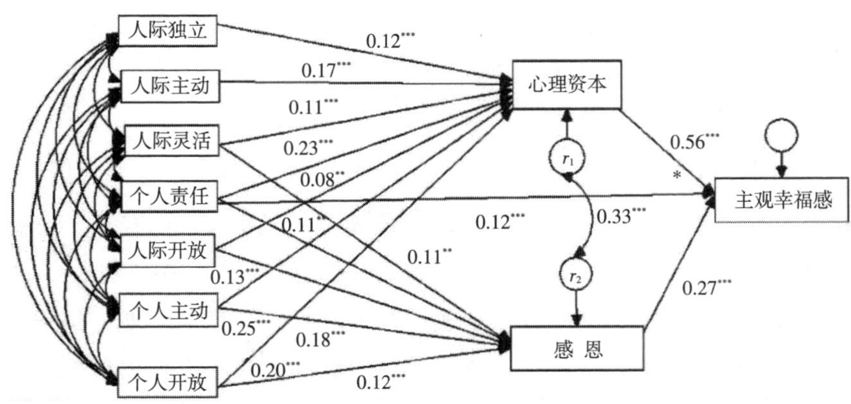

图7-1　自立人格、心理资本、感恩与主观幸福感的中介作用模型图

总之，这项研究发现，心理资本和感恩在个人责任和主观幸福感之间起部分中介作用，心理资本在人际独立、人际主动、人际灵活、人际开放、个人主动、个人开放和主观幸福感之间起完全中介作用，感恩在人际灵活、人际开放、个人主动、个人开放和主观幸福感之间起完全中介作用，这一结果与人格是心理资本的影响因素之一（Karl & Wolfgang，2001）、心理资本和感恩是预测主观幸福感的重要变量（李志勇等，2011；唐家林等，2012；马丽，2011；Wood et al.，2008）的观点相符，心理资本在自立人格和主观幸福感之间起中介作用的可能原因在于自立人格利于个体解决现实生活问题（夏凌翔等，2011），因此高自立人格者很可能有更高的自我效能感。此外，健全人格者被认为具有积极的态度（黄希庭等，2006），而自立人格是健全人格的主要方面之一。已有研究也显示高自立人格者具有积极的他人图式（夏凌翔，耿文超，2012）。因此自立人格可能导致个体更乐观和充满希望，使个体有更多的心理资本，并进而体验到更多的幸福感。感恩在自立人格和主观幸福感之间起中介作用的可能原因在于自我概念与其自立发展水平关系密切，自立水平越高，其自我概念越积极（凌辉，黄希庭，2009）。自立人格是利于社会支持的人格因素，自立人格特质能显著预测社会支持，而社会支持对感恩有显著的影响。因此高自立人格的个体可能更多地体验到他人对自己的帮助，感恩体验较深刻；而感恩能帮助个体体验到更多的正性情感和较少的负性情感，从而增强生活满意度和主观幸福感。

（三）自信与幸福感

自信是指对自己的信任，对自己身体、心理和社会行为的信任，表现为有信心、不怀疑。自信是在社会成功取向多元化的背景中，个体成功和幸福的基本保障。“没有自信，我们就像摇篮中的婴儿”，自信之所以很重要，因为它是一个人积极生活状态的集中体现，是个人实现理想和抱负的精神依据。良好的自信可以促使一个人取得各方面的成功，展示人格魅力。可以说，一个自信的人是一个充满人格魅力的人，也是一个幸福的人。

首先，成功者皆有自信。有信心的人，可以化渺小为伟大，化平庸为神奇。信心可以改变恶劣的现状，使我们充满激情去笑对困难，以实现理想。即使在最困难的时候，信心也能使人保持乐观奋进的拼搏精神。可以看出，人一生取得的任何成功，都伴随着自信。不仅如此，自信的人具有积极的人性观，在对他人的看法上更积极，更容易感受到外界的支持，即自信与人际信任、领悟支持存在紧密的联系。这种积极的社会资源可能使得高自信者更容易感受到幸福（毕重增，2017）。

其次，自信可以促进个体的健康水平，主要体现在生理和心理两个层面。在生理上，当自信不足的时候，消极的情感反应会通过三种不同的途径影响免疫功能：（1）通过连接中枢神经系统和免疫组织的神经纤维影响免疫功能。（2）消极的情感反应作用于中枢神经系统，使后者释放肾上腺素和皮质醇等激素，这些激素在血液中循环，并依附于免疫细胞的感受器，从而唤起细胞的保护性关闭功能。（3）对行为模式产生影响，使机体的应对策略失调，包括物质滥用、饮食紊乱、起居失衡等不健康行为（李维，2006）。在心理层面，研究发现自信能促进个体的心理健康水平，如降低抑郁水平，促进个体采用更多的积极应对方式等。

最后，自信与主观幸福感紧密联系。幸福感是主观的，成功的问题解决能力以及在判断中自我胜任能力构成了幸福感产生和持续的个人条件，这为自信促进积极情绪的产生和提高生活满意度有了客观依据。缺乏决断能力会使得个体过分搜寻信息、出让决策权、过分关注他人评价（Mirels Greblo & Dean，2002），这些都会滋生无能感、焦虑或抑郁等情绪，威胁幸福感。自信内涵中的能力、判断的确定性也是价值感的一种来源，这使得自信在幸福感功能上具有了内在依据。在实证证据上，毕重增（2009）以自信量表为研究工具，以303名大学生为研究对象，探讨了自信与主观幸福感之间的关系，结果也支持将主观幸福感作为自信的功能。

（四）自省与幸福感

自省就是自我反省，净化心灵，其目的是提升自我，不断进取。孔子说："见贤思齐焉，见不贤而内自省也。"（《论语·里仁》）即是说通过自省，发现自己与贤人的差距，要以贤人的标准来要求自己，向贤人学习，争取做一个贤人；发现不如自己的，要及时警示自己，千万不要学不贤的言论和行为。曾子说："吾日三省吾身。"（《论语·学而》）这也是要求我们经常反思自己，并在自省中净化心灵提高自己的精神境界，不断进取。

善于自省的人才能在事业上获得成功。人世间，人与人之间在事业的成就上有很大差别：有的人事业有成，有的人在事业上举步维艰、一事无成。其原因是多方面的，但是一个重要的原因是，个人是否善于反思自己，正确认识自己，发挥了自己的优势。正确认识自己并不容易，我们往往通过与别人相比较来认识自己，从别人的态度来了解自己，借助于学习成绩和工作成果来了解自己。借助于这些途径来认识自己的时候都离不开自省，善于自省的人会经常反省自问：自己想成为怎样的一个人？哪些东西对我最为重要？我能否把这些事情做得更好？通过经常的反省，人们才能逐步认识自己，了解到自己的优势和劣势。综观古今中外，凡是事业上取得成就的人，都有一个共同的特点，那就是善于自省，了解自己的优势，做最适合于自己的事情。

歌德（1740—1832，德国诗人、剧作家、思想家）出身于一个富裕家庭，学过法律，曾一度没有充分了解自己的长处而立下想当画家的志向，害得他浪费了十多年光阴。对此他十分后悔。

柯南道尔（1859—1930，英国作家）曾当过医生却并不出名，反而是通过侦探小说《福尔摩斯探案》名扬天下。

国学大师钱钟书，1929年报考清华大学，数学只考了十五分，但他的国文和英文均名列前茅，被清华大学外国语言文学系录取。此后他发挥自己的优势，潜心钻研，成为学贯中西的学者。

由此可见，一个人通过自省认识自己，发现自己的优势，是何等

的重要！

善于自省的人有融洽的人际关系。人非圣贤，孰能无过。自省的首要前提是勇于认错，主动接受批评和自我批评。古人云：满招损，谦受益。谦虚、礼让，是中国人的美德。善于自省的人认真反省自己的缺点，更容易得到他人的信任，更容易赢得真正的朋友；相反，不懂得自省、不知道承认错误的人，既无法得到别人的谅解，也无法让自己真正融入团队之中。面对一个自认为一贯正确、永不犯错的人，人们会轻易相信他吗？愿意把自己的未来托付给他吗？想跟他结交朋友吗？当这种人犯了一次错误，却始终拿不出反省的诚意，人们会相信他今后不再犯错误了吗？问题不在于人犯不犯错，关键在于是否认真反省，勇于承认错误，主动接受批评，这才会赢得大家的信任。

善于自省的人能与时俱进，幸福进取。在“互联网+”和科学技术突飞猛进的时代，我们要经常反省，不断发挥自己的优势，克服自己的缺点和弱点，净化自己的心灵，才能跟得上时代的步伐。面对激烈的竞争，面对瞬息万变的市场环境，那些不愿意进一步发展自己的优势，或不愿意及时改正错误的公司，必然面临衰败和灭亡的命运。在快节奏的信息社会中，一个人不能进一步发展自己的优势，不能及时觉察到自身的缺点，不能及时改正自己的发展方向，也必然会在学业和工作中落伍，被无情的人才竞争所淘汰。自省，才能使我们与时俱进，不断幸福进取。

（五）自强与幸福感

作为健全人格的重要组成部分，自强（self-strengthening）是指个体为达到自我修养理想境界而不断开拓进取，实现人生意义的人格特征。自强就是锐意进取、自强不息的奋斗精神。无论是脑力劳动或是体力劳动，都包含着自强不息的奋斗精神，而这种自强不息的奋斗精神都会给人带来幸福和愉悦。巴甫洛夫说：“我毕生都热爱脑力劳动和体力劳动，也许甚至说，我更热爱体力劳动。当在体力劳动内加入任何优异的悟性，即手脑相结合在一起的时候，我就更特别感觉满意了。”（《给全顿巴斯煤矿技工大会的信》）李大钊说：“我觉得人生求乐的方法，最好莫过于尊重劳动。一切乐境，都可由劳动得来，一切苦境，都可以由劳动解脱。”（《现代青年活动的方向》）乌申斯基说：“如果你能成功地选择劳动，并把自己的全部精神灌注到它里面去，那么幸福本身就会找到你。”（《人是教育的对象》）

自强的人有四种勇气：（1）不畏失败，敢于尝试。进取冒险是自强者的首要品格；不敢尝试、不敢冒险，就不可能获得任何机遇。（2）承认错误，从失败中学习。在人生的尝试中，会遭遇到许许多多的失败，只有学会在失败中学习和提高，才有可能取得成功。（3）直面人生，挑战困难。自强的人要在工作中出类拔萃，就必须直面人生中各种各样的艰难险阻，必须直视事业上的挫折和失败，有勇气去挑战困难，才能真正实现超越自我的目标，从而达到卓越的境界。（4）勇于放弃已经获得的东西。自强的人如果遇到新的机遇，敢于放弃已经拥有的东西，去开辟新的天地，而不把自己禁锢在已获得的成就里（李开复，2005）。

自强不息，砥砺奋进。在不断进取中有成功也有失败，有幸福也有沮丧和苦恼，但总的来讲自强令人幸福。我们团队的一项研究对两者之间的关系进行了初步的探讨，并试图讨论个体在成就动机上的差异是否会影响自强与幸福感的关系，从追求成功动机和避免失败动机两个维度上更清晰地讨论自强与幸福感的关系（江宜霖，高媛媛，胡媛艳，黄希庭，2014）。

自强水平越高的个体，其幸福感水平也越高，这说明自强者关注个人内在的发展目标，表现出积极悦纳自我、自信、自省的心态，因而行为更主动并产生积极的行为后果，体验到较高的幸福感（Paeezy et al.，2010）。虽然自强水平可以解释幸福感的部分变异，但自强水平相同的人其体验到的幸福感高低并不完全相同。进一步的调节效应检验表明，追求成功动机较高的人在追求卓越的过程中体验到较高的幸福感，其幸福感得分总体较高，此结果支持了Srivastava的观点，说明幸福感产生于需要的满足和目标的实现，不仅受内部成长目标的影响，也受社会性目标影响，二者关系的协调与平衡将增进主观幸福

感；而当追求成功动机水平较低时，高自强者能体验到更高的幸福感，这可能由于当个体对获得外在的目标与奖励的期待水平较低时，高自强者更倾向于从事有利于提升内部潜能的活动并从中体验到参与、选择和成长的快乐，因而获得更高层次的愉悦感和幸福体验（何贵兵，张玮，成龙，2011）。另外，当个体避免失败动机较低时，自强水平越高，所体验到的幸福感越高；而对于避免失败动机较高的个体，其幸福感得分普遍不高且无显著变化。根据机会—威胁的认知理论，成就动机是一种与风险特征紧密联系的个性变量，避免失败动机较高的个体对机会—威胁的认知会更加敏感，更可能选择保守与谨慎的方式对社会情景进行反应，例如回避目标以避免可能的失败，这些消极的应对方式可能产生较多的负面情绪，间接影响个体的幸福感水平（Paeezy，Shahraray & Abdi，2010；张焰，黄希庭，1999）。但如果低避免失败动机者关注提高自强意识，致力于采取有效的措施来应对逆境，达成目标，则更可能体验到相对较高的幸福感。

机遇常常伴随着风险。这两者的总量大致是相同的：风险有多大，机会就会有多大。一个自强的人想要抓住机会，就要敢于冒风险。许多成功之人都是敢于主动冒险迎接挑战，因而他便容易抓住成为业界风云人物的机会。尽管会遇到种种困难，但只要敢于面对风险，作为企业家就会很快成长。

第二节　人际关系因素

在本研究团队所进行的调查中有一个非常重要的发现，即在所有的幸福维度中，人际关系满意度平均分是最高的，说明相比其他5个领域，城市居民对自己周围的人际关系最为满意。这样的结果符合之前的预期，也能从中国文化中找到不少根据。例如，梁漱溟（2005）总结中国文化的特征时指出，“人一生下来，便有与他相关系之人（父母、兄弟等），人生且将始终在与人相关系中而生活（不能离开社会），如此则知，人生实存于各种关系之上”。而且，Lu 和 Gilmour

（2006）开展的中西文化比较研究认为中国人更为社会取向。在社会关系中，角色责任的实现、建立和维持人际和谐、促进团体（如家庭）财富和福利的增长是东方人幸福感的核心。现实中，中庸为上、人人和谐、社会和谐、凡事以和为贵的传统思想早已深入人心。由此可知，中国城市居民的确强调人际关系的重要性，所以他们在人际关系领域感知的幸福感最多是可以理解的。

那么，人际关系是如何影响城市居民幸福指数的呢？针对我们的研究结果，在中国文化环境下就此问题展开讨论具有重要的现实意义。在儒家文化中，人伦的考量是个人发展其社会关系的核心标准，所谓“尊卑有份，长幼有序，男女有别，亲疏有异”。所谓“伦”，就是“从自己推出去的和自己发生社会关系的那群人里所发生的一轮轮波纹的差序”。差序格局揭示了在微观的层次上，中国人在社会结构互动中采取的是一种特殊主义的关系取向。这种关系是以“己”为中心逐渐向外推移的，表明了自己与他人关系的亲疏远近。这种推移的动力就是以家庭为核心的血缘关系，而血缘关系的投影又形成地缘关系，血缘关系与地缘关系是不可分离的，在此基础上成了中国传统社会的人际关系——“差序格局”模式。简而言之，差序格局说明了中国人际关系互动具有三种基本特色：以家族主义的概念区分人际亲疏、展现一种“特殊主义”的人际差别对待、具有伸缩弹性的格局界限。Markus 和 Kitayama（1989）的研究发现，东方集体主义文化影响下的个人多以互依型自我建构（interdependent self-constructrual self-construal）为主，将与自己有关的重要他人（如父母、配偶、朋友）及其关系纳入到自我概念系统中，更倾向于采取他人视角，并寻求与他人保持和谐关系，强调与他人的和谐共处。在此理论背景之下，我们将人际关系按由远及近的方式划分为婚姻关系、家庭关系、朋友关系、社区关系等，以此来综合探讨人际关系是如何影响个体幸福指数的。

一、婚姻关系与幸福感

婚姻是家庭的基础，家庭是社会的细胞。美满的婚姻被视为人们幸福生活必不可少的一部分。我们的调查数据也显示，婚姻状况对居民的总体幸福指数、经济生活满意度、文化生活满意度和人际关系满意度均有显著影响：已婚居民的各项平均得分均较高，未婚居民的各项平均得分均较低，分居、离异或丧偶（婚姻状况为其他）对居民幸福指数的负面影响主要体现在总体幸福指数和人际关系满意度两方面。

我们的研究结果与国内外很多研究是一致的。例如，Glenn（1975）的研究结果揭示出已婚妇女报告的压力比未婚者更大，但同时她们报告的满意度也更高。他还发现，如果控制了教育、收入、工作地位等影响因素，则婚姻是主观幸福感的最强预测指标。目前研究者致力于探讨婚姻关系影响主观幸福感的潜在过程。Glenn和Weaver（1981）发现，再婚者的幸福感不会受他们过去的离婚事件影响。这表明，婚姻关系会对主观幸福感产生影响，并且它不只是有选择性的对已婚者产生影响。当个体从客观地评价婚姻转变为感受到婚姻满意度的重要性后，他们就会得出婚姻和家庭是主观幸福感最重要的预测因素之一的结论。事实上，许多研究都证实家庭和婚姻满意度是主观幸福感的强有力的预测因子。不仅如此，许多研究还揭示已婚者总体上比独身、寡居、分离或离婚者的幸福感水平更高。Inglehart（1990）对欧洲各国163000名被试的研究也证实了这一结论。近期一项大规模的中国综合社会调查数据调查发现，中国已婚群体的幸福感最高，未婚群体次之，分居、离婚群体幸福感较低，丧偶者幸福感最低（池丽萍，2016）。

那么，婚姻是如何使人们感到幸福的呢？研究者给出了很多的解释。一方面，婚姻能提高个体的积极情感，尤其是在婚姻的早期阶段；另一方面，已婚者对三个因素的满意度水平都高于其他人，它们分别是工具性满意、情感满意和友谊满意。工具性满意是指当已婚者对家庭收入感到满意或当其配偶做一些家务时他们感到最幸福；情感满意是指社会支持、夫妻亲密感和夫妻间的性交流等都会提高婚姻幸福感，当然夫妻间的无私以及配偶的快乐和健康也会提高婚姻幸福感；友谊满意是指夫妻间有着朋友般的共同兴趣和活动。另外，幸福感高的个体比其他个体有更好的社会技能，他们更善于使用积极的非语言交流，更能建设性地处理各种冲突，因此他们更容易获得更亲密的朋友关系和更浪漫的爱情，婚姻幸福感水平也更高。最后，经济学的资源理论认为婚姻可以通过带来伴侣收入、降低生活成本等方式，在一定程度上减少经济负担，两个人结合成为一个经济体，可以共享居所等生活物资，分担生活成本，这些都有助于人们更容易走出生活困境，得到情感和经济方面的帮助等，所以婚姻能提高幸福感（Graham，Eggers & Sukhtankar，2004）。

二、家庭关系与幸福感

家庭幸福是总体幸福感的最主要内涵之一。20世纪70年代Campbell等人曾将婚姻和家庭视为预测美国人总体幸福感15个因素中最主要的两个因素。国内不少研究也指出，婚姻幸福、家庭和谐是个人主观幸福感的主要因素。例如，项曼君等人（1995）对北京市55～97岁的3257位老人的调查表明，家庭和睦是影响他们生活满意度的第二位因素，仅位于健康自评因素之后。从我们的调查结果也可以看出，融洽的家庭关系与中国城市居民幸福水平提高有着紧密的联系。

那么，家庭关系是如何影响居民的幸福指数的呢？目前，在国外的家庭功能研究中已出现了一些小型理论，其中Olson和McCubbin（1982）提出的环状模式理论影响最大。该理论认为，家庭功能是家庭系统中家庭成员之间的情感联系、家庭规则、家庭沟通以及应对外部事件的有效性，它报告家庭的亲密度、适应性，家庭系统对随家庭环境和家庭不同发展阶段出现问题的应对能力，以及家庭成员的信息交流情况。另外，Ensel和Lin（1991）对青少年压力、苦恼和家庭支持的关系进行了探讨，他们认为这三者之间的关系可能存在三种不同的模型：①独立模型（the independent model）；②衰退模型（the deteriotation model）；③反作用模型（the counteractive model）。其中，独立模

型认为，压力直接增加了人们的苦恼并降低人们的幸福感，但对家庭支持不会产生影响，家庭支持则直接降低苦恼并提高幸福感；而衰退模型认为，通过降低青少年的家庭支持，压力直接或间接地增加了他们的苦恼，压力降低了幸福感，而家庭支持则提高了幸福感；反作用模型认为，压力直接提高了青少年的苦恼水平，但同时直接提高了家庭的社会支持。因此，经过家庭社会支持调节后，压力的总的效果就会更低。这样，压力可能会降低青少年的幸福感，但又会提高他们的家庭社会支持，而这种家庭社会支持又会提高幸福感。

三、朋友关系与幸福感

朋友关系是幸福感的一项重要来源，与朋友分享快乐与忧伤等可以提高个人的生活满意度和总体幸福感；而遇到困难时可以依靠朋友或与朋友讨论难题等，获得朋友的帮助则可以降低消极情感，提高幸福感。因此，一个人形影相吊是十分可悲的；同时人们也常发出“人生得一知己足矣”的感慨。

许多研究发现，一方面，朋友关系最有助于提高个体的积极情感，它是积极情感的最普遍的一种预测来源。Larson，Raffaelli，Richards & Jewell（1990）的研究证实了朋友关系对幸福感的重要作用。在他的研究中，被试随机地处于不同场合，然后被要求报告出不同的情绪。结果发现，当他们与朋友在一起时，积极情感最高，而同家人在一起时积极情感的水平较低，独处时积极情感水平最低。Larson认为同朋友在一起时积极情感最高的现象不仅出现在20多岁的成人中，还会出现在年龄更长的成人中。进一步的分析表明，朋友关系之所以可以提高个体的积极情感，一个主要的因素是他们可以参加共同感兴趣的事情，例如参加一些业余活动。他们共同的活动主要是跳舞、打球、喝酒、亲密交流、散步等，而当他们与其他陌生人在一起时则更少从事这些活动。虽然这些活动看起来微不足道且相当琐碎，但给个体带来巨大的愉悦感，并可以使个体之间的关系成为一种支持性的朋友关系。研究表明，这些不同的场合会产生愉悦感的一个主要原因是个体对非言语信息——特别是微笑和友好的交谈语气——的接受，而这似乎是人类的一种本能反应。例如，婴儿在很小的时候就对微笑的脸和友好的声音有着积极的反应，并且以微笑回应，同时有了快乐感；幼小的猴子即使在完全孤立的环境下进行抚养，两个月大时它们也能开始辨认和区分友好和威胁的脸部表情。因此，对这些友好信息的接受能增进个体的幸福感。相反，由于对非言语信息的有效运用，拥有高积极情感的个体更少同他人产生冲突，即使同陌生人相处也拥有更愉快的社会关系。

另一方面，朋友关系同生活满意度和幸福感关系紧密。许多研究证实在控制了人口统计学变量之后，两者的相关系数为0.30到0.40，甚至更高。同时，朋友的数量、挚友的数量、探望朋友或电话联系的频率、共同活动的次数等也同生活满意度和幸福感呈现出类似的相关关系，尽管这种相关水平更低。Costa（1985）发现朋友关系的质量和数量同幸福感有0.29的相关系数。因此，同朋友愉快接触的频率有助于产生幸福感。朋友关系对青少年非常重要，他们一天中经常花费几个小时同朋友待在一起，并且如果可能他们会同朋友进行长时间的交谈。

那么，在什么条件下的朋友关系更有助于产生幸福感呢？许多研究对此进行了探讨，并得出了颇有意义的结论：

首先，朋友关系应该是有“奖赏”的，包括情感支持、工具性支持和良好的友谊等，有利于产生积极情感和提高生活满意度。情感支持不但指来自朋友的积极的非言语信息的“奖赏”，而且借由认同、赞扬、鼓励、激发兴趣等方式又可提供言语上的“奖赏”。工具性支持则表现在诸如赠送礼物，提供食物、饮料、建议和信息等方面；良好的友谊是指他们从中可以获得诸多“奖赏”，如感到有趣和愉快、放声大笑、参加快乐的活动等。

其次，亲密的朋友关系对产生幸福感也非常有益。要想得到亲密的朋友，个体必须提高自我表露的程度，如果做不到这一点，那他将是孤独的。Wheeler（1983）对一些学生的研究发现，尽管这些学生有

相当多的朋友并且他们与这些朋友相处的时间很多，但是这些学生仍然感到孤独，因为他们与朋友在一起时讨论的都是一些非个人的主题，如体育和流行音乐等，而不是他们的真实感受。因此，亲密的朋友经常有着相似的信仰，对问题有相似的态度和观点，有相似的兴趣等，这样他们能相互分享，提高自尊水平，进而提高幸福感。另外，朋友的人际网络关系还可以形成一个内群体，这对于保持个体的自我认同和自尊，提供帮助和社会支持都非常重要。

四、社区关系与幸福感

对社区关系的研究最初多是探讨关于乡村或城市居住环境的满意度。结果发现人们一般对其居住环境感到满意，即使是居住在较差环境的个体也这样认为；而且乡村的居住者对其环境感到幸福或满意的人数比例高于城市的居住者。例如，大约1/2的乡村居住者报告对其社区完全满意，而只有1/5的城市中心居住者做出相似的报告。这样，人们逐渐意识到社区关系与幸福感之间存在某种关系。

一种观点认为，对社区关系感到满意的个体拥有较高的幸福感。于是相应的研究多是从这一角度展开的。他们已经证实影响个体对社区关系满意度的一个重要方面是生态学因素，除此以外，相当多的证据表明对社区的满意度还受到一系列客观和主观因素的影响，如年龄、职业地位、收入、性别、受教育水平、家庭大小、迁居态度、迁居状况、社会参与程度、住宅的活动性、对住宅的满意度、社区中朋友的比例、社区中知名人士的比例、社区成员的组成形式、社会或精神满意度、对社区服务的满意度、居住期限等。

另一种观点则提出，对社区的依恋程度是研究社区关系与幸福感的重要途径。例如，Gene（2001）假设社会依恋和对社区满意度同个体的幸福感积极相关，个体对社区的依恋越强，则其主观幸福感水平也越高；而且个体对社区的满意度越高，则其越容易表现出更高的幸福感。他以840人为被试，研究了他们对社区的满意度、依恋程度和主观幸福感三者之间的关系。结果发现，对社区的满意度和依恋程度

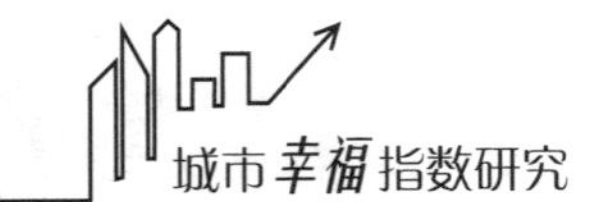

都同幸福感有着联系。社区满意度和社区依恋的双变量相关显著，同样，各控制变量同幸福感的相关也达到显著水平。同时，社区满意度和社区依恋对幸福感有显著的预测作用。对社区满意度水平和依恋水平更高的个体表现出更高的幸福感，而收入、家庭所有权关系、参加宗教活动、社会支持等也提高了个体的幸福感。

第三节　生物遗传因素

一、幸福感的遗传基础

在本书的第一章中我们介绍了Lyubomirsky等人（2008）提出的幸福主要受三因素决定的理论假说。Lyubomirsky等人认为，个人的幸福水平是由幸福设定点、境况、目的性的活动所决定的。关于个人幸福设定点的差异，有50%可以用人格因素来解释，而人格有一部分是由基因决定的。基于此可认为基因和遗传等生物学因素对幸福感具有重要作用。当一个人生命开始之时，基因等遗传因素就决定了其在这个世界上作为个体存在的独特性。这些遗传因素存在于我们的身体中，一生都在影响我们的成长和发展，甚至在潜意识中影响着我们对世界的判断和感知。现实生活中，我们不难看到有人总是生活得幸福，让我们产生疑惑，“他/她天生就这么幸福吗?”有趣的是，研究证明确实如此，的确有人天生就携带了幸福的基因。

从生理学的角度来说，个人的幸福和快乐本身是一种认知和情感的综合反应，在很大程度上受到神经系统的影响，而个人的神经系统的一部分就是先天的。于是更多的研究者开始通过遗传率的行为——基因研究，来检验基因对主观幸福感的影响。明尼苏达大学的Tellegen，Lykken，Bouchard，Wilcox，Segal & Rich（1988）是最早进行此类研究的人。他们在1988年发表的论文中，提出在不同的家庭环境中抚养长大的同卵双生子主观幸福感水平的接近程度比在同一个家庭中抚养长大的异卵双生子要高得多，其中他们40%的积极情感变化、55%的消极情感变化及48%的生活满意度都是由基因引起的。事实

上，这些双生子共同的家庭生活环境只能解释22%的积极情感变化、2%的消极情感变化及13%的生活满意感变化。后来，又有大量研究运用不同的幸福感指标进行调查，结果都表明遗传对主观幸福感有显著的预测作用。例如，Lykken和Tellegen（1996）在更长的时间跨度中，检验了主观幸福感的稳定性及其各指标受遗传因素的影响。他们发现主观幸福感具有较高的稳定性特征，而遗传性对这种稳定性有良好的预测作用。令人惊讶的是，他们的研究结果显示基因解释了幸福感稳定性的80%。

英国科学家们的最新研究，甚至直接检测出了这种“幸福基因”。据澳大利亚《悉尼先驱晨报》网站2011年5月7日的报道，英国研究人员日前发现，人类幸福感的强弱主要是由5-HTT基因（即5-羟色胺转运基因或血清基转运基因）决定的。科学家们早就发现，每个人都携带着两个5-HTT基因副本，它们分别来自父体和母体，这种基因副本又有长、短之分，在不同人体内会分别以三种方式进行组合：两个长副本、两个短副本或长短副本各一个。这项由英国伦敦政治经济学院行为经济学家De Neve领衔的最新研究发现，携带两个长基因副本的人比携带其他基因副本组合的人更容易知足和幸福，感觉最不幸福的人是携带两个短基因副本的人（De Neve et al.，2012）。上述结论是研究人员针对美国2500多名被试者的基因数据进行分析后得出的。他们首先让被试者回答一些有关“生活满意度”的问题，然后对被试者给出的答案和他的基因类型进行对比。结果显示，与携带两个短5-HTT基因副本的人相比，携带两个长5-HTT基因副本的被试者对生活感到“非常满意”的概率高17%；携带一个长基因副本的人对生活“非常满意”的概率比不携带任何长5-HTT基因副本的人高8.5%。

除了5-HTT基因外，Fredrickson等人（2013）最近还将幸福感的不同取向与基因对逆境的保护性反应（Conserved Transcriptional Response to Adversity，CTRA）联系起来。基因对逆境的保护性反应是指在面临长期压力、威胁和不确定性的条件下，循环免疫细胞的基础性表达谱会发生比较重要的变化，如炎症基因高水平表达，而抗病毒和抗体基因低水平表达。Fredrickson将被试者分成了快乐论幸福（hedonic well-being）取向的个体和实现论幸福（eudaimonic well-being）取向的个体。该研究发现，实现论幸福取向的个体更注重人生意义和自我实现，重视自我挑战和自我潜能的发挥，他们的炎症水平呈现出有利的基因表达，即炎症基因低水平表达，而抗病毒和抗体基因高水平表达；相反，快乐论幸福取向的个体，注重自身欲望的满足，追求快感和避免痛苦，他们拥有不利的基因表达，即炎症基因高水平表达，而抗病毒和抗体基因低水平表达。这项研究揭示了快乐论幸福和实现论幸福具有不同的生物学基础，实现论幸福取向的个体拥有有利的基因表达，而快乐论幸福取向的个体具有不利的基因表达。然而，这项研究也因为结果分析方法的问题而被一些研究者批评（Coyne，2013；Brown，Macdonald，Samanta，Friedman & Coyne，2016）。

二、幸福感的神经基础

在一定程度上，基因决定了大脑的结构和功能，而大脑是人类行为和情绪体验的生理基础。因此，大脑的神经活动也与幸福感有着紧密的关系。最近，越来越多的研究者开始从生理基础的视角关注幸福与大脑的关系，并且进行了很多的实证探索（Cunningham & Kirkland，2014；Heller et al.，2013；Luo et al.，2014，2015，2016；Lewis，Kanai，Rees & Bates，2014；Urry et al.，2004）。在接下来的部分中，我们将分别从快乐体验和幸福特质这两种角度，根据已有的研究结果探讨幸福感背后的脑机制问题。

（一）快乐体验的神经基础

快乐感是个体一瞬间的积极体验，是构成幸福感的重要情绪组成部分。能够给有机体带来快乐感的来源有很多。当前，对快乐感的神经基础研究所使用较多的初级刺激物是具有美味的食物。这是由于美味食物是人类生存的最基本需要，并且用其来做研究简单可行（Berridge，Ho，Richard & Difeliceantonio，2010）。此外，作为次级刺激物，金钱在研究中用得也比较多的，也是由于其可以方便地量化。其

他刺激，比如性刺激（性唤起图片）、漂亮的面孔、婴儿面孔、音乐等也经常被用作刺激材料来研究人的快乐系统。

通过综合很多快乐或奖赏加工的神经机制研究发现，人脑中存在的快乐系统，由皮层上和皮层下两部分组成（见图7-4）。皮层上快乐系统主要是内侧前额皮层（medial prefrontal cortex）、眶额皮层（medial orbitofrontal cortex）、脑岛皮层（insular cortex）和前扣带皮层（anterior cingulate cortex，ACC）组成；皮层下快乐系统主要由腹被盖区域（ventral tegmental area，VTA）和黑质（substantia nigra，SN）、杏仁核（amygdala），腹侧纹状体（ventral striatum，VS）、伏隔核（nucleus accumbens，NAcc）、腹侧苍白球（ventral pallidum）和深层的脑干组成。尽管这些大脑区域都对快乐加工有作用，但是这个功能网络中的核心部分是腹侧纹状体（Haber & Knutson，2010；Kohls et al.，2012；Kringelbach & Berridge，2009，图7-2）。

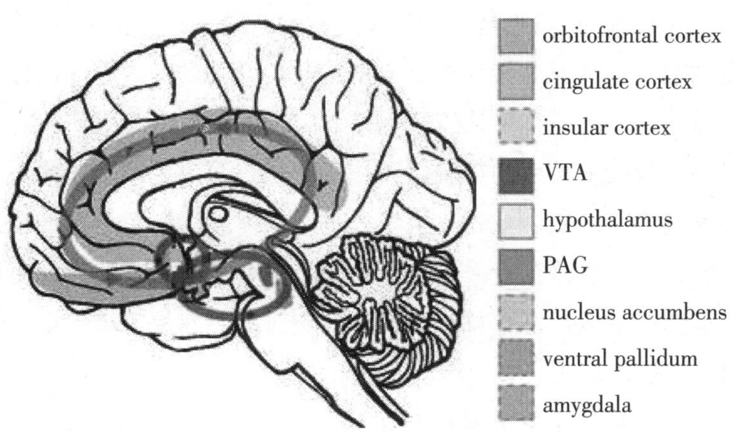

图7-2 人类大脑的快乐系统（修改自Kringelbach & Berridge，2009）

快乐感看似简单，其实它包含了很多复杂的维度和心理过程，不是一个单一的过程。早在1918年，Craig就认为，对于一个受动机驱使的行为，可以分成表征有机体期待刺激的欲求（appetitive）和表征有机体对刺激结果反应的完成行为（consummatory behavior）两个阶段。Kringelbach和Berridge（2009）提出，快乐加工至少包含了三种心理成分或阶段：追求（wanting）、体验（liking）和学习（learning）。追求就是快乐刺激没有到来之前追求快乐的状态，体验就是即时的快乐的体验，学习就是基于过去经验对将来快乐感的预测、表征和联结的能力。与此类似，Knutson等人提出快乐加工过程在时间维度上可以分为对快乐刺激的预期阶段和体验阶段。研究表明，快乐的不同加工阶段，如期待和体验，各自对应着不同的神经生物基础。对快乐刺激的预期主要是由腹侧纹状体参与，并且，预期快乐刺激的强度越大，腹侧纹状体激活强度越强。除了金钱刺激，对社会刺激（如微笑的面孔）奖赏的预期也能够激活该区域（Spreckelmeyer et al.，2009）。对快乐的体验主要由腹内侧前额皮层参与，包括了额框皮层、前扣带皮层，并且与杏仁核以及中脑的腹被盖区域有着密切的交互（Kohls et al.，2012）。

（二）特质幸福的神经基础

快乐感是幸福感的核心内容，但是快乐感不是幸福感的全部（黄希庭等，2012）。幸福感是一个复杂的建构，还包含了很多其他成分，如自我调节、意义感和浸入感（Flow）等等。所以，尽管人们已经对大脑快乐系统取得了很多认识，但是对大脑的快乐系统的研究并不能揭示幸福感与大脑关系的全貌。以往研究只是简单把幸福还原成了快乐或者不快乐，而快乐或者不快乐只是幸福体验的一个基本成分或维度。目前，有一些研究者采用脑成像的技术对于长时间稳定的特质幸福与大脑的关系进行了有益的探索，以探讨那些幸福感体验更频繁的个体的大脑活动模式。

对特质幸福最早开展神经科学研究的是Urry等人（2004），他们开展了一项Electro encephalo graphy（EEG）研究。Urry等人（2004）让48名年龄在57～60岁之间的老年人完成实现论幸福感（追求意义和自我实现）和快乐论幸福感（追求快乐和避免痛苦）的测量，然后记录了他们EEG静息态数据。结果发现，大脑激活存在不对称关系，左前上前额皮层比右前上前额皮层与两种形式的幸福有更高的相关。并且，当他们在统计上控制特质性的积极情绪的特质倾向时，左前额激活能够预测实现论幸福，而不是快乐论幸福。尽管这项研究具有开创

性的意义，但是方法上存在一定的缺陷：在被试群体上，选择的是老年人样本，不具有代表性；在技术手段上，采用的EEG静息态技术在空间分辨率上存在很大的缺陷，且无法探测到大脑深部的神经元的活动。

由于这些缺陷，最近一些研究采用基于任务的功能磁共振技术来研究幸福感的神经基础。情绪加工和调节方式的差异是幸福感存在个体差异的重要原因之一。因此，很多研究比较了高低特质幸福感个体在情绪加工时的大脑神经活动的差异。譬如，Van Reekum等人（2007）比较了高低幸福感个体在加工负性和中性情绪图片时的大脑活动差异。结果发现，高幸福的个体在加工负性情绪图片时相对于中性情绪图片时在腹内侧前额皮层（Ventromedial Prefrontal Cortex，VMPFC）上有更大的激活（Van Reekum et al.，2007）。但是该研究没有研究高低幸福感个体加工积极情绪图片时的大脑活动。最近，Cunningham & Kirkland（2014）研究了高低幸福个体对正性、负性情绪图片加工的神经机制。他们让42名被试者对正性、负性情绪图片引起的主观感受进行评价，并且扫描了大脑活动情况。结果发现，高幸福个体的杏仁核对正性和负性情绪图片的激活程度都比较高，而低幸福个体的杏仁核只对负性情绪图片的激活程度较高。这可能说明了特质幸福与对正性和负性事件更加均衡的杏仁核神经活动息息相关。尽管Cunningham和Kirkland（2014）的研究发现了高低幸福个体在情绪加工上的差异，但是并没有考察这些高低幸福个体在情绪体验时大脑随着时间发生了怎样的变化。Heller等人（2013）采用了类似的情绪加工范式，考察了被试者观看情绪图片时大脑活动在时间上的变化与幸福感的关系。此外，该研究还测量了能够反映压力水平的皮质醇含量。研究结果发现，在整个实验阶段，在纹状体和背外侧前额皮层对积极情绪刺激持续的神经活动是与较高的实现论幸福感水平和较低的皮质醇水平联系在一起的。

从基于任务的功能磁共振成像技术来探讨特质幸福感神经机制的研究中不难看出，这些研究只是研究了高幸福感个体的情绪加工或者情绪维度，而没有全面地研究幸福感与大脑的关系。这是由于传统的任务态功能磁共振成像技术存在一个主要难题，即很难设计出一种合适而又得到学术界普遍公认的任务来诱导出“幸福感”这一复杂的心理现象。随着脑成像技术的进步，多模态如静息态、结构态等脑影像技术得到了快速发展。特别是静息态功能磁共振技术恰好解决了这一难题。该技术只需要实验参与者在磁共振机器里休息几分钟，不需要做特定的任务，研究者就能够得到个体在静息态状态下大脑神经活动的模式，而这些大脑神经活动模式已经被证实具有较高的稳定性，能够很好地预测个体差异。近年来，静息态功能磁共振技术已经成功被应用于抑郁症、精神分裂症等心理疾病上（Broyd et al.，2009；Whitfield-Gabrieli & Ford，2012；左西年，张喆，贺永，臧玉峰，2012）。基于此，我们课题组在国际上率先采用了静息态功能磁共振成像技术，考察了脑在静息状态下的局部一致性指标，对高低幸福感个体在静息状态下的大脑神经活动进行了研究。结果发现，高低幸福感个体的大脑静息态在局部一致性（regional homogeneity，ReHo）上存在较大差异。高幸福感个体要比低幸福感个体在前额皮层、内侧颞叶、颞上沟和压后皮层上的局部一致性要高；而相反的是，高幸福感个体比低幸福个体在背外侧前额皮层、中扣带回、壳核和丘脑的局部一致性要低（见图7-3）（Luo et al.，2014）。

随后，我们还采用了静息态功能磁共振成像中的低频振幅（Amplitude of Low Frequency Fluctuations，ALFF）技术继续探讨该问题。结果发现，额叶、顶叶以及部分皮层下区域的ALFF值与幸福感有着紧密联系。具体地说，左、右侧眶额皮层和左侧背外侧前额皮层，以及右侧尾状核的ALFF值随着幸福感的增加而升高，并且，这些区域的ALFF值都与情绪状态有显著相关。相反的是，右侧中扣带皮层、左侧顶上沟以及双侧楔前叶的ALFF随着幸福感的增加而降低。这些区域的ALFF值不仅与情绪有关，而且还与沉思（rumination）的倾向有关系（罗扬眉，李宝林，刘杰，毕重增，黄希庭，2015）。通过综合这两项静息态的研究发现，在高幸福感个体和低幸福感个体之间存在差异

的脑区大多数集中于默认网络。我们也发现尾状核、壳核等基底神经节以及眶额皮层等区域在高低幸福感个体静息状态时的神经活动也存在差异，而这些区域都是快乐加工的核心结构；作为参与情感体验和调节的重要大脑结构，内侧前额皮层、眶额皮层和背外侧前额皮层等区域在高低幸福感个体的局部一致性和低频振幅上也存在差异。

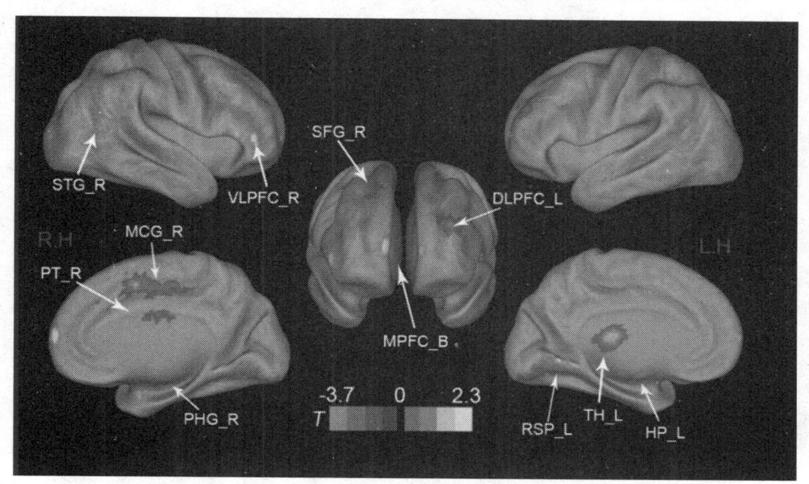

图7–3 高低幸福感个体的大脑静息态在局部一致性上的对比

浅色区表示的是高幸福感个体要比低幸福感个体的局部一致性要高；深色区表示的是高幸福感个体要比低幸福感个体的局部一致性要低（Luo et al.，2014）。

我们以上的两项研究只是用数据驱动的方法推测这些神经网络，如默认网络（the default mode network，DMN）等，与幸福感有关，而没有直接验证这一问题。最近，我们对默认网络这一重要网络的功能连接与幸福感的关系进行了研究（Luo，Kong，Qi，You & Huang，2016）。当一个人没有关注外部世界而处于安静状态时，或回想起自己的往事，或计划自己将来要做某件事，这时默认网络常开始活跃起来。默认网络支持着自我相关的加工过程，如自我反思、回想过去、想象将来、心理游离（mind wandering）或白日梦等。而在以往研究中，幸福感高低不同的个体在自我反思上有很大差异（Lyubomirsky，Boehm，Kasri & Zehm，2011）。例如，Science的一项研究采用经验取向法发现，过多的心理游离会让人变得不太快乐（Killingsworth & Gilbert，2010）。但是，并没有脑成像的研究来探讨默认网络这一结构与幸福感的关系。我们对148名被试在静息状态下的默认网络进行了研究。结果发现，与低幸福感的个体相比，高幸福感的个体在默认网络内，内侧前额皮层、后扣带皮层和顶下叶等区域有更低的功能连接强度（见图7-4、图7-5）。研究者还发现这些区域的功能连接强度与沉思（rumination）这种倾向有着正相关性。该结果可能表明，高幸福感的个体可能在静息状态下并没有过度地沉浸在自己的世界里，而是更多地活在当下，而低幸福感的个体可能在安静时经常沉思，寻找自己的缺陷和不足，而这些都能反映在脑的静息活动中。哲学家罗素在《幸福之路》里说："幸福的获得，很大程度上却是由于消除了对自我的过分关注"，这样的结果与罗素的想法不谋而合。

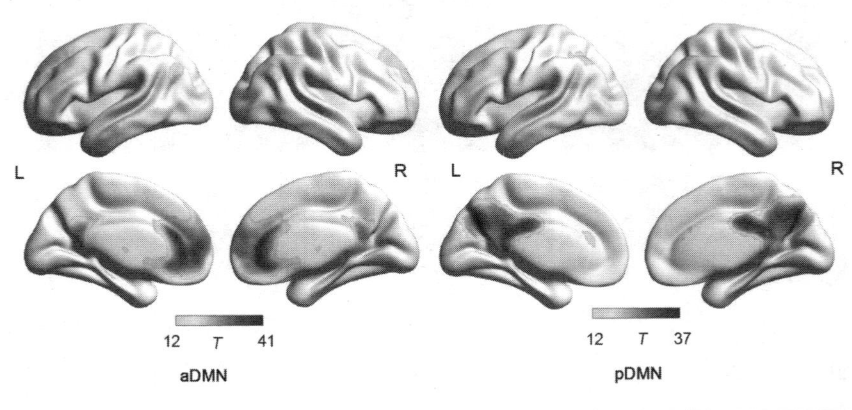

图7-4　大脑在安静状态下的默认网络，分成了前部默认网络和后部默认网络（Luo，et al.，2016，Social Cognitive and Affective Neuroscience）

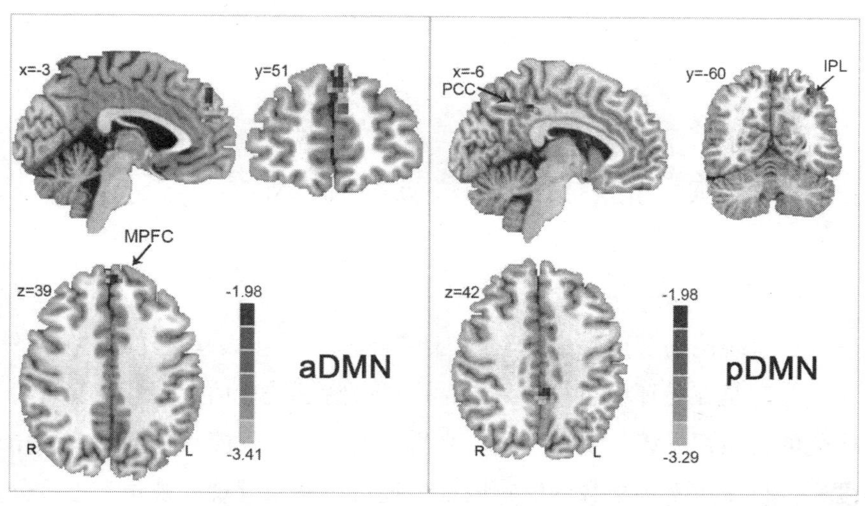

图7-5　默认网络内在：内侧前额皮层（MPFC）、后扣带皮层（PCC）和顶下叶（IPL）等区域较低的功能连接强度与高幸福感有关（Luo，et al.，2016，Social Cognitive and Affective Neuroscience）

除了静息态技术之外，也有研究将脑结构与幸福感联系起来。在脑结构研究中，基于体素的形态学分析（Voxel-based Morphometry，VBM）是一种常用的脑结构磁共振成像（magnetic resonance imaging，MRI）的技术。它能够对大脑结构进行基于体素的自动、全面、客观的分析。最近，Lewis等人（2014）采用了结构MRI研究了大脑的灰质体积与实现论幸福感之间的关系。通过对70名年轻、健康的被试者的大脑结构像数据进行基于体素的形态测量学分析，结果发现，左右脑岛皮层的灰质体积与实现论幸福的得分呈正相关。并且，右侧脑岛皮层的灰质体积与实现幸福的三个分量表，如个人成长、良好关系和生活目标存在相关性（Lewis et al.，2014）。

总的来说，尽管最近几年已经有一些研究对幸福感的神经基础有了更深入的认识，但是目前得到的结果还是初步的，幸福神经科学还是一个“新生儿”，还需要用更多的技术手段、更深入的问题研究来探索这一领域。

第八章　城市幸福指数影响因素的系统观

从系统论的观点来看，人的心理是一个开放的、动态的、整体的系统。它是在与环境进行各种能量交换，特别是在信息交换中实现有序化的自组织系统。从这一角度来看，我们不仅仅能从社会和个体角度来分析城市幸福指数的影响因素，还可以从系统观的视角来进行分析，以达到对这一问题的全面认识。接下来的这一章中，我们主要贯彻系统论分析的几条原则，分别从整体性、结构性和动态性等角度入手，系统分析城市幸福指数的影响因素。

第一节　城市幸福指数影响因素的整体性分析

任何一个动态开放系统都可以对它进行整体性分析。整体性分析是指从整体上看幸福是否存在某个或某几个指标，这个或这几个指标是否能够反映我们所研究的幸福的全貌。例如，有人以快乐为指标来研究幸福，有人用生活满意感为指标来研究幸福，还有人用意义感为指标来研究幸福。应当指出的是，我们无论怎样谨慎地对幸福进行界定，用某个甚至某几个指标来界定幸福都可能出现例外和不协调的情况，不只是我们与其他研究者的想法会有不一致，甚至我们自己也可能会前后不一致。这也表明，幸福感确实是一个复杂的、开放的动态系统。在前面两章中，我们从不同角度分析了中国城市幸福指数的影响因素。归根结底，这些影响均服务于一个宗旨和目的，即如何整体而全面地提升城市居民的幸福指数。我们认为，不论何种形式的幸福，其最终目标都是愉快的生活、投入的生活及有意义的生活。

那么，关于幸福的影响因素是如何共同作用来提升个体整体的幸福感水平的呢？关于这一点，目前研究者还没有定论。Mayers（2016）列举了十点以研究为基础的幸福感提升建议，或许对我们的思考有所启发。这些建议具体包括：（1）持久的幸福并不是人为创造的。人们能够适应变化的环境、适应财富、适应残障。因此，财富就像健康没有它会使人痛苦，但是拥有它（或者任何我们渴望的环境）也并不一定保证幸福。（2）控制时间。幸福者认为他们能控制自己的生命，这通常得益于他们对时间的掌控。因此，设立目标，并将它们分解为每天的小目标。尽管我们经常高估一天中我们能完成多少任务（带来的结果是感到挫败），但是我们通常也会低估在一年内我们能完成的工作量，“不积跬步，无以至千里”，每天积累一点点，长此以往，你会惊喜于一年的收获。（3）表现出幸福。我们至少可以假装一种暂时的心情。做出一种微笑的表情，感觉也会好一些；皱着眉头板着脸，整个世界似乎也在怒视自己。因此，给自己一个快乐的笑容吧！说话时也要想象自己感到自尊、乐观和友好。体验这些情绪，便可以引发这样的情绪。（4）寻找合适的工作和休闲方式，以便于发挥自己的技能。幸福的人通常处于一种叫“心流”的状态中，专心于一项挑战自我而不会压倒自己的任务。奢侈的休闲方式（比如坐游艇）比起从事园艺、交际或手工制作提供的心流体验要少得多。（5）参加运动。大量研究表明，有氧运动不仅能促进健康和精力，还是消除轻度抑郁和焦虑的一剂良药。健全的心理寄存于健康的身体中。不要使自己成为一个笨拙的、终日懒散和无所事事的人。（6）保证足够的睡眠。幸福的人们过着一种积极的、精力旺盛的生活，同时也预留了时间来补充睡眠和恢复独处的宁静。许多人都受睡眠问题困扰，受到随之产生的疲乏、机敏下降以及抑郁的心境等的影响。（7）优先考虑亲密的人际关系。与那些非常关心你的人建立亲密友谊能够帮助你渡过难关。倾诉有益于身心健康。去精心培育你最为亲密的关系，不要认为他们对你好是理所当然的，要以同样的方式显示出你的友善，肯定你的伴侣，一起玩耍、一起分享，用饱含情感的投入换回心中的炽热情感。(8) 关注自我之外的事务。向那些需要帮助的人伸出援手。幸福能促进人们的亲社会行为(那些感觉很好的人会表现出更多的亲社会行为)。但是，亲社会行为也会回馈给人们积极的感觉。(9) 记录感恩日记。那些每天停下来思考他们生活当中的一些积极方面(健康、朋友、家庭、自由、教育、感受、自然环境等)的人能体验更多的幸福。(10) 培育灵性自我。对许多人来说，信念提供了一个支持性的群体、一个脱离自溺的理由和一种生活希望。许多研究都发现，虔诚的宗教信奉者报告自己更加快乐，而且他们能更好地应对危机。

第二节 城市幸福指数影响因素的结构性分析

结构性分析也称等级结构分析，是指影响城市幸福指数的诸因素是排列有序的。在前两章中，我们分别从宏观和微观角度系统分析了城市幸福指数的影响因素，这些都可以视为影响幸福指数的子系统。例如，政治、经济、文化、环境等子系统从宏观的社会角度来影响城市居民的幸福感受，使身处其中的民众的幸福指数受到社会大环境的影响；人际关系、人格和生物遗传等子系统从微观的自我角度来影响个体的幸福感，使每个居民的幸福感因受到自身机体因素的调节而存在差异。

上述这些子系统之间又是相互联系的。例如，从宏观角度来说，社会经济发展起来了，政治才更容易变得清明，文化才更倾向于繁盛，环境才更有希望向好的方向发展，这些社会因素才能综合起来影响整个城市的幸福指数；同样，从微观角度来说，一个人的遗传生物属性在很大程度上决定了其感受幸福的多少。拥有优秀遗传生物属性的人才能从良好的人际关系中获得更多的满足感，并且能从优秀人格培养过程中走向幸福之路。与此同时，影响幸福指数的宏观系统和微观系统又是彼此可以相互联系的，在幸福的社会背景下，个体更容易感受到满足感和意义感。可见，这些子系统可以联系起来组成一个有机的整体系统，共同影响城市幸福指数。仅仅单独研究一个子系统，

只能提供关于幸福的片面知识，因此，研究城市幸福指数或国民幸福指数时应将它看作一个整体的系统，进行多维度的综合研究。

总之，可以把幸福视为一种多维度、多层次、有机整体的心理现象，它具有等级结构性。就其影响因素而言，上面介绍的各个子系统又可以再分为次级子系统。例如，社会文化子系统对城市幸福指数的影响既包括文化硬件的影响，又包括文化软实力的影响。综上所述，可以把幸福指数的影响因素视为一个多维度、多层次的组织结构。一方面，可以想见在系统内部的各个子系统、次级子系统和成分之间有纵向的联系，低层次的系统共同服务于高层次的系统，高层次系统统合低层次系统；另一方面，各个子系统、次级子系统、成分之间有横向的联系。系统内部这些纵向和横向的联系共同影响，共同作用于个体的幸福感受。

第三节　城市幸福指数影响因素的动态性分析

我们的幸福是一个动态系统。就系统而言，静态是相对的，动态是绝对的，因此幸福是发展变化的。这种发展变化不仅反映在纵向比较的维度上（如时间的变化），还体现在横向的维度上（如主观参考框架的不同）。

一、纵向角度分析

（一）幸福感的时间评价轨迹

从个体的角度来看，每个人都要经历青年、中年和老年的阶段。研究表明，从个人成长的时间维度来看，在不同阶段人们的幸福感受是不一样的。例如，有研究者对不同年龄段个体的幸福评价的时间轨迹进行研究后发现，年轻人的幸福评价轨迹都呈现过去的幸福<现在的幸福<将来的幸福这样的轨迹；中年人对幸福的评价轨迹呈现出过去的幸福<现在的幸福=将来的幸福；老年人对幸福的评价却呈现出不同的轨迹，即过去的幸福>现在的幸福>将来的幸福（Busseri，

2013)。对于幸福评价的时间轨迹所出现的年龄差异，可以用毕生发展理论来解释。个体在生活满意度、幸福、心理幸福感和人格评定的模式上是存在年龄差异的。例如，典型的幸福评价时间轨迹的斜率会随着年龄而降低，所以在过了70岁之后，未来比现在和过去具有较少的积极性（Okun，Dittbumer & Huff，2006；Staudinger & Pasupathi，2003)。这提醒人们，幸福是动态发展的，而不是一成不变的，因此在探讨幸福指数的影响因素时，应当以一种动态的视角来进行。

（二）时间因素与幸福感提升的关系

逝者如斯夫，不舍昼夜。面对时间的流逝，人们如何才能保持最大程度的幸福感呢？针对此问题，心理学家在近些年来也开始关注时间因素对幸福感的影响。一般来说，时间充裕与个体幸福呈正相关，时间紧缺则与幸福呈负相关。Kasser和Sheldon（2009）研究了时间与幸福感的关系。他们发现，在控制了物质富裕变量之后，时间充裕与主观幸福感呈正相关，时间紧缺则会损害个体幸福感。时间富裕并不像物质富裕那样，存在一个点，在这个点之下时间充裕与幸福感强相关，在这个点之上弱相关甚至不相关（De Graaf，2003)。另外，时间充裕还与上下班过程的积极情绪呈正相关（LaJeunesse & Rodríguez，2012)。不仅如此，时间充裕、时间紧缺还可以通过正念（mindfulness）和心理需要满足这两个变量对个体幸福感产生影响。一方面，时间充裕的个体更容易沉浸在此刻，报告较高的正念状态（Brown & Ryan，2003)。另一方面，时间充裕的个体体验更多的自治、胜任感和亲密感，这些体验有助于满足个体的心理需要（Kasser & Sheldon，2009)。正念状态和个体心理需要的满足都有助于提高个体的幸福感(Brown & Ryan，2003；Ryan & Deci，2001)。而时间紧缺则会导致个体认知负担和压力感，它们会妨碍个体沉浸在此刻，同时心理需要较少得到满足，进而影响到个体的幸福。那么，在时间维度下，可以最大化个体幸福的时间花费方式又有哪些呢？

首先，花费时间与合适的人在一起。社会娱乐活动比单独活动带给个体更多的幸福感，而且，经常参与社会活动的个体能体验到更多

的幸福感（Lloyd & Auld，2002）。但不仅是否与他人在一起会影响个体的幸福感，与谁在一起也会影响个体的幸福感。Kahneman，Krueger，Schkade，Schwarz和Stone（2004）对909名被试者的调查表明，与合适的人在一起与高幸福感有关，这里合适的人是指朋友、亲戚和家人，与老板和同事在一起则往往与低幸福感有关（Kahneman et al.，2004）。原因可能是朋友、亲戚和家人与个体是合作、亲密的关系，个体较少警惕他人对自己的威胁，会有更多真实的表现；而与老板和同事则是服从、竞争的关系，个体更多地警惕他人，会有更多虚假的表现，而这些都有损于个体的幸福感（Aaker Rudd & Mogilner，2011）。

其次，花费时间做合适的事情。对人们一天中行为与情绪的调查表明，社会交往活动（比如与朋友、家人出去玩）是一天中最快乐的时光，而工作和上下班则是最不快乐的时间（Csikszentmihalyi & Huntter，2003；Kahneman et al.，2004）。但是，对一些人来说，花费时间与母亲待在一起会让他更焦虑、更有挫折感；对另一些人来说，职业生活是充实的，一个小时的工作和一个小时的社交一样让人快乐（Mogilner et al.，2010）。因此，Aaker等人（2011）认为，对个体而言，为了最大化幸福的方式花费时间，他们应该考虑下面的问题：我现在是怎样花费我的时间的呢？我所花费时间的价值随时间提升的机会是什么？换句话说，现在参与的活动在多大程度上能持久地给我带来快乐呢？另外，考虑下一个时间段的价值可能会增加个体参与幸福活动（比如亲社会行为）的机会。举例来说，我们都知道利他行为有助于提升个体的幸福感（Borgonovi，2008），但因为这个观念在人们的日常生活中并不凸显，所以人们往往并没有为他人提供帮助（Liu & Aaker，2008）。

第三，拓展个体的时间。与金钱不同，时间本质上是稀缺的，没有人可以得到超过24小时的一天。时间的稀缺性和它的价值的关系是双向的：时间越稀缺，它的价值越高；价值越高，个体感觉时间越稀缺，时间越不够用，生活越匆忙，个体会感觉到更少的幸福感。那么，该如何使得个体觉得时间不太稀缺，生活不太匆忙呢？为了拓展个体的时间，研究者提出了三种花费时间的方式。（1）专注此时此地，即活在当下。专注此时此地减缓了个体对时间流逝的感知，感到较少的匆忙（Killingsworth & Gilbert，2010）。（2）深呼吸。在一个研究中，被试在五分钟的深呼吸后，不仅感觉有更多的时间去做事情，而且感觉到他们的一天更长了（Aaker et al.，2011）。（3）花费时间帮助他人。虽然时间压力感使个体更少地帮助他人，但是，花费时间帮助他人会使个体有更高的时间充裕感（Mogilner，Chance & Norton，2012）。

最后，避免将时间定价。社会上经常用金钱来衡量时间，比如计时工资、快递服务等。虽然时间的价值是模糊的（Okada & Hoch，2004），但是以小时工资的形式将金钱价值赋予时间，使得人们更容易把时间看作金钱（Soman，2001）。Evans 和 Barley（2004）认为，当个体使用经济价值作为衡量时间的唯一标准，他们常常贬低其他难以用经济价值衡量的活动。而且，这些被调查者强烈地意识到，那些没有获得金钱报酬的时间被白白浪费了。用金钱来衡量时间，不利于个体幸福感的提高。在 Devoe 和 House（2009）的研究中，被试者报告自己每年的工作周数，每周的工作小时数以及年收入，然后被试者计算每小时的薪酬。经过这样操纵后，被试者就难以从可以带来快乐的事情（比如听音乐、上网冲浪）中获得快乐，并且报告出较低的幸福感。

二、横向比较分析

个体幸福水平也因主观参考框架的不同而发生变化。看到周围的人比自己更幸福，可能会降低自己的幸福感；看到周围的人比自己不幸，可能会提高自己的幸福感。这一点在个人收入对幸福指数的影响方面表现得最为明显。

从本研究团队所得出的一系列研究结果来看，虽然个人收入水平对中国城市居民的幸福指数起到了重要的影响，但是两者的关系是非常复杂的。具体而言，虽然绝对收入与总体幸福指数呈现为显著正相

关，但幸福指数随绝对收入的变化并不是直线型的，而是表现为一种曲线。绝对收入对主观幸福感的影响存在一个临界值，收入低于这个临界值时，幸福感随收入增加而提高；收入高于这一临界值时，幸福感则会停滞。此外，相对收入对总体幸福指数的影响要远远大于绝对收入，绝对收入对幸福感的影响可能是通过相对收入起作用的。换言之，收入之所以能够影响人们的主观幸福感，不是源于收入本身，而是源于社会比较以及欲望满足程度。综上所述，在考察经济收入这一变量对城市居民幸福指数的影响时，需要考虑绝对收入量值及个体心理量值的综合影响。那么，它们是如何对人们的幸福感受产生影响的呢？

首先，基本收入是幸福的首要条件。就我们的调查结果而言，低收入居民的总体幸福指数、经济生活满意度和人际关系满意度的平均得分较低，中、高收入居民在绝大多数方面无显著差异。Diener，Suh，Lucas和Smith（1999）总结出，国民幸福指数与大多数居民基本需要（如食品、衣物、住房、卫生、交通和健康等）的满足程度显著相关。发展中国家的贫困居民所界定的幸福感强调基本生理需要的满足，而较为富有的居民则更多关注非物质或高层次需要（如人身安全、社会地位、内心的宁静等）。由此可见，经济状况无论对欠发达国家还是贫穷个体的幸福指数均有较大影响，只有当基本需要得到满足后，这种影响才会因为关注高层次需要而逐渐减小。就我国现状而言，幸福指数最低的均为经济上相对较差或处于贫困状态的群体。那些在食品、衣物、住房、卫生、健康等方面得不到满足的家庭，其幸福感平均而言显著低于相同样本中基本需要得到满足的家庭。张爱莲和黄希庭（2010）对国内46篇涉及经济与幸福感的文献进行了分析，结果也发现大多数研究均表明经济状况对幸福感有显著影响。

其次，当个体收入超过一定的水平后（在本研究中为年收入5万元左右），绝对收入对城市居民幸福指数的正向预测作用慢慢减小，其作用开始被相对收入所取代。这种现象反映了金钱收入水平及个体由此而产生的心理活动能够相互作用以影响个体的幸福水平。那么相对收入是如何影响幸福感的呢？研究者认为，相对收入对幸福感的影响部分源于个人对自身收入水平相对地位的判定。Firebaugh和Schroeder（2009）曾总结说："个体生活在贫穷的群体中间时事实上更为幸福，只要不是离贫穷群体过于亲近。"下行比较使人们觉得更幸福，相反地，上行比较降低幸福感（李静，郭永玉，2007）。Luttmer（2004）等人基于对15万的居民的研究发现，个体的幸福感与邻居的收入呈负相关，邻居收入越高，个体越不幸福；反之，邻居的债务越多，个体越幸福。设想在金钱的购买力完全相同的两个社会A和B，在A中，你的年收入是5万美元，其他人的收入是2.5万美元；在B中，你的年收入是10万美元，其他人的收入是20万美元，你更愿意选择生活在哪个社会中呢？Solnick和Hemenway（1998）的研究发现，有超过一半的被试更愿意选择A，即为了拥有较高的相对收入，宁愿舍弃追求更高的绝对收入。后来其他研究也得到了类似的结果（Solnick，Li & Hemenway，2007；Carlsson & Qin，2010）。此外，Hsee，Yang，Li & Shen（2009）的模拟实验研究发现，虽然贫穷社会中的富人比富裕社会中的穷人能够挣的钱还少，但前者比后者更幸福。这些结果都从一定程度上说明了相对收入有时比绝对收入对幸福更为重要，也印证了中国的一句古话："宁做鸡头，不做凤尾。"

相对收入对幸福感的影响同时也来自于自身的比较。根据Michalos的满意的多重差异理论，个体把自己与多种标准进行比较，这些标准不仅包括他人，还包括自身的抱负、满意的理想水平、需要或目标等（李静，郭永玉，2007）。因此，期望收入与实际收入越接近，个体就越幸福，其对总体幸福指数的影响甚至要大于绝对收入与相对地位对总体幸福指数的影响。Sirgy曾提出了物质主义（materialism）这一概念，认为物质主义会显著影响幸福感，因为物质主义者把物质追求的目标设置得太高，不切实际，以致根本没有能力去实现这些目标，所以他们对自己的生活不满意（李静，郭永玉，2007）。Crawford Solberg，Diener，Wirtz，Lucas和Oishi（2002）等人也发现欲望在对个体对自身收入是否满意中扮演着重要作用，有着更高的物质目标的人相

对其他人而言幸福感要低很多。收入对幸福感的影响很大一部分源于收入对欲望的满足程度。此外，如果对金钱的欲望来自于消极动机，如炫耀、使自己更有权势、与他人比较时，这种欲望就会严重降低主观幸福感。当控制住动机以后，对金钱的欲望对主观幸福感的影响则不再显著，因此，消极的金钱动机可能是导致收入欲望满足程度影响总体幸福指数的主要原因。

通过以上分析不难看出，一方面个人收入水平对幸福感在总体上有着积极的促进作用，这就要求作为个体，要增强自己的综合实力，在自己所属行业内努力奋斗，提高自身的经济收入水平，为自己及家人创造良好的物质条件；另一方面，形成积极的金钱动机、培养健全的人格品质对于提高心理和谐、提高主观幸福感都是十分重要的（黄希庭，2010）。因此个人应该培养自身对于金钱的正确态度，不至于因消极的金钱动机而影响自身的幸福感水平。

第九章　提升个人幸福感的途径

城市幸福指数不仅反映了城市居民生活的主观满意程度，也反映着社会健康和社会发展进步的程度。城市幸福指数现在已经成为各级政府制定政策的重要参考和依据，它不仅有着重要的理论价值，还有重要的应用价值。如何提高城市居民的幸福指数，改善人民的生活条件，促进人民的心理满足感和获得感呢？结合我们的研究，提高城市居民幸福指数，从社会组织层面看，地方各级政府只要认真学习、贯彻执行以习近平总书记为核心的党中央领导集体所推行的治国理念和执政方略，坚持习近平中国特色社会主义思想，实现中华民族伟大复兴中国梦；建设社会主义法治国家；推进反腐倡廉建设；推动全面从严治党向纵向发展；适应、把握、引领经济发展新常态；发展社会主义民主政治；坚定文化自信；在发展中保障和改善民生；建设美丽中国和生态文明等，就一定可以在社会层面为城市居民创建良好的社会环境，为提升城市幸福指数奠定基础。然而，提高城市居民幸福指数，不仅需要政府提高执政效率和提升执政能力，更要靠民众个人的努力奋斗。正如习近平主席在2018年3月20日全国人大十三届一次会议闭幕会议上所说："世界上没有坐享其成的好事，要幸福就要奋斗。"

在这一章中，我们将从个体层面对城市居民个人幸福感的提升途径提出建议，并阐述维护健康、调控情绪、保持心态平衡、建立友谊和温馨家庭、提高工作效率以及养成健全人格等对于提升居民幸福感的作用。

第一节　健健康康，福之根基

一、何谓健康

当今世界，健康已被公认为社会进步的一个重要指标和潜在动力。健康是我们一切活动的基础。健康不仅是免于疾病和虚弱，而且是要保持身体、心理、社会的完美状态。世界卫生组织还提出了健康的十项标志：①有充沛的精力，能从容不迫地担负日常生活和工作，而不感到精神压力；②处事乐观，态度积极，勇于承担责任；③善于休息，睡眠良好；④应变能力强，能适应外界环境变化；⑤能抵抗一般性感冒和传染病；⑥体重合适，身材匀称，站立时头、肩、臂位置协调；⑦眼睛明亮，反应敏捷，眼和眼睑不发炎；⑧牙齿清洁，无龋齿，不疼痛，牙龈颜色正常且无出血现象；⑨头发有光泽，无头屑；⑩肌肉丰满，皮肤富有弹性。人生在世，健康是最大的财富，也是创造幸福、体验幸福的前提。

健康与疾病之间不仅没有十分清晰的界限，而且还受心理健康和社会适应能力的影响。现在人们已经认识到许多疾病是由于不良的心理因素造成的。约翰·辛德勒医生甚至认为，超过76%的疾病是由不良情绪引起的（John A. Schindler，著，杨玉功等译，2007）。例如，愤怒会导致血压升高、大脑血管破裂、突然中风，还会导致心血管系统变化，产生心绞痛、心肌梗死。又如有的人一见到血就会晕倒，这不是因为他的心脏太弱或血压升高而晕倒，是因为惧怕情绪导致大脑供血变化而晕厥过去。此外，社会适应不良也会导致疾病。在《病由心生》一书中，约翰·辛德勒医生举了这样一个例子：

K. M. 保曼博士是旧金山一位著名的精神病专家。当他两年前第一次见到乔治的时候，乔治已经有六个月卧床不起了。他极度虚弱，连吃饭、上厕所这样的小事都需要别人的帮忙。

年轻的时候，乔治是百老汇的一名舞台总监。他工作非常出色，是这一行里首屈一指的人物。他有一个儿子，长大以后，就搬到了西海岸一带居住。乔治四十八岁的时候，妻子离他而去，剧院的生意也每况愈下。由于这样一些原因，乔治开始酗酒，并因此丢了工作。

到七十二岁的时候，乔治已经变得穷困潦倒。无奈之下，乔治只好和儿子住在一块。不过对儿子来说，他已经完全变成了一个累赘。他不大爱整洁，与人格格不入。我想，刚开始的时候，乔治的儿子和儿媳妇确实是想让老人高兴起来。不过后来，他们之间的关系，特别是乔治和儿媳妇的关系越来越僵，充满了火药味，双方都觉得无法忍受。于是，乔治就开始生病了，人也越发衰老。没过多久，他就病倒在床。他们请过一两次医生，医生说他得了动脉硬化和老年衰退症。

后来，保曼博士碰巧给他看了一次病。他给乔治做了检查，而后告诉乔治："市政厅为老年人新建的一个剧院刚好建完，他们需要一个在百老汇干过的舞台总监。我带你到那儿去吧。"

就这样，乔治被搬上了救护车，坐着轮椅来到了舞台上。两星期以后，他离开轮椅站了起来，再过了两星期，乔治就已经像个兔子一样活蹦乱跳了。从那之后，他的身体状况恢复得很快。

其实，我国的中医理论早就有形神合一的身心统一观，认为人的生理与心理是密不可分的统一体。《素问·调经论篇》曰："夫心藏神，肺藏气，肝藏血，脾藏肉，肾藏志，而此成形。志意通，内连骨髓，而成身形五藏。""形盛则神旺，形衰则神惫。"并且形可伤神，神也可以伤形。有些疾病，情志起着重要作用，如《素问·移情变气论》曰："精神不进，志意不治，故病不可愈。今精坏神去，荣卫不可复收。何者？嗜欲无穷，而忧患不止，精气驰坏，荣泣卫除，故神去之而病不愈也。"在中华医学看来，健康是形神的统一；精气弛坏就会

导致疾病，而身体疾病也会伤神。

二、维护健康之道

既然健康是创造和享受幸福的前提，那么如何维护健康呢？一个人的健康由四个因素决定：15%取决于遗传，17%取决于环境，8%取决于医疗条件，60%取决于个人的行为习惯。新近的研究表明，在发展中国家，因生活习惯不良导致疾病进而死亡的人数占总死亡人数的40%～50%，在发达国家中这一比例已达到了70%～80%。看来，健康行为和不健康行为对健康的影响是很大的。下面我们将从养成健康行为和拒绝危害健康行为两个方面来讨论维护健康之道。

（一）养成健康行为

健康行为就是人们为了增强或保持健康状态所采取的行为。此类行为不仅有益于心身健康，而且延年益寿。健康行为涉及面很广，罗永艾医生（2010）认为健康来自于人们的衣食住行。我们在这里仅从合理饮食、有氧运动、预防事故、预防癌症、控制体重以及起居有常和睡眠充足六个方面对养成健康行为加以阐述。

1.合理饮食

卫生部发布的《中国居民膳食指南》为合理膳食提供了权威指导。其内容主要包括："食物要多样、饥饱要适当、油脂要适量、粗细要搭配、食盐要限量、甜食要少吃、饮酒要节制、三餐要合理。"通过对这些要求的长期遵守，能够帮我们达到合理营养的需求。选择我们自己喜欢的健康食谱能够帮助我们更好地坚持良好饮食习惯。如果觉得单调，也可以选择在正餐之间吃一些健康的水果、小吃。不健康的饮食习惯是亚健康和疾病的主要来源之一，通过对不良饮食习惯的改变，能够帮助我们在短时期内提升健康状况。

2.有氧锻炼

有氧锻炼能调节和加强心肺功能，提高机体对氧的利用率。所有的有氧运动都具有高强度、长时间、高耐力的特点，如慢跑、游泳、跳绳等。定期的锻炼对健康的益处如表9-1所示。有氧运动能够提高心肺功能、增加体力、优化体重、加强或保持肌力、提高软组织的灵活性、降低或控制高血压、提高胆固醇质量、提高糖耐量、提高应急耐受力，可以明显地延缓衰老、延缓死亡，尤其可以推迟由于心血管病和癌症所引起的死亡。我们需要保持适量锻炼。那怎样锻炼才叫适量运动呢？其标准主要是我们的运动方式和运动量需要适合自身的身体状况，在身体没有突出疾病的条件下，可以根据运动时的心率来计算运动强度，公式是每分钟150～170（次）减去年龄，在运动量上我们需要保证每周至少运动3次（马华，1997）。锻炼能改善人们的心境和情绪。长期锻炼对总的心境和健康都会产生积极的影响。

表9–1　定期锻炼对健康的益处

1.提高最大氧耗量	8.减少心血管疾病
2.降低静息心率	9.减少肥胖
3.降低血压(对于一部分人)	10.延长寿命
4.提高心肌的力量和效率(每搏输出量更多)	11.减少某些癌症的发生风险
5.减少能量的利用(例如糖)	12.提高免疫系统功能
6.增加慢波睡眠	13.减少不良情绪
7.提高高密度脂蛋白,而不改变总胆固醇	

3.预防意外事故

意外事故是可以预防的主要死亡原因之一。据美国健康统计中心1998年的报道，大约每10万人就有16.1人死于车祸，这是儿童、青少年、中年人群体最主要的死亡原因。要加强对驾驶员遵守交通规则的教育，严禁饮酒后驾车，驾乘人员都应系安全带；自行车和摩托车的驾驶员要戴头盔。家庭事故如意外中毒和跌伤，是5岁以下儿童死亡和伤残的主要原因，应引起家长的重视。

4.预防癌症

癌症是多种有着共同特点的一系列疾病的总称。所有的癌症都是由于DNA功能障碍引起，因控制细胞生长和增殖的部分程序异常，引起异常细胞的过度生长和增殖。不少癌症只要及早发现，治愈率还是很高的。例如乳腺癌是妇女主要的癌死亡原因之一。每8个妇女就有1

个在其一生中可能罹患乳腺癌，并且现在它的受病年龄正在下降。乳房自我检查就是检查乳房以发现乳房深部组织的病变。最好是1个月进行一次触诊。50岁以上的妇女每年接受1次乳房X线照片。睾丸癌则是15～35岁男性中最常见的一种肿瘤。睾丸自我检查（洗澡时让睾丸在拇指和食指之间旋转，以确定睾丸表面是否有可活动的肿块），对于早期诊治十分有用。一年内每人都应当有一次体检。

5.控制体重

肥胖是心血管疾病、糖尿病和癌症的潜在的危险因素。评价肥胖的常用指标包括体重指数和腰围。体重指数（body mass index，简称BMI），这是一种把身高和体重结合起来评价肥胖的指标，其计算方法是以体重（千克，kg）除以身高（米，m）的平方，即BMI=体重/身高^2（kg/m^2）。表9-2是卫生部疾病控制司根据20世纪90年代以来我国13项大规模流行病学调查，总计约24万成人的数据汇总分析得出的一个建议界定标准（胡大一，2010）。

表9-2　我国BMI与体型界定

BMI	体型界定
<18.5	体重过低
18.5~23.9	体重正常
24.0~27.9	超重

测量腰围（waist circumference，WC）时身体应站直，两脚分开，距离为30～40cm，找到右侧腋下胯骨上缘与肋弓下缘连线的中点（通常是腰部天然最窄的部位），沿水平方向围绕腹部一周，并在呼气时读数，即为腰围数值。女性2.6尺，男性2.8尺就是腹型肥胖。合理饮食和足够的锻炼相结合能有效控制体重。所谓合理饮食就是吃低能量、低脂肪、适量优质蛋白、富含复杂碳水化合物的食品。运动锻炼则应以安全适度、方法简便、持之以恒为原则。

6.建构积极身体自我

健全人格者首先能够接纳欣赏自己的身体。身体自我是个体对于自己身体的自我意识，它包括对身体的认知评价（身体自我概念、身

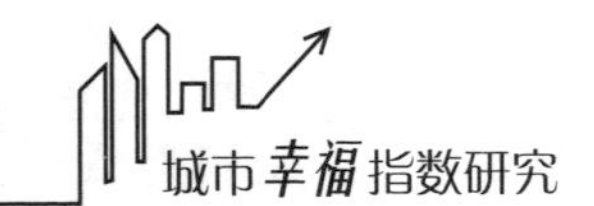

体自我意向)，由此产生的对身体的满意度及个体对身体的管理等三个方面。研究发现，在中国文化环境中，青少年理想身体自我在男性中表现为性感魅力、高大力量、浓眉大眼；在女性中表现为性感魅力、匀称健康、苗条安逸、洋气骨感等（《青少年理想身体自我量表》见附录)。研究表明，身体满意度对幸福感有显著的影响（朱从书，刘陈陵，2008)：相反，消极的身体自我会给个体的幸福生活带来一系列负面影响，如通过降低美丽概念范围和身体欣赏间接影响健康进食行为等（Luo，Niu，Kong，Chen，2019)。对于如何提升青少年的身体自我满意度，西南大学陈红教授团队开发了E-BODY国际干预项目，并取得了良好的效果。该方案采用以学校为背景的模式（潘晨璟，陈红，蒋霞霞，杨江丽，王春，2010)。第一个项目从认知取向角度出发，基于女性身体不满意的社会文化因素风险模型，通过干预课程展开。课程内容涉及“自我客体化”“瘦理想内化”“身体外貌的社会比较”“身体外貌的同伴嘲笑”等主要因素，旨在降低青春期女生的身体不满意，形成健康的身体观。第二个项目从行为取向角度出发，基于饮食失调的社会文化风险因素模型以及营养学原理，涉及健康饮食行为、运动时间、体重管理方法、饮食习惯和饮食态度等方面，期望通过健康饮食课程，健康环境塑造，积极反馈和强化等方法对中学生的体重进行干预，达到增强健康饮食行为和提高锻炼积极性，改善健康饮食态度从而起到预防超重和肥胖的目的。

7.起居有常，睡眠充足

“坚持按时作息，合理安排起居作息，保持良好的生活习惯。”我们需要尽量采用规律的学习、工作、休息、睡眠时间，顺应人体生物钟的要求，这是经济又有效的保健方法。经过一天的工作、学习生活后，想要恢复体力，同时不断增长智慧，保证身体健康，就需要好的睡眠。睡眠是机体自我保护的重要生理功能，在睡眠过程中可以高效清除身体中的代谢废物，使个体通过睡眠恢复活力，维持良好的精神状态。内分泌系统中的一些激素如生长激素和松果体素，在我们进入深度睡眠时会变得更加活跃，而免疫系统则会在熟睡中得到强化。通

过睡眠，能够帮助我们得到全身心的休息、恢复和调整。

（二）拒绝危害健康的行为

危害健康的行为是指那些有损于我们当前或将来健康的行为，其危害性大小不等。许多危害健康的行为，会形成习惯并且成瘾（如吸烟），想要改变这种顽固的习惯是相当困难的。因此，对于危害健康的行为，我们要坚决拒绝。如果染上了不健康的行为习惯，我们也要以适当的方法加以矫正，以便重新养成健康的生活方式。

1.危害健康行为的特征

归纳起来大致有以下一些特征：（1）青春期是危害健康行为的高发期。过度饮酒、吸烟、非法使用药物、不安全的性行为以及意外事故或造成早死的冒险行为，大多始于青春期。例如，肥胖最早可以始于童年期，而酒精中毒主要发生在成年期。（2）模仿、自我表现和寻求刺激，是青少年染上不健康行为的主要原因，其中寻求刺激（兴奋、愉悦）进一步强化了他们的此种行为。（3）从尝试学习到行为自动化——危害健康的行为习惯是逐渐形成的；根据不健康行为形成的不同阶段进行干预，这很重要。（4）美国健康心理学研究表明，有四类青少年（经常有强烈的冲突且自控能力差；在学校表现差、有家庭问题和低自尊；难以相处的性格、自控力差又很违拗；生活在社会底层且问题行为多），特别容易染上危害健康的行为（Shelley Taylor，著，朱熊非等，译，2005）。

2.对危害健康的行为说“不”

首先要充分认识到容易染上过度饮酒、吸烟、吸毒、不安全性行为等不健康行为的青少年的特征，并充分认识这些行为对他们健康的危害性，对有需要的青少年要抓紧进行家庭干预和学校干预。健康行为习惯受早期社会化影响很大，父母应当从小就向孩子灌输某些健康行为（告诫不要形成不良的习惯），如定时刷牙，吃饭要细嚼慢咽，每天要吃早餐等，使其成为自动化的习惯行为。身教重于言教，父母的健康行为是孩子学习的榜样，对孩子的影响很大。父母还可以利用各种机会让孩子形成健康的行为习惯，例如，坐车时系好安全带，过马路时要看红绿灯信号。当儿童进入少年期时，父母对子女健康行为的养成管教更不能放松；因为这时他们会结交伙伴，可能会尝试喝酒、吸烟、吸毒及性行为。学校中的教师不仅要把爱献给每一个学生，还应特别关注前述四类学生；关注家庭有变故、学习跟不上的孩子。教师可以利用家访的机会，关爱放学后待在家没人看管的学生（据研究表明，孩子在放学后独处时间的长短，与其问题行为有着直接的关系）；说服家长，让辍学的学生重返学校。家庭干预与学校干预的密切合作会更利于孩子从小就养成健康的行为习惯。

第二节　调控情绪，心态平和

一、情绪及其调控能力

（一）情绪的性质

情绪是一种体验性和表现性的心理活动。高兴时我们内心的体验是美滋滋的，行为表现是满脸笑容；苦恼时我们内心的体验是痛苦难受，行为表现是愁眉苦脸。情绪是一种很复杂的心理现象。有时我们内心的体验与外部的行为表现是不一致的。例如笑并不都是快乐的，也可能是痛苦的笑、嫉妒的笑，还有可能是心怀鬼胎的笑。

需要是情绪产生的重要基础。按需要是否获得满足，可将情绪分为积极情绪和消极情绪。情绪与人的需要之间的关系也很复杂，某事物可能满足人的某种需要，而不能满足另一种需要，甚至与第三种需要相冲突。因此，不少事物可能会引起很复杂的甚至互相矛盾的情绪，例如惊喜忧、羞妒恨，甚至惊喜悲叹等所谓百感交集的情绪。

基本情绪也叫原初情绪，是人类和动物都具有的，也是人们与生俱来的。《中庸》把情绪分为四种："喜、怒、哀、乐"（燕国材，2004）。克雷奇（Krech，1980）把快乐、悲哀、愤怒和恐惧视为四种基本情绪。其实人类的情绪种类是很多的。《素问》把情绪分为"喜、怒、悲、忧、恐"；《荀子·天论》有"好、恶、喜、怒、哀、乐"；《礼记·礼运》则为"喜、怒、哀、惧、爱、恶、欲"，等等。林传鼎

(1944)对人类的基本情绪做过研究，他从《说文》中找出9995个正篆，发现其中有354个字是描述人的情绪的，按它们的字义可分为18类：安静、喜悦、愤怒、哀怜、悲痛、忧愁、忿急、烦闷、恐惧、惊骇、恭敬、抚爱、憎恶、贪欲、嫉妒、傲慢、惭愧、耻辱。

对于各种情绪，我们还可以从强度进行分析，如喜，可以从适意、愉快到欢乐、大喜、狂喜；哀，可以从伤感到难过、悲伤、哀痛、惨痛；怒，可以从轻微的不满、生气到愤怒、大怒、狂怒；惧，可以从害怕、惧怕到惊恐、惊骇。从快感度的角度看，悲伤、羞耻、恐惧、悔恨等有明显的不快乐体验，而满意、快乐、幸福等是明显有快乐体验的。从紧张度的角度看，像乐滋滋、飘飘然是不紧张、很放松的，而心急火燎、怒不可遏带有明显的紧张感。从复杂度来看，爱，包含柔情和快乐的成分；恨，包含愤怒、惧怕、厌恶等成分；如“惊喜悲叹”“惊喜疑惧”这两种情绪就比“快乐”要复杂得多；又如悲喜，有悲喜交集、忽悲忽喜、转悲为喜、由喜而悲；再如爱恨，有又爱又恨、时爱时恨、由爱转恨、由恨转爱等等。人类的情绪确实很复杂，那么我们能否认识它、调控它呢？这就涉及到情商问题。

（二）情绪调控能力

有一种情绪调控能力叫情商（emotional intelligence），也译为情绪智力，是指人们用来加工自己和他人情绪信息的能力（Salovey，Mayer，Caruso，Yoo，2009）。情绪智力既有助于个体实现自己的目标，也制约着个体做出适应性的应对。这种情绪调控能力由感知情绪、运用情绪、理解情绪和管理情绪四种能力构成。

情绪感知能力是指识别自己和他人情绪的能力：能否准确识别自己和他人所表达情绪及其相关的需要，能否区分准确和真实的感受或是错误和扭曲的感受。此种能力强的人，能够从所在的环境中获取更多信息，因而能更好地适应环境，能够觉察到各种细微的表情变化。与缺乏这种能力的人相比，情绪感知能力强的人在社会交往中更容易觉察到人的表情的微妙变化，从而调节情绪，把冲突消灭在萌芽状态。

情绪运用能力是指个体根据情绪的特性在思考时对这种特性加以

利用的能力。例如，高兴时以乐观的心情思考问题，伤心苦闷时以悲观的心情思考问题，恐惧时以心慌害怕的心情思考问题。情绪运用能力强的人可以随着心情的变化，从多个角度去思考问题、观察问题。这种从多角度看问题的能力，可以促进人创造性地解决问题。所以情绪波动性大的人通常都具有较强的创造性；而对情绪波动性大小的调控则取决于情绪管理能力。

情绪理解能力是指了解情绪含义的能力。看到笑容满面，那是开心；看到哭丧着脸，那是悲哀。情绪理解能力强的人，知道一种情绪是如何引发的，知道情绪是如何随时间变化的，知道人们能同时具有几种相互冲突的复杂情绪，知道情绪变化是如何影响人际关系的。例如，前面提到的"悲喜交集""忽悲忽喜""转悲为喜""又爱又恨""时爱时恨""由恨转爱"等情绪反应。与情绪理解能力差的人相比，情绪理解能力强的人对情绪的理解比较全面。

情绪管理能力是指监控自己和他人情绪的表达能力。情绪管理能力强的人会以开放的心态去仔细体验情绪，经过反思，留住或摆脱某种情绪状态，使情绪得到合理的表达。例如在正常的日常交往中，对自己体验到的情绪或他人表现出的情绪持开放心态；这种自由表达情绪的能力，可以丰富生活。而在紧急情况下，如救火、受到劫持时，情绪管理能力强的人则压抑情绪及其表达，以应对紧急情况。优秀的情绪管理者会运用自己的情商来增进自己和他人的健康和幸福。

总之，人们在情绪调控的总能力以及在情绪感知能力、情绪运用能力、情绪理解能力和情绪管理能力上都是有差异的。Mayer，Salovey和Caruso（1997），还编制出专门的量表对情商加以测量。

（三）情绪调控能力与幸福感

用情商多维量表（Multidimenstonal Emotional Intelligence Assessment，MEIA）的修改版MSCEIT（Mayer，Salovey，Caruso，2002，2005）对被试的测量的结果表明，MSCEIT的得分（情绪调控能力）与幸福感、朋友、家人和爱侣关系质量、职场胜任力以及情绪预测（在特定情境下的感受）呈正相关，而与心理困扰、药物滥用呈

负相关。至于情绪调控能力如何运作才能使我们获得幸福，目前还在研究之中。

1.负面情绪对健康有严重危害，但也可能有正面的价值

据报道，舒尔茨（Schalz）等人在2000年做了一项研究，大约5200名65岁以上的被试者参加了该研究，其中25%以上的人有抑郁症状。与那些基本上没有抑郁的被试相比较，有抑郁症状的被试更可能在6年内死亡，据此可推测负面情绪导致个体提早死亡。另一项研究也报道了被诊断为心脏病的人如果有明显的抑郁症状，与那些无抑郁症状的心脏病患者相比，更容易过早死亡。虽然负面情绪会对健康产生许多负面影响，但研究还发现负面情绪能提高人们及时寻求医疗救治的可能性。例如有焦虑和抑郁的人在感到身体不适时，能更准确地感知自己的身体情况从而提高了去寻求治疗的可能性。

除了抑郁之外，愤怒、恐惧等负面情绪都会影响个人的生活质量和健康。如果一个人长期愤世嫉俗，总觉得别人有这样那样的缺点，或者对自己的不够完美而愤愤不已，这样的人应当改变其情绪感知的方向，多看到别人和自己的优点，以快乐的心情来思考问题、观察问题，以与人为善的乐观行为来面对世界。如果一个人总是“战战兢兢，如履薄冰”，做什么事情都感到害怕，有这样情绪的人也应提升情绪调控能力——他应当认识到自己实际并没有那样软弱无助，完全有能力去挑战生活中所害怕的事情。

2.正面情绪对健康、幸福有促进作用，但也可能有负面影响

科恩（Cohen，1991）及其同事做过一项经典研究显示，对健康有积极期望会促进健康。为了检验个人的期望是否影响疾病的发生和发展，研究者让被试者待在有感冒病毒的实验室里。结果表明，与那些有消极期望的被试相比，有积极期望的被试受感冒病毒的影响不太严重。新近的一项研究也表明积极心态有助于降低糖尿病病人的死亡率。虽然有许多研究报道过积极情绪会对健康有促进作用，但是盲目乐观、过分自信则可能会对健康造成负面影响。例如一个人盲目乐观、过分相信自己的身体健康，不去做定期的体检，延误了就医时

间，反而会造成无法挽救的后果。

人类在为追求真善美而奋斗的过程中所表现出来的情操（sentiment），包括理智感、道德感和美感，更能激发幸福感。理智感是人热爱真理、追求真理所表现出来的情感。例如对科学的热爱和难以满足的好奇心，对现实的质疑、对知识追求的事业心和进取心，以及对迷信、盲目崇拜权威的鄙视等都会激发人的幸福感。道德感是人热爱善行、追求善行所表现出来的情感。例如爱祖国、爱人民、爱集体、爱家庭以及对同事、朋友、夫妻、子女、父母的爱；对于背叛祖国、背离人民，违法乱纪、贪污腐化的可耻行为感到愤怒；对于正义奉公、见义勇为、爱护弱者的行为表示钦佩等。美感是人在欣赏美、追求美时所产生的情感体验，是一种愉悦的体验。大自然的美景使人心旷神怡；高尚的行为使人在震惊中享受美的喜悦；喜剧艺术使人在笑声中享受美的欢乐；悲剧艺术使人在悲哀、痛苦甚至哭泣中享受着美的快乐。总之，人类为追求真善美而奋斗的过程中所表现出来的情操激发我们去追求幸福。因此情操实际上是社会幸福感的组成部分。

二、心态平和

（一）何谓心态平和

心态平和就是心理健康。所谓心理健康，第三届国际心理卫生大会上，学者们为心理健康下过一个明确的定义：“心理健康是指在身体上、智能上以及情感上与他人的心理健康不相矛盾的范围内，将个人心境发展为最佳的状态（刘晓芹，2005）”。世界卫生组织根据这一定义还提出了心理健康的六条标准：①有良好的自我意识，能做到自知自觉，既对自己的优点和长处感到欣慰，保持自尊、自信，又不因自己的缺点感到沮丧甚至自暴自弃。②坦然面对现实，既有高于现实的理想，又能正确对待生活中的缺陷和挫折。③保持正常的人际关系，能承认别人，限制自己，能接纳别人，包括别人的短处。在与人相处中，尊重多于嫉妒，信任多于怀疑，喜爱多于憎恶。④有较强的情绪控制力，能保持情绪稳定与心理平衡，对外界的刺激反应适度，行为

协调。⑤处事乐观，满怀希望，始终保持一种积极向上的进取态度。⑥珍惜生命，热爱生活，有经久一致的人生哲学，为一定的目的而生活。如果能够基本满足以上的标准，就能保持健康和稳定的情绪以及良好的社会适应，也就是说达到了心态平和。

我们的情绪总是有波动的，因为生活并不是一潭死水。当实现某一目标时，我们会欢欣鼓舞，甚至手舞足蹈；当失去心爱之物时，我们会体会到痛心、悲伤；当我们的愿望没能实现时，会懊恼，甚至会愤怒。情绪的起伏变化，能使我们更好地适应生存环境，也使我们的生活更加丰富多彩。世上一切事物都具有正反两面，并且会互相转化，有一利必有一害，有痛苦就会有欢乐，一个人的生活不可能总处于快乐、幸福状态。“祸兮福之所倚，福兮祸之所伏。”（《老子·第五十八章》）这是自然的规律。人非草木，孰能无情。生活中有喜怒哀乐，过分悲痛会使人生病，过分快乐也会“乐极生悲”。生活要有所克制，我们的情绪表达要适度、平和。

（二）怎样有意识地调节自己的心态

在日常生活中，我们该怎样提高我们的正面情绪而合理地降低我们的负面情绪呢？这就需要我们要加强管理正面情绪，合理地减少负面情绪。减少负面情绪并不是完全没有负面情绪，适当的负面情绪也对我们具有适应的意义，正面情绪的增强也不是越多越好，关键在于保持平和的心态。我们可以采用以下的方法来减轻负面情绪对我们日常生活的影响：

1.学会转移注意力

当我们为琐事烦恼时，要学着合理地消除自己的烦恼，把心思转移到生活中或工作中急迫需要解决的问题上。当我们生气的时候，可以尝试做一些其他的事情或者转移当前的话题，以缓解我们紧张的情绪。怒气过后，我们可以通过听音乐、看电影、跑步、打球等轻松活动，来消除我们的余火。

2.学会宣泄自己的情绪

生活中难免会产生一些负面情绪，如果我们不采取一些合适的方法加以发泄和调节，则会对身心健康产生不利的影响。因此，如果我们在生活中遭遇困惑或者委屈，就不要一个人在那里闷闷不乐，多跟亲朋好友倾诉，或者找心理咨询师进行交流来排除自己的困惑和痛苦。

3. 学会自我安慰

当我们在生活中遭遇失利或遇到挫折时，为了降低对自己的失望感，要学会合理地归因，不要归因于内部的不可控的因素，比如说是自己不够聪明；而是要归因于内部的可控因素或者是外部的不稳定的因素，比如说是自己不够努力，或者这次运气不好，这种合理的归因可以激发我们面对困难或者挫折的勇气，调整好我们的情绪。“酸葡萄心理”也是一种比较有用的自我安慰策略，给自己找一个可以接受的理由，来安慰一下自己受伤的心灵也未尝不可。

4. 自我语言提醒法

当我们处在情绪非常激动的时候，我们在心里提醒自己“要冷静”“冲动是魔鬼”“不要拿别人的错误来惩罚自己”等，特别是在公众场合，更要试着管理好自己的情绪。另外，我们也可以针对自己的不足之处，提前写上“平和”“镇定”等字条放在很显眼的地方来警示自己。学会合理控制自己的愤怒，不要随便地生气。

5. 愉快回忆法

遇到负面情绪时，尝试着去想想以前生活中遇到过的开心的事，或者是取得成功时的喜悦心情，尤其是去回想一些与当前负面体验有关联的过去的正面体验。

6. 提高认识和修养水平

在日常的生活中我们不难发现，文化素质水平比较低的人，不善于管理好自己的情绪。一个有修养的人，能够管理好自己的情绪，做到自我调节，在任何情况下他都不会大吵大闹。所以，我们可以尝试提升自己的内涵，丰富充实自己的内心，进而管理好自己的情绪，愉悦自己的心情。

上述这些方法有助于我们学会管理好自己的情绪。积极向上的情绪可以帮助人在困难的境况中勇敢地走出来，使我们在生活中体验到

更多的幸福。保持乐观向上的情绪是培养积极健康心态的首要任务。在大多数情况下能够影响好坏和决定事物成败的关键点不是事物的本身，而是我们对待事物的态度和看问题的角度。学会正确地自我评价，不苛求完美，用积极向上的眼光看待问题，懂得以正确的归因来调控自己的情绪，保持平和的心态，来提高我们的主观幸福感。

第三节 真挚友谊，温馨家庭

一、真挚的友谊

（一）重义之友最可贵

重义之友就是真诚相待的朋友，即真挚的友谊。孔子认为："君子义以为上"（《论语·阳货》），主张"行义以达其道"（《论语·季氏》），反对"见义不为"，要求人们"见利思义"（《论语·宪问》）、"见得思义"（《论语·季氏》）、"义然后取"（《论语·宪问》）、"不义而富且贵，于我如浮云"（《论语·述而》）。孟子认为，"义"就是"人皆有所不为，达之于其所为"或"羞恶之心"（《孟子·尽心上》）。墨子比儒家更崇尚义。《墨子·贵义》中说："万事莫贵于义"；墨子所说的义是利人、利天下。重义之友是爱人之友，是利人利民之友，是真心诚意的友谊。

在现代人际关系中，"义"依然起着很重要的作用。人们会评价一个人是有情有义或是无情无义。在现实的人际关系中，以"义"为基础的人与人交往，亲近且自然，人与人之间的感情，真挚且长久。从某种意义上讲，"义"作为人际关系的道德范畴比其他道德范畴更贴近人心，更容易使人们和睦相处。这是因为今天我们讲"义"，就是提倡做人要正直公道，提倡维护社会公平正义，提倡对全社会共同利益和国家利益的高度负责。因此以"义"为基础的友谊是真正的友谊，是最可贵的友谊。

有一首歌唱道："千里难寻是朋友，朋友多了路好走……"歌词很浅显，却道出了朋友对人生的深刻意义：一是朋友难得；二是朋友重要。重义之友之所以最可贵，除了道义上的切磋支持外，还因为这样的朋友为人正直、待人诚恳、重情重义、值得信赖。在人生的道路上，幸福与痛苦并存，有人分享则幸福加倍，有人分担则痛苦减半。成功时受到朋友的赞赏会提高我们的自信，获得成就感和幸福感；失败时有朋友搀扶，会使我们自强不息，越挫越勇，坚持到最后的胜利。在朋友的支持下，挫折和失败是通向胜利和幸福的桥梁。正如古希腊哲学家伊壁鸠鲁（Epicurus，公元前341—前270年）所说："在智慧提供给整个人生的一切幸福之中，以获得友谊为最重要。"

（二）做一个有人际魅力的人

俗话说："在家靠父母，出外靠朋友。"说明朋友在人们生活中很重要。许多人不知道怎样结交朋友，更不知道怎样使自己更有人缘，总以为人际魅力是与生俱来的，是爹妈遗传的。其实，人际魅力和人缘都是可以培养的，只要做到以下三点就可以成为有人际魅力的人。

1.加强为人处世的性格修养

性格决定命运。性格也称为品格，主要是后天养成的。人际魅力在很大程度上是由待人处世的品格决定的。具有豁达大度、谦和热情、正直诚实等优良品格的人，人际关系好、人缘好；而心胸狭窄、虚伪猜忌、脾气暴躁的人，就不容易搞好人际关系、人缘差。因此，加强待人处世的品格修养，克服待人处世中的不良品格，对于搞好人际关系、结交朋友、团结同事、做好工作十分重要。

（1）豁达大度。"豁达大度"是最值得推崇的品格。豁达，即性格开朗；大度，即气量大。我们在待人处世时，要气量大，要有能够容人的胸怀。

俗话说："大度集群朋。"豁达大度之人身边会聚集起一大批知心朋友。豁达大度者之所以有此魅力，因为他对人、对友能够"求同存异"，不以自己的私利来看人，唯以事业为重、以利人利民为标准；表现为能够听得进各种不同意见，特别是能认真听取反对自己的意见，发现自己的过失，便立即改正；能够关心人、帮助人、体贴人、责己严、责人宽、容忍朋友的过失，特别是当朋友对自己犯有过失时，能

不计前嫌，一如既往；还表现为“大事清楚，小事糊涂”，不为小事斤斤计较，耿耿于怀；遇到气人的事情时能够克制、忍让，能够心平气和地处理问题。而心胸狭窄、气量狭小的人总是以个人的私利待人接物；在与别人争论时，如果自己处于正确的一方，成为胜利者，便趾高气扬，心情舒畅；如果自己处于错误的一方，成为失败者，往往会恼羞成怒，对人家耿耿于怀，还表现为易动肝火，爱发脾气，为一些区区小事大吵大闹，把小事情闹得天翻地覆，不好收场。在人际交往中因小事而发怒，害处极大。古语曰：“恶语伤人，深于矛戟。”火气只能使矛盾激化，感情受到伤害，百害而无一利。

（2）谦和热情。“谦和热情”是文明礼貌的基本品格。谦和，即谦虚和蔼；热情，即情意深厚；我们在待人处世时，要表现出谦和热情的传统美德。

中国人讲和为贵。孔子曰：“礼之用，和为贵。”（《论语·学而》）孟子曰：“天时不如地利，地利不如人和。”（《孟子·公孙丑下》）“和”有多种含义，主要是融合和团结。一个家庭、一个社区、一个国家要兴旺发达，离不开融会贯通、安定团结。“人和”了，才能争得“天时”，夺得“地利”，万众一心，撸起袖子加油干，去实现中华民族伟大复兴中国梦。在为人处世的性格修养上，怎样才体现出谦和呢？例如，说话要和气，为人要和善，对人态度要和蔼，相互之间要和睦相处；有矛盾要和解，有分歧意见要心平气和地交换意见，彼此相处要和衷共济。心情和顺，语气和婉，与人为善，更受人欢迎。谦和的言语，是通向相互挚爱和友谊的桥梁。

中国是一个文明礼貌的国度。孔子曰：“非礼勿视，非礼勿听，非礼勿言，非礼勿动。”（《论语·颜渊》）我们的言行举止都要符合礼的要求。在人际交往中我们谈吐要文明，举止要有礼，因此人际交往中，我们常常使用谦词和敬词，即自己谦卑，以尊敬他人。例如用“家母”是谦称自己的母亲，“令堂”是敬称他人的母亲；“拙著”是谦称自己的著作，“大著”是敬称他人的著作；“贱庚”是谦称自己的年龄，“贵庚”是敬称他人的年龄；“愚见”是谦称自己的意见，“高见”

是敬称他人的意见。有时候谈话的一些内容听起来不太文雅、不太吉利，需要表达但又不便于直接表达，只好选用间接、委婉而又为人所理解的话来代替。如在公共场合有人要上厕所，“厕所”这个词不能登大雅之堂，不说要上厕所，而说要上洗手间；“死”是一个不吉利的词，称人去世常用“仙逝”“长辞”“作古”来表示。这种替代不文雅、不吉利的词语，一般称为婉词或委婉词（洪成玉，2010）。言语表达是连着心灵的。“言为心声”，只有具有博爱、纯正、美好的心灵，才会具有如此亲切的态度和文雅的言词。

无论是和气待人或是文雅的言词，都不是施以小恩小惠以博得别人的欢心，也不是一味投其所好，赢得对方的好感，而是对朋友的成长发展寄以情意深厚的关心。这种出自内心的热情，表现为对朋友既有热心的帮助，也有诚恳的批评；既有严格的要求，也有明智的建议；互相之间不存戒心，赤诚相见，特别是患难之际，更见真情。

（3）正直诚信。正直诚信是一个人值得信赖的、最基本的品格。正直，即公平坦率；诚信，即诚实、守信用。在人际交往中，我们看一个人是否可以信赖，主要是考察其言行是否正直诚信。

孔子曰：“人之生也直。”（《论语·雍也》）孔子认为，人的一生应该是正直的。正直的人首先是一个真实的、不弄虚作假、不欺骗他人的人；是就是是，非就是非，不能为了面子而虚荣地掩盖真实，更不应该使坏心眼，搬弄是非，捏造谣言。正直的人崇尚正义，伸张正义，以公平公正的理念要求自己、对待他人，协调自己与他人的关系。孔子曰：“益者三友，损者三友：友直、友谅、友多闻，益矣；友便辟，友善柔，友便佞，损矣。”（《论语·季氏》）孔子说，对自己有益的朋友有三种，对自己有害的朋友也有三种。与正直的人为友，与诚信的人为友，与见识广博的人为友，是对自己有益的；与谄媚奉承的人为友，与虚情假意的人为友，与夸夸其谈的人为友，是对自己有害的。这些交友之道的原则，至今仍对我们具有积极的意义。

正直与诚信是建立友谊的基本前提。孔子说：“信近于义，言可复也。”（《论语·学而》）“人而无信，不知其可也。大车无輗，小车无

轨，其何以行之哉。”（《论语·为政》）诚信，才能赢得别人的信任，使人放心，别人才有可能和你推心置腹，将心比心。虚伪的人，靠欺骗过日子，虽然有时取得暂时的效果，但终有一天会被揭穿，一旦被揭穿便臭不可闻。无论在哪个时代，无论在哪个国家，一个缺乏正直、诚信的人都不可能有真挚的友谊，也不可成为真正有作为的人。

2.培养良好的兴趣爱好

兴趣和爱好这两个词虽然应用很广泛，但却缺乏明确的定义。一般把兴趣视为认知心向所体验到的愉悦体验，爱好是指对某种行为心向所体验到的愉悦体验。其实，无论是兴趣或是爱好都是与动机紧密联系在一起的：兴趣和爱好都是动机的专注。因动机而产生行为，行为之后获得满足时，个体即对使之满足的目的物产生兴趣和爱好；之后同样情景再出现时，该目的物所引起的个体反应的内在动力，既可视为动机，也可视为兴趣和爱好。

有一些良好的兴趣和爱好一定会使人的生活更加幸福。除了工作之外，人还会有两大动机，一是有益于健康的动机，二是创新的动机。一些良好的兴趣爱好能同时满足这两种动机。要想结交朋友，建立良好的人际关系，必须成为他人眼中的益友。除了前述的品格因素外，有没有良好的兴趣和爱好，也是人际魅力的一个重要因素。如果我们能够有意识地去选择和发展一些良好的兴趣爱好，使自己具有某些专业特长。共同的兴趣爱好会使我们有更多志趣相投的朋友。

业余爱好不仅是结交朋友的一条途径，而且还可以发掘我们在完成本职工作之外的潜能。例如练习写毛笔字不仅能结交喜欢书法的朋友，学会书法技能，还能使我们体会到祖国书法文化的博大精深。多读好书，可以丰富自己的知识，也可以改进人际交往能力，成为见闻广博的人。总之，培养自己的兴趣爱好有助于我们结交朋友，体验到更多的幸福。

3.努力建立良好的第一印象

第一印象也称为首因效应，是指对人最初获得的信息比后来获得的信息影响更大的现象。第一印象一旦建立起来了，它对后来获得的信息的理解和组织，有着强烈的定向作用，人们会按照先入为主的第一印象来解释他人的行为。第一印象在人际交往中十分重要，那么在人际交往中，我们怎样努力给他人留下良好的第一印象，使自己与他人的关系一开始就有良好的开端呢？

伊根（Egan，1977）的研究发现，在同陌生人相遇时，按照SOLER模式表现自己，便可以明显提高他人对自己的接纳，并在他人心目中建立起良好的第一印象。SOLER是由五个英文单词的第一个字母拼合起来的：S表示“坐（或站）要面对他人”；O表示“姿势要自然开放”；L表示“身体要微微前倾”；E表示“目光接触”；R表示“放松”。这样会给人“我很尊重你、对你很有兴趣、我内心是接纳你的、请随意”的轻松、良好印象。

戴尔·卡内基（D. Cangie）在《怎样赢得朋友，怎样影响别人》一书中，根据大量实际生活的成功经验，总结出建立良好第一印象的五条途径如下：

（1）真诚地对别人感兴趣；

（2）微笑、多提别人的名字；

（3）做一个耐心的听者，鼓励别人谈他们自己；

（4）谈论符合别人感兴趣的话题；

（5）以真诚的方式让别人感到自身很重要。（转引自金盛华，2005）

只要我们在日常生活中努力多练习以上几点，就会给他人留下良好的第一印象。总之，如果我们能加强待人处世的性格修养，有一定的兴趣爱好，并且努力建立良好的第一印象就会成为一个有人际魅力的人。

二、建设温馨家庭的重要因素

传统上，家庭（family）一直是社会的经济、政治、社会生活的中心，婚姻是建立社会关系的主要途径。家庭具有两类重要功能：社会网络（social network）功能和个人需要（individual needs）功能。前者

涉及家庭成员的社会关系，后者是家庭成员的生理需要和情感需要。无论从哪个角度看，“家”应该是一个充满爱和呵护的地方。不管遇到什么风雨，“家”是一个避风港，是一个安全的地方。当我们迫切需要帮助时，家就是我们强大的后盾。家所给予我们的不应该是烦恼、叱责和争吵，而是爱、同情和鼓励。温馨的家庭就是有良好家庭氛围，会给我们带来幸福的家庭。这样的家庭是由哪些因素造成的呢？根据我国传统的家风建设，以下三点是很重要的。

（一）家和万事兴

俗话说：“家和万事兴。”这里所说的“和”，包含和睦、和美、和乐、和气、和洽、和善、和婉等意思。

“家和万事兴”，首先夫妻要和睦。“二人同心，其利断金。”（《易·系辞上》）意思是说两人心意相同、行动一致的力量犹如利刃可以截断金属。家庭中夫妻同心，力量无穷。这是家庭兴旺发达的根基。谚语还说：“三兄四弟一条心，门前泥土变黄金。”进一步说明一个家庭的兴旺发展，是与合家和睦分不开的。和睦的家庭中，人们相处融洽友爱，夫妻、父子、母女乃至婆媳之间都和气相处、互相尊重、互相体谅、互相照顾、互相克制和谦让，并且与左邻右舍之间也相处和洽。正如美国现代作家德莱塞所说：“和睦的家庭空气是世上的一种花朵，没有东西比它更温柔，没有东西比它更优美，没有东西比它更适宜于把一家人的天性培养得坚强、正直。”（转引自：柯楠.名人名言录.北京：华夏出版社，1997.）

家里人相处时，小摩擦、小矛盾甚至小冲突在所难免，要以和善的态度加以处理，要互相体贴、互相谅解；不要纠缠于小争执，互不相让，互相斗气。如果每个人都能退让一步，尽量不伤害对方的自尊心，那是最好的。随着时间的推移，一对充满爱意的夫妻可能会变得不幸福、不满意甚至互相憎恨，这是为什么呢？人非完人。随着时间的推移，个性中不好的一面会让人无法接受，原先看上去可爱的个性特征已让人感到讨厌，于是争吵或意见不合便随时会发生。这时，争强好胜、假装冲突不存在，或用侮辱性言语、暴力来反击对方，都是绝对错误的。这时你需要做的是冷静下来，仔细考虑一下这种行为将会带来什么后果，怎样把争吵引向建设性的方向，要以和婉商量的方式，设身处地替别人着想，来处理不同的意见，尽量使争吵向着和美的方向发展。表9-3是婚姻与家庭治疗师Jeff Herring关于增进婚姻中夫妻感情的十条建议，可供诸君参考。

表9-3 增进婚姻中夫妻感情的十条建议

1.要么正确，要么快乐——两者不能兼得。明智地做出选择吧。
2.学习合作这门艺术。
3.谈要紧的事。
4.欣赏对方会伴你们走得更远。
5.渴望被原谅，就先给予更多原谅吧。
6.多聆听言外之音，这不仅可以解决冲突，还会增进彼此的关爱。
7.多多鼓励爱人发展他/她的天分。
8.检查你们之间的沟通，多进行交心。
9.出现问题时要勇于承担责任。
10.不要以为结了婚你就知道如何过日子了。

［巴伦·伯恩.社会心理学（第十版）.黄敏儿等，译.上海：华东师大出版社，2003：435.］

尽管已经恶化了的婚姻关系很难改善，但如果条件允许，还是以“和为贵”，尽力加以挽救。离婚是一个伴随着消极情感以及经济问题的痛苦过程，但最容易受到伤害也最无辜的人是孩子。虽然有这样的经历，但大多数离婚的人（特别是男人）还会再次步入婚姻殿堂，重组一个新家庭。

（二）诚信传家宝

诚实守信是立身之本，是每一个人必须具备的道德素质和基本品格。如果一个人没有诚信，不仅不可能实现自我修身，形成健全的人格，而且也不可能取得事业上的真正成功。只有诚信，才能保证人生幸福顺利。

我国家庭历来十分重视诚信教育，把诚信视为传家宝。相传孔子的弟子曾参的妻子要到集市去，她的儿子哭闹着要跟着去；这位母亲

对孩子说：“你回去，等我回来杀猪给你吃。”她刚从集市回来，曾子便马上要去杀猪，他妻子说：“我不过是开个玩笑，你居然信以为真了。”曾子说：“在小孩面前是不能撒谎的，他年幼无知，经常从父母那里学知识、听教诲。如果我们现在说一些欺瞒他的话，等于是教他今后去欺骗别人。虽然做母亲的当时能哄得过孩子，但过后他知道受骗了，就不会再信妈妈的话了。这样一来，你就很难再教育好自己的孩子了。”这个故事说明传统家庭教育是十分重视诚信教育的。彭德怀元帅是我们十分敬仰的老一辈无产阶级革命家，原因之一是他那诚实、正直的伟大人格。在假话铺天盖地的日子里，他说了真话，在蒙受不白之冤时，他仍坚持说真话。一次，他指着茄子秧对侄女说：“茄子不开虚花，小孩不讲假话。”然后又指着自己说：“我这个老头子就像小孩一样不说假话。”话语朴素浅显，却把诚信是传家宝的意义说得很清楚：一是小孩不讲假话，二是成年人要起模范作用。

1.从小谨守的原则：勿以恶小而为之

绝大多数父母的心愿是孩子诚实守信，长大后成为堂堂正正的人。诚实守信的理念要从孩提时候开始培养，通过父母和老师的赏罚、教诲逐渐形成。我们应该让孩子知道，不论父母在平时有多么和蔼，都会坚持管教原则，有奖有罚，这才是对他们的真爱。父母教育孩子必须坚持原则，保持一致。孩子屡犯错误（如经常说谎）而不改，就应受到叱责或处罚，如果不忍看到孩子可怜兮兮的模样，而一时心软，处罚时半途而废，或允许孩子拒绝接受惩罚，或在孩子再度犯错时，故意佯装没有看到，这样处处向孩子退让，势必妨碍原本不难的管教工作。

总之，家庭管教就是要孩子从小谨守“勿以善小而不为，勿以恶小而为之”的原则。赏罚分明，言出必行。

2.给晚辈树立好榜样

诚信之所以能成为传家宝，还依赖于父母的榜样作用。如果做父母的、做师长的都能成为诚实守信的模范：言行一致，真诚不虚假；守信用，履行自己的诺言；守约，守时，守法；不自欺欺人，不欺骗他人；并且在自己的言行中期望孩子也像自己那样为人处世，那么孩子就会向着父母和师长所期望的那样去做。

3. 诚信的养成需要“自律”与“他律”

父母教育孩子诚信，最重要的是培养孩子的自律精神，能够自己管理自己，即使日后父母不在身边，他们也不讲假话，不是自己的东西不拿，做了错事要向别人道歉，等等。因此，父母应努力让孩子在日常生活中养成诚信的习惯。孩子在6岁以后已逐渐养成了道德观念，合理的惩罚会使他心服。但对于6岁以下的孩子，不宜采用“罪有应得”式的处罚，这种做法的副作用是容易使他形成自卑感。孩子诚信的养成，既要靠“他律”，又要靠“自律”，每个人都希望得到他人的尊重和信赖，而他人对我们的期待也就是诚信养成的他律条件。

（三）家国情怀的教育

家国情怀是指一个人对自己家庭和自己祖国所表现出来的深深的爱，是对家庭和国家所表现出来的责任和担当，把自己的事业和理想与我们国家的发展相结合，以及为了国家好、民族好、人类好而奉献自我的精神。这种高尚品格应当被纳入我们的家庭教育中。

1. 养成以家为事业的品格

家庭是孩子的第一所学校，父母是自己孩子的第一任教师。家庭教育关系到孩子的健康成长，家庭的幸福关系到我们民族和国家的未来。因此，我们必须养成以家为事业的品格。这种品格应当从孩子懂事的年龄开始抓起，让他们逐渐了解家中每一个成员都有义务使自己的家更加美好。要使我们的家更美好就需要父亲、母亲、自己、兄弟姐妹以及所有成员（如祖父、祖母等）的共同努力，大家都热爱这个家并承担起自己的责任。

以家为事业，必须坚持勤俭持家。随着全面实现小康社会的进程和人们生活水平的不断提高，越来越多的现代化设施、高档消费品都在吸引消费者。改善我们的生活必须从自己的条件出发，用平常心来看待生活，不要过度追求物质享受。正如郑板桥所说：“不奋苦而求速效，只落得少日浮夸，老来窘隘而已。”（《题画》）不经过艰苦的努

力，就想年轻时快速享受，到老来就落得窘困。

以家为事业，必须坚持仁爱慈善。从一个家来看，行仁施爱，首先要从家长做起，只有家长有一颗仁爱慈善的心，关爱他人，家庭其他成员才能仿效；这个家才会充满温暖、关怀和理解的仁爱慈善之风。这是我们幸福生活必不可少的条件。家庭是家情扎根的地方，夫妻相爱，一家人都会充满爱。但家庭中的爱不能偏心，要让每个人都觉得自己在家庭生活中是不可替代的。管教孩子必须有一些基本规矩，例如尊敬长辈，爱护同伴，不打人骂人，文明礼貌，行为要遵纪守法；管教孩子时要平心静气，注意方法，即使孩子多次犯错，也不能用打骂等粗暴办法来对待，要循循善诱。

2.树立把家庭事业作为国家事业、人类事业一部分的观念

以家为事业，就是把家庭的幸福与国家的繁荣昌盛、人类的福祉紧密联系在一起。家庭成员除了在家庭事业中负有责任外，对祖国的繁荣昌盛、人类的事业也有着同样的责任。天下兴亡，匹夫有责。要培养我们的下一代走出自我中心，为实现中国梦，为人类命运的共同事业而奋斗。我们的先辈早已有这种理想："安得广厦千万间，大庇天下寒士俱欢颜"（杜甫《茅屋为秋风所破歌》）。"先天下之忧而忧，后天下之乐而乐"（范仲淹《岳阳楼记》），以家为事业的品格就是从小就开始培养孩子爱家、爱祖国、爱人类的家国情怀。

那什么叫事业呢？事业不是一朝一夕的工作，而是持之以恒的追求；事业不是可有可无的应酬，而是矢志不移的奋斗。当我们心甘情愿地为家献出自己毕生的精力时，当我们能够从家中获得最大的幸福和愉悦时，当我们把爱家、爱国、爱人类作为统一的整体时，我们已经把家作为真正的事业了。以家为事业是"和为贵"、诚信的结晶。这样的家会给我们带来幸福美满的人生。

第四节　高效工作，享受生活

一、高效工作与幸福

2017年12月31日，习近平总书记在2018年新年贺词中说："幸福都是奋斗出来的。"幸福从来不会从天而降，全靠我们努力工作而达成。全心投入的工作所带来的那种精神充实与创造性成果让我们享受到无比的幸福。高效工作不仅是一种工作方式，更是一种个人的特质和能力的表现。在工作岗位上坚忍不拔，愈挫愈勇，不断激发内在的潜能，将让我们收获勇气和自信。一个幸福的人不仅停留在小我的满足上，更多体现在博爱与奉献上。寻求工作对他人和社会的价值和贡献将最大程度地让我们收获人生真正的意义。高效的工作方式也为我们赢得了更多的休闲时间，一个幸福的人，既能适应工作中的紧张和压力，又可以享受休闲生活中的点点滴滴。

二、高效工作的建议

当今社会的生活节奏越来越快，繁重的工作任务、巨大的业绩压力，迫使不少人经常夜以继日，废寝忘食地工作。我们总觉得自己每天都很忙很累，感觉付出了很多，但得到的回报却很少。其背后可能都是因为我们没有掌握提高工作效率的方法。高效工作就是在规定的工作时间内，保质保量地完成特定工作，既强调工作速度，又保障工作质量。每个人可用的时间是固定的，一天如此，一生也是如此，我们要找到一些工作中可遵循的规律，培养高效工作的习惯、掌握高效工作的方法，就可以在固定的时间内做出更好、更多的工作成果。如何才能做到高效工作呢？我们提出如下一些建议：

（一）做事情要有计划，提高自己的规划能力

凡事预则立，成功的人做事高瞻远瞩，规划的步骤循序渐进，计划有条不紊，合理紧凑，所以他们的时间更充足，能够在有效的时间内去高效地完成工作；做事情不光要有长远的计划，更要脚踏实地。

长远的计划需要细分到年度计划、月计划、周计划、日计划。工作计划一经确定，就应按计划行事，每日考核工作计划的完成情况，总结工作中的不足。只有具体的计划才是人行为最有效的动力，只有扎实迈好每一步，才会离成功越来越近。

（二）遇事分轻重缓急，最重要的事情首先做

工作中有些事情不是必须立即完成的，但有些事情是不做不行的。所以遇事要分清主次和轻重缓急，依次解决每件事情，每天上班之前学会先将自己要完成的工作按照重要程度排序，然后从最重要的开始完成，每天下班之前都回顾下当天急需完成的工作是否都已经完成。

（三）抗拒干扰，保持专注的工作状态

高效的工作需要专注度。如果在工作的时候被一些琐碎的事务打断，许多工作就只能重新来做。一条短信、一个电话、一个微信都可能使我们从专注的工作中分心。因此，我们在工作时间为了集中注意力，尽量屏蔽干扰源，如微信、QQ和邮件等，之后定期再进行查看。工作中，避免主动和同事探讨琐碎的话题，不要因为海聊而耽误了工作。同时要保持安静的工作环境，避免嘈杂的环境。

（四）提升自己的专业能力

能力是解决问题的保障，没有专业能力，提高工作效率无从谈起。你的专业能力越强，经验越丰富，那么你做一件相同的事情比别人消耗的时间就越少。

（五）学会和领导同事沟通

工作效率的提升需要学会沟通，每天花一定的时间与同事、上级沟通，以排除不必要的误解和重复，并且能够获取良好的外部环境支持和资源。拿到一项任务之后，先和领导进行沟通，当你明白了要做什么、怎么去做后再去行动，返工可能性就降低了，效率也就提高了。保持良好的沟通心态，并且学会倾听，相互帮助，共同推进工作的开展，这对提升工作效率有很大的作用。

（六）注意劳逸结合

工作是一项漫长的马拉松，不是短跑冲刺。从繁重的工作中解放自己，做一次彻底的放松，才能更有精力去工作。和朋友聊天、散步、锻炼、音乐、旅行等等，所有能让你放松的方式都可以是恢复你精力的有效方法。在长时间的工作之后，一定要给自己放松一段时间，把所有的工作放在一边，这是为了你下一个阶段更好地工作积蓄能量和精力。

三、学会享受生活

提高工作效率需要学会平衡工作和生活的关系。工作与生活，两者的地位一直是人们为之困扰的问题。有人被冠以"工作狂"，他们视工作如生命，争分夺秒，拼命工作；有人视工作如浮云，甚至干脆不工作，过起归隐生活；也不乏同时懂得工作与生活的重要性的人，却难以做到平衡。工作与生活如同人的双腿，只有双腿齐全，长短一致，才能走得更快、走得更稳、走得更远。那么如何有效地保证二者的平衡，做到高效工作的同时，能幸福地享受生活呢？简而言之，高效工作，快乐生活。高效工作使我们工作富有效率，为快乐生活提供强有力的时间保障。快乐生活让我们乐观地面对人生中的磨难与挫折，保持积极向上的风貌，为高效工作提供精神支柱。高效工作与快乐生活相辅相成，相互促进，相得益彰。

我们要学会转变生活态度，改变生活方式，将工作压力转化为动力。悲观者认为生活的本质是接受苦难，尽管期间有瞬息的幸福；乐观者认为生活是一场享受，而生活中的磨难让我们更加珍惜生活。生活态度决定生活方式；生活方式影响生活质量。生活态度的转变，非一朝一夕，可从改变生活方式着手，行为的渐进变化会影响个体的潜意识，进而我们的行为会越来越自然和轻松。要实现这一目标，可以先逐渐养成一些看起来简单却很难实施的生活习惯：如早睡早起，饮食规律。适应身体的生物钟，利用工作时间高效工作，改变暴饮暴食等不良饮食习惯，保持神清气爽的精神面貌；加强体育锻炼，强身健

体。锻炼身体是为了更高效的工作，是“磨刀不误砍柴工”的事情。选择自己喜欢又合适的锻炼方式，在锻炼身体的同时也放松了心情。生活中从不缺少美，而是缺少发现美的眼睛。所以，要学会关注生活中的美，主动探索身边美好的人和物，并记录下这些美好瞬间。

时间有限，精力有度，当今社会，工作节奏加快、工作压力增大，使得很多人不得不加班工作，拆东墙补西墙，利用工作时间谈情说爱，或占用休闲时光加班工作。“高效工作，快乐生活”就是平衡工作与生活的秘诀所在，也能够从根本上解决这些问题，既学会合理安排时间，通过高效的工作方法解决面临的难题，通过转变生活态度、改变生活方式让自己生活得更快乐，也使自己体验更多的幸福。

第五节　健全人格，幸福进取

一、健全人格的基本结构

（一）国外的有关研究

健全人格就是理想人格、优秀人格，不同的人格理论家用不同的术语表征它。奥尔波特（Allport，1961）认为人格有一个成熟的过程，健康成熟人格就是优秀人格，具有六项标准：①自我扩展能力；②与他人热情交往能力；③自我接纳能力和安全感；④实际的现实知觉；⑤自我客观化；⑥统一的人生哲学。马斯洛通过对林肯、爱迪生、爱因斯坦等名人的研究，认为这些人都是自我实现者，具有15项优秀的人格特征：①能准确地知觉现实；②悦纳自己、他人和周围世界；③能自然地表达自己的情绪和思想；④超越以自我为中心，而以问题为中心；⑤具有超越独立的性格；⑥对于自然条件和文化环境的自主性；⑦对平凡的事物不觉厌烦，对日常生活永感新鲜；⑧具有高峰经验；⑨爱人类并具有帮助人类的真诚愿望；⑩有至深的挚友，有亲密、温暖的家人；⑪有民主的性格，能尊重他人的人格；⑫道德标准明确，能区分手段与目的，绝不为达到目的而不择手段；⑬具有哲理的、善意的幽默感；⑭具有旺盛的创造力，不墨守成规；⑮对现有文化更具批判精神（转引自黄希庭，2002）。

积极心理学的倡导者（Peterson & Seligman，2004； Peterson & Park，2009）提倡的价值观—性格优势及美德的分类体系中包含了智慧（创造力、好奇心、思维广度、热爱学习、洞察力），勇气（本真、无畏、毅力、热忱），仁慈（善良、爱心、社会智力），正义（公平、领导力、团队合作），克己（宽容、稳重、谨慎、自控力），超然（欣赏、感恩、希望、幽默、虔诚）。这些品质都与幸福感和积极情绪有关（转引自 Alan Carr，著，丁丹等，译，2015）。

（二）西南大学心理学团队的研究

根据对孔子的“君子人格”和当代大学生对最佳心理健康者的期待，黄希庭（2003）开始了对健全人格的研究，历经十多年的潜心探索，发展出一个健全人格三因素模型。该模型认为可以用三个同心圆来表示健全人格的三因素结构：最里层的是正确的价值观，这是健全人格的核心；第二层是积极的自我观，这是健全人格的基础；第三层是追求未来梦想的优良品格，属于相对表层的要素。健全人格者能以辩证的态度看待世界、他人与自己，过去、现在和未来，顺境和逆境，是一个自爱、自立、自信、自省、自强的幸福进取者（黄希庭，陈红，2016）。我们认为价值观是人们用来区分好坏标准并指导行为的信念系统，它通常是富有情感的，并且为自认为正确的行为提供充分的理由。我们在评价一个人成功与否时，既不可以只看到他是否具有能力以及做出的成绩大小，也不可以仅仅看他是否够上进。评价一个人必须考察他的价值观是否正确，如果这个人拥有正确的价值观，他的能力很强，成就大，且上进，那么他对社会的贡献也就越大；相反如果这个人的价值观是错误的、扭曲的，他的能力很强，对社会的危害就越大。价值观是支配我们行为的一种内心尺度，渗透于人格的各个方面，决定着我们怎样度过自己的一生。就时间价值观而言，虽然时间无价，但人生苦短，我们对时间的洞悉是以价值来衡量的：过去、现在和将来，哪个时间最值得珍惜？短期、中期和长期，哪个时段最为珍贵？瞬间、即刻、不久，哪个片刻更重要？以上问题说明，

在生活中我们所做出的重大选择都取决于内心的时间价值观。这种选择也有正确与错误之分。例如，习惯性拖延的人在时间价值观上便存在偏差，这常常使得他们在人生选择上错失良机（苏缇，郭逸群，陈志毅，张顺民，黄希庭，冯廷勇，2018）；而有些人倾向于采用经济评价方式来衡量时间的价值，更不愿意花时间去做那些没有或缺乏经济回报的事情，这种选择倾向往往会减弱他们的人生满意度（李继波，黄希庭，2013，2017）。相反，正确的时间价值观会产生正确的时间决策，进而帮助我们从胜利走向胜利。正确的价值观对于健全人格者特别重要。积极的自我观就是个人积极主动地面对自己的人生。积极的自我观是一个系统，主要包括自爱、自立、自信、自省和自强。自爱就是个人悦纳自己，珍惜自己，对自己所具有的特征持积极的态度，包括对自己的身体、品德、能力、信誉、地位和前途的爱护和欣然接受；不因自己的优点而自命不凡，也不因自己的缺点而自卑自弃；努力发展其真实的自我。自立就是个人独立于自己过去依赖的事物，自己行动、自己做主、自己判断，对自己的言行负责。自立大致可分为身体自立、行动自立、心理自立、经济自立和社会自立。自信就是个人在认识自己的基础上充分信任自己，包括对自己的品德、知识、才能和前途等的信任。自省就是自我反省，自我提升，不断进取。自强就是个体面对挑战具有的积极向上，奋斗不止，永不言败的精神。健全人格者都有追寻未来的梦想。在追寻未来梦想的征途上，个人的一些品格如热爱学习、未来取向、善于实干、仁德之心、人际和谐、责任心、勇气、宽恕和共情等品格，对于梦想能否实现至关重要。

黄希庭、尹天子（2016）认为健全人格者也会有缺点甚至犯错误，但是他拥有远大的理想和抱负，自省机制能够及时修正其缺点和错误，从而能战胜人生道路上的各种困难，使其坚定不移地向着既定目标幸福进取。

二、优化人格的途径

人格是一个人自身稳定的行为方式及其内心活动。稳定的行为方式是指个体差异，同时这种个体差异具有跨时间、跨情境的一致性。人们的个体差异有多种多样的表现，例如表现在情绪稳定性、外倾性、经验开放性、宜人性和责任心上的个体差异，表现在价值观与性格优势和美德的分类体系上的个体差异，也表现在价值观、自我观和追寻理想品格上的个体差异，等等。这些个体差异，有的主要是遗传的结果，有的主要是环境造成的，而绝大多数则是遗传与环境交互作用的结果。我们的人格特征绝大多数是可以后天优化的。从自我发展的理论来看，人格优化主要是通过自我教育和自我监控而实现的。

（一）自我教育与优化人格

多读书、读好书不仅可以增加一个人的知识素养，而且可以陶冶情操、优化人格。孔子十分强调学习的重要性，他郑重其事地告诫子路："好仁不好学，其蔽也愚；好知不好学，其蔽也荡；好信不好学，其蔽也贼；好直不好学，其蔽也绞；好勇不好学，其蔽也乱；好刚不好学，其蔽也狂。"（《论语·阳货》）孔子不尚空言，但有过"好思不好学"的教训："吾尝终日不食，终夜不寝，以思，无益，不如学也。"（《论语·卫灵公》）高尔基说："热爱书吧——这是知识的泉源！只有知识才是有用的，只有它才能使我们在精神上成为坚强、忠诚和有理智的人，成为能够真正爱人类、尊重人类劳动，衷心地欣赏人类那不间断的伟大劳动所产生的美好果实的人。"（《高尔基论青年》）优秀的文学作品，特别是其中优秀人物的性格，以及古今中外的名人传记，老一辈无产阶级革命家的回忆录，以及英雄人物的传记，对于青年的性格潜移默化地起着感染和熏陶作用。培根甚至说得更明确："读史使人明智，读诗使人灵秀，数学使人周密，哲学使人深刻，伦理学使人庄重，逻辑、修辞学使人善辩。"（《培根论说文集》）多读书、读好书确实是陶冶情操、优化人格的重要途径，从教育心理学的角度来看，这属于自我教育的研究领域。

自我教育（self-education）指通过自主学习来培养自己的过程，主要包含自我观察、自我评价和动机。自我观察（self-observation）是个人依据书中的标准对自己行为的诸方面进行审视并做出积极或消极

的反应。自我判断（self-judgment）就是将自己当前的行为与目标相比较。获得自我评价标准的一个重要途径是对书中榜样的观察。符合目标进程的自我反应可以激励行为，认为自己正在取得令人满意的进步，再加上对实现目标的积极预期，都可以有助于自我效能感的提高和动机的维持。看书活动可分为外部动机和内部动机。外部动机是指个人从事看书活动是为了看书以外的原因，即把看书活动视为达到某种其他目的的手段，如想得到某个物体、分数、表扬，或能够去做其他的活动。如果读书学习是为了使父母高兴或得到老师的表扬，那他的学习动机便是外部动机。内部动机则存在于读书学习本身，如向书中的榜样学习的动机。读书活动既是目的又是手段，这种奖励可导致胜任感、自我满足感或自豪感。

如果读者有兴趣进行心理学研究，可以对初中生、高中生和大学生的课外读书情况进行调查：他们最喜欢阅读哪些课外读物？他们从读书中所产生的自我观察、自我评价及学习动机各有哪些特点？作为教师和家长，从中可以得到哪些启示来指导学生的课外阅读？

（二）自我监控与优化人格

陶冶情操、优化人格都不是一朝一夕之事，而是需要长时期的磨练。无论是优良性格的养成或是改掉性格上的缺点，都需要长时期的磨练才能达成。在优化人格的过程中，最常见的毛病是操之过急。当发现自己性格上的缺点之后，有不少人总想经过一阵子的努力便能改变自己，经过几次努力，缺点仍没有克服，优良性格也没有形成，于是便心灰意懒，失去了优化人格的信心。造成这种半途而废的原因，是由于他们对人格特征的形成规律缺乏了解。人格特征（包括优良的和不良的）的形成都是个人素质与环境交互作用的结果，是长期形成的，有相当的稳定性。因此优化人格特征必须依靠个人持之以恒的自我调控才能取得成效。

自我调控（self-monitoring）是指个人监测和控制自己的知情意行来达到自己设定的目标。如果说我们的各种心理活动是不同的乐器在演奏，那么自我调控就是音乐指挥家。自我控制的关键作用是对心理活动加以监测并根据需要加以调控。陈安涛等人研究发现，善于自我调控的人可以通过注意选择机制协调不同的心理活动，使它们统一服务于特定任务目标（Hu，Wang，Zhang，Hu，Chen，2017）。而优化人格的自动调控主要有两个结构：自省和进取心。

自省（self-reflection）就是自我反省，是指个体通过内心的自我剖析、自我检查、自我监督，以“旁观者”的视角对自我进行审视，探求其优缺点，达到自我提高的心理活动。“旁观者”可以是“客体自我”，也可以是“理想自我”或“应该自我”。孔子说：“见贤思齐焉，见不贤而内自省也。”（《论语·里仁》）看到优秀的人，便想想如何向他看齐；看到不好的人，便反省自己，自己是否也有类似的问题。曾子说：“吾日三省吾身。”（《论语·学而》）都是说要经常反省自己，并从自省中获得优化人格的力量。那么自省为什么会在优化人格中起着特别重要的作用呢？首先个人外部表现的人格特征是由其内在人格特征支配的；只有通过个人的自我剖析、自我检查，不断净化心灵，才能形成高尚纯洁的立身处世信念，人格才会得到优化。其次，自省是一种以理想自我或应该自我严格监督自我的过程，即使独自一人工作，也严于律己，管束自己，能真正做到《礼记·中庸》中说的“莫见乎隐，莫显乎微”。所谓“莫见乎隐”是说，不要以为没有人看见，就放纵自己；而“莫显乎微”是指，在微小的事情上也不要放松自己，自省能起到防微杜渐的作用。第三，自省是个人主动积极向上的活动，它会激励人采取有关方法使优化人格的理想得以实现。例如雷锋、王杰、焦裕禄用写日记促进自省来优化人格；历史上还有许多英雄人物以各种座右铭来警戒和鞭策自己。

进取心（enterprising spirit）就是积极主动，立志有所作为的人生态度。它对于个人的生活和事业能否成功起着决定性的作用。积极主动的人认为命运掌握在自己手中，自己有勇气并且能够改变事情的发生和发展；消极被动的人总是等待命运的安排或他人的相助，逆来顺受，无所作为。这种积极主动为自己设定工作目标、勇担责任、不断改进工作方法去取得成果的进取心，正是新时代许多先进工作者的人

生态度。进取心还也体现为高水平的创新能力，也即创新素质。西南大学邱江团队认为，创新素质的核心是创造性思维，其中既包括发散思维、聚合思维、顿悟能力、直觉、想象能力、发现问题、推理等，也包括最基本的认知能力，如注意等。人格是创新素质的基础，包括开放性人格、好奇心、模糊容忍、新异寻求、幽默、自恋等。他们从动态变化的角度揭示了大脑特定功能网络的连接模式与创造性的关系，证明了高创造性能力的个体确实“大脑更加灵活易变”（Sun et al.，2018）。那么进取心是怎样培养出来的呢？以下四点十分重要。一是要养成以乐观的心态面对人生各种事情的习惯。人生随时都会遇到困难，关键是态度。面对困难或挫折，消极态度的人，就会悲观失望、颓丧、缺乏安全感，导致事业失败；而积极进取的人则以不屈不挠、坚忍不拔的勇气面对困难去夺取胜利。二是从小事做起，养成进取的习惯。我们的小学应当鼓励学生自主学习，学会自己的事自己负责、自己解决，养成旺盛的进取习惯。三是要树立人生的远大理想。人活着就是要追求理想，就是要实现自己的人生价值。我们的人生理想就是实现中华民族伟大复兴的中国梦，把个人的追求与祖国的繁荣昌盛紧密地结合在一起。四是抓住机遇，在实践中取得成功。生命中随处是机遇。当前“大众创新，万众创业”是机遇，生态文明建设是机遇，脱贫致富也是机遇，只要我们做出了充分的准备，就应积极抓住机遇。在实践中取得成功是对进取心的最佳奖励，会更加激发进取心。

幸福与进取是紧密联系在一起的。为了幸福生活，我们积极进取，在获得成功的道路上我们体验着幸福。幸福永远属于不断进取的人们！

附　录

城市幸福指数量表

请仔细阅读以下每一个题目，并逐题按照自己的实际情况诚实作答，看懂题目后在后面相对应的空格内打“√”。请注意：答案无对错之分，无须过多思考，根据自己的第一印象选最符合自己的选项即可。

题　项	非常不符合	比较不符合	不确定	比较符合	非常符合
1. 总的来说，我对现在的生活感到满意。					
2. 我觉得我的日子过得比别人好。					
3. 跟过去相比，我现在的生活更幸福。					
4. 我觉得自己将来的生活会更幸福。					
5. 我对自己有意义的生活感到满意。					
6. 我常常感到快乐。					
7. 我对自己过去的生活感到满意。					
8. 我对我们这里的政务公开（或村务公开）程度感到满意。					
9. 我对我们这里的水和空气质量感到满意。					
10. 我对我们这里的文化娱乐活动感到满意。					
11. 我对自己工作的经济收入感到满意。					
12. 我的婚姻关系（恋爱关系）很好。（未婚或无男女朋友的不答此题）					
13. 我对我们家庭的收支状况感到满意。					
14. 我对我们这里的食品和药品是放心的。					
15. 我常常感到精力充沛。					
16. 我至少有一个好朋友。					

续表

题　项	非常不符合	比较不符合	不确定	比较符合	非常符合
17. 在生活中,我觉得压力不是很大。					
18. 我睡眠充足(每天大约睡7至8个小时)。					
19. 我经常锻炼身体。					
20. 我不担心自己将来的经济状况。					
21. 我对自己基本政治权利(比如选举权和被选举权、监督权、言论自由等)的行使能够得到保障感到满意。					
22. 遇到法律纠纷,我相信我们这里的司法部门会做出公正的裁决。					
23. 我对我们这里人们的文明程度感到满意。					
24. 我对我们这里的社会保障体系感到满意。					
25. 我家周围绿化环境挺好。					
26. 我对自己的住房感到满意。					
27. 在我们这里,即使晚上单独走路回家也是安全的。					
28. 与其他地方相比,我更喜欢我们这个地方的文化。					
29. 我们这里的人情味比较浓。					
30. 我和同事相处得很好。					
31. 我和街坊邻居的关系融洽。					
32. 我喜欢这里的文化氛围。					
33. 我和家人的关系融洽。					
34. 我相信我们这里的政府在执政活动中是为民着想的。					
35. 我觉得我们这里的政府对犯罪分子的打击是动了真格的。					

计分方式

非常不符合=1分，比较不符合=2分，不确定=3分，比较符合=4分，非常符合=5分；反向计分题的计分方式相反，即非常不符合=5

分，……，非常符合=1分。

问卷说明

幸福指数是衡量个人主观幸福感的测量指标数值。城市幸福指数是衡量城市各阶层民众生活幸福程度的主观指标的测量数值。

《城市幸福指数问卷》将幸福指数分为总体幸福指数和领域幸福指数两方面。其中总体幸福指数包括总体生活满意度、情绪满意度、生活意义满意度、横向和纵向比较的生活满意度；领域幸福指数包括经济生活满意度、政治生活满意度、文化生活满意度、健康状态满意度、环境生活满意度和人际关系满意度。

总体幸福指数

总体生活满意度，包含题项1；

情绪满意度，包含题项6；

意义满意度，包含题项5；

横向比较满意度，包含题项2；

纵向比较满意度，包含题项3、4、7。

领域幸福指数

经济生活满意度，包含题项11、13、20、26；

政治生活满意度，包含题项8、21、22、24、34、35；

文化生活满意度，包含题项10、23、28、32；

健康状态满意度，包含题项15、17、18、19；

环境生活满意度，包含题项9、14、25、27、29；

人际关系满意度，包含题项12、16、30、31、33。

青少年理想身体自我量表

请仔细阅读以下每一个项目，并逐题按照自己的实际情况诚实作答，看懂题目后在后面相对应的空格内打“√”。请注意：答案无对错之分，无需过多思考，根据自己的第一印象选最符合自己的选项即可。

男性理想身体自我量表

	非常不符合	比较不符合	不确定	比较符合	非常符合
腿修长					
线条明显					
性感					
有魅力					
鼻子高					
运动的					
黑色头发					
健康					
肌肉凸出					
胸部大					
强壮					
高大					
眼睛大					
双眼皮					
短发					
眉毛浓					

女性理想身体自我量表

	非常不符合	比较不符合	不确定	比较符合	非常符合
胸部大					
性感					
丰满					
线条明显					
臀宽					

续表

	非常不符合	比较不符合	不确定	比较符合	非常符合
有魅力					
双眼皮					
黑色头发					
匀称					
皮肤细腻					
健康					
皮肤白					
腰细					
苗条					
长发					
腿修长					
鼻子高					
骨感					
瓜子脸					
眼睛大					

计分方式

非常不符合=1分，比较不符合=2分，不确定=3分，比较符合=4分，非常符合=5分：反向计分题的计分方式相反，即非常不符合=5……非常符合=1分。

问卷说明

理想身体自我是个体对自己最想拥有的身体状态的认知和评价。

（1）男性理想身体自我量表有四个因素：

因素1　性感魅力，包含腿修长、线条明显、性感、有魅力、鼻子高；

因素2　运动健康，包含运动的、黑色头发、健康；

因素3　高大力量，包含肌肉凸出、胸部大、强壮、高大；

因素4　浓眉大眼，包含眼睛大、双眼皮、短发、眉毛浓。

（2）女性理想身体自我量表有四个因素：

因素1　性感魅力，包含胸部大、性感、丰满、线条明显、臀宽、有魅力；

因素2　匀称健康，包含双眼皮、黑色头发、匀称、皮肤细腻、健康；

因素3　苗条飘逸，包含皮肤白、腰细、苗条、长发、腿修长；

因素4　洋气骨感，包含鼻子高、骨感、瓜子脸、眼睛大。

参考文献

巴伦,伯恩.(2004).*社会心理学(下册)*(黄敏儿等译).上海:华东师范大学出版社.

毕重增,张萍,朱晓菲.(2012).自尊对主观幸福感的影响:有调节的中介效应.*心理科学*,3,683-686.

毕重增.(2017).*自信与社会适应*.北京:科学出版社.

毕重增.(2009).*自信品格的养成*.合肥:安徽教育出版社.

蔡华俭,黄玄凤,宋海荣.(2008).性别角色和主观幸福感的关系模型:基于中国大学生的检验.*心理学报*,4,474-486.

蔡玲丽.(2010).高校教师职业幸福感的影响因素及增进策略.*教育理论与实践*,36,39-41.

操凯,杨宁.(2014).广东省欠发达地区幼儿园骨干教师职业幸福感现状及其影响因素——基于社会质量理论的视角.*学前教育研究*,2,12-20.

柴唤友,孙晓军,牛更枫,崔曦曦,连帅磊.(2016).亲子关系、友谊质量对主观幸福感的影响:间接效应模型及性别差异.*中国临床心理学杂志*,3,531-534.

陈成文,黄利平.(2019).论住房保障与实现新时代“弱有所扶”.*城市发展研究*,26(3),1-5.

陈国富.(2012).以民生为发展导向提升城乡居民幸福指数.*河南科技学院学报:社会科学*,9,61-64.

陈红,冯文峰,黄希庭.(2006).青少年理想身体自我量表编制.*心理科学*,29(5),1190-1193.

陈开亮.(2013).大学生性别角色态度与主观幸福感关联性研究.*中国学校卫生*,4,496-497.

陈来.(2015).*中华文明的核心价值:国家流变与传统价值观*.北京:生活·读书·新知三联书店.

陈璐,王威海.(2013).性别、婚姻与主观幸福感.*理论界*,12,74-79.

陈楠.(2011).*基于幸福指数指向的民生政策改善问题研究*(博士学位论文).东北财经大学,大连.

陈宁.(2013).*嵌入日常生活中的宗教皈信——社会变迁中的城市基督徒研究*(博士学位论文).吉林大学,长春.

陈宁.(2009).少数民族大学生的心理特征及教育方法探析.*康定民族师范高等专科学校学报*,6,82-84.

陈咏媛.(2006).中学生同伴关系与其幸福感的关系研究.*医学与社会*,8,42-43.

陈志霞,李启明.(2014).不同年龄群体大五人格与幸福感关系.*心理与行为研究*,5,633-638.

程翠萍.(2013).*中学生饮食健康信念的问卷编制及其特点分析*(硕士学位论文).西南大学,重庆.

池丽萍.(2016).中国人婚姻与幸福感的关系:事实描述与理论检验.*首都师范大学学报:社会科学版*,1,145-156.

池丽萍.(2014).婚姻会使人幸福吗:实证结果和理论解释.*首都师范大学学报:社会科学版*,1,136-144.

崔昌水.(2013).*体育锻炼行为与陕西省城市老年人口身心健康和主观幸福感的关系*(硕士学位论文).电子科技大学,西安.

崔红,王登峰.(2005).人格维度与自我和谐的相关研究.*中国心理卫生杂志*,6,370-372.

崔月琴,刘秀秀.(2008).从“单位人”到“自由人”——我国自由职业者生存特征的社会学分析.*福建论坛:人文社会科学版*,12,133-137.

戴廉.(2006).幸福指数量化和谐社会.*瞭望*,11,24-26.

戴燕.(2008).青海省基督教徒宗教皈依原因分析.*青海社会科学*,

6,156-160.

董文慧,丁晓莉.(2012).末代80后大学生幸福指数影响因素的实证分析.*新西部*,20,137.

范能濬.(2004).*范仲淹全集*(薛正兴注).南京:凤凰出版社.

房玄龄.(2015).*管子*.上海:上海古籍出版社.

风笑天,易松国.(2000).城市居民家庭生活质量:指标及其结构.*社会学研究*,14,107-118.

冯友兰.(2013).*中国哲学简史*(涂又光译).北京:北京大学出版社.

傅安国,黄希庭.(2018-3-5).开展心理精准扶贫,破解时代贫困难题.*中国社会科学报*.

高椿雷.(2008).*宗教信仰与主观幸福感的相关研究*(硕士学位论文).江西师范大学,南昌.

高红莉,张东,许传新.(2014).住房与城市居民主观幸福感实证研究.*调研世界*,11,18-24.

葛伶俊,张瑾.(2009).近年来住房保障制度研究综述.*边疆经济与文化*,2,78-80.

葛腾飞,陈莹莹,周燕芳,强茹娟.(2016).教育程度,健康状况与居民幸福感——基于CGSS 2013的实证分析.*宿州学院学报*,2,53-56.

耿义.(2009).*大学生主观幸福感特点及其与体育锻炼的关系研究*(硕士学位论文).辽宁师范大学,大连.

顾朝林.(1991).中国城市经济区划分的初步研究.*地理学报*,2,129-141.

顾伟民.(2011).农民体育健身工程实效性建设提升农民幸福指数的实证分析.*体育与科学*,1,60-63.

官皓.(2011).收入对幸福感的影响研究:绝对水平和相对地位.*南开经济研究*,5,56-70.

郭永玉.(2015).人格研究中国化的奠基之作——黄希庭先生《探究人格奥秘》读后.*心理发展与教育*,4,510-512.

郭永玉,胡小勇.(2015).个人幸福·社会公平·世界和平——心理学家的人文情怀.*华东师范大学学报:教育科学版*,2,55-64.

郭永玉.(2010).从社会和个人层面认识幸福.*党政干部参考*,9,36-38.

郭永玉,李静.(2009).武汉市居民幸福感现状的调查与思考.*华中师范大学学报:人文社会科学版*,6,136-140.

郝大海.(2009).*社会调查研究方法(第二版)*.北京:中国人民大学出版社.

何贵兵,张玮,成龙.(2011).中国文化价值观和未来时间取向对幸福感的影响.*应用心理学*,3,250-256.

何元斌.(2010).保障性住房政策的经验借鉴与我国的发展模式选择.*经济问题探索*,6,164-170.

洪昭光.(2000).健康的四大基石:合理膳食适量运动戒烟限酒心理平衡.*健康顾问*,2,4-5.

洪成玉.(2010).*谦词敬词婉词词典(增补本),自序*.北京:商务印书馆.

胡大源,夏雨春,杨子霄.(2011).幸福在哪里?——CCTV经济生活大调查发现的中国幸福观.*中国经济周刊*,2,20-31.

胡洪曙,鲁元平.(2012).公共支出与农民主观幸福感——基于CGSS数据的实证分析.*财贸经济*,10,23-33.

胡昭曦.(2001).西部大开发与巴蜀文化研究.*社会科学研究*,5,76-80.

胡大一.(2010).*国人健康手机号*.北京:人民军医出版社.

扈中平.(2008).教育何以能关涉人的幸福.*教育研究*,11,30-37.

黄嘉文.(2013).教育程度,收入水平与中国城市居民幸福感:一项基于CGSS 2005的实证分析.*社会*,5,181-203.

黄希庭,陈红.(2016).点燃心灵:心理学研究与教学的契合——黄希庭教授专访.*苏州大学学报(教育科学版)*,1,57-64.

黄希庭,郑涌.(2015).*心理学导论(第三版)*.北京:人民教育出版社.

黄希庭.(2014a).*探究人格奥秘*.北京:商务印书馆.

黄希庭.(2014b).*探究心理时间*.北京:商务印书馆.

黄希庭,李继波,刘杰.(2012).城市幸福指数之思考.*西南大学学报:社会科学版*,5,83-91.

黄希庭.(2002).*人格心理学*.杭州:浙江教育出版社.

黄希庭,苏彦捷.(2010).*心理学与人生*.广州:暨南大学出版社.

黄希庭,郑涌,李宏翰.(2006).学生健全人格养成教育的心理学观点.*广西师范大学学报:哲学社会科学版*,3,90-94.

黄希庭.(2003).《自信及其培养》序,见 车丽萍(著),*自信心及其培养*.北京:新华出版社.

黄希庭.(2010).*健全人格与心理和谐*.重庆:重庆出版社.

黄燕芬,唐将伟,张超.(2018).住房保障发展不平衡不充分:表现、成因与对策.*国家行政学院学报*,6,108-112.

黄永明,何凌云.(2013).城市化,环境污染与居民主观幸福感——来自中国的经验证据.*中国软科学*,12,82-93.

黄有光.(2008).快乐应是人人与所有公共政策的终极目的.*经济学家茶座*,5,4-14.

江宜霖,高媛媛,胡媛艳,黄希庭.(2014).幸福感,自强与成就动机的相关性.*心理研究*,3,22-26.

姜彩芬.(2009a).面子文化产生根源及社会功能.*广西社会科学*,3,116-120.

姜彩芬.(2009b).面子与消费——基于结构方程模型的实证分析.*广州大学学报:社会科学版*,10,55-60.

蒋奖,宋玥,邱辉,时树奎.(2012).大学生物质主义价值观,自尊与幸福感的关系.*中国特殊教育*,8,74-77.

金生鈜.(2009).教育如何促进人的幸福.*华东师范大学学报:教育科学版*,3,12-19.

金盛华.(2005).*社会心理学*.北京:当当教育出版社.

康君.(2011).幸福指数研究的不同视角及国际比较.*数据*,6,62-63.

康廷虎，曹彦.(2015).大学生基督教徒的宗教态度与主观幸福感：自尊与社会支持的中介作用.*中国临床心理学杂志*，1，133-136.

柯华.(2012).落实公共卫生服务，提高群众幸福指数.*中国农村卫生事业管理*，9，903-905.

柯楠.(1997).*名人名言录*.北京：华艺出版社.

乐正.(2006-06-22).幸福指数的构成和影响因素.*南方日报*.

李朝霞.(2012).温州城市外来务工者生活质量与幸福指数现状调查.*浙江社会科学*，9，144-149.

李朝霞.(2011).温州城市居民幸福指数现状调查与研究.*浙江社会科学*，6，148-152.

李春玲.(2004).社会群体的收入差异：两极分化还是多层分化——观察中国社会收入差距的另一视角.*战略与管理*，3，68-79.

李昊，叶苑秀，张卫.(2010).当前研究生的精神信仰及其与健康，主观幸福感的关系.*华南师范大学学报：社会科学版*，4，60-64.

李后建.(2013).门当户对的婚姻会更幸福吗？——基于婚姻匹配结构与主观幸福感的实证研究.*人口与发展*，2，56-65.

李继波，黄希庭.(2017).时间定价激活经济效用心理定势.*西南大学学报：社会科学版*，43(3)，103-107.

李继波，黄希庭.(2013).时间与幸福的关系：基于跟金钱与幸福关系的比较.*西南大学学报：社会科学版*，39(1)，76-82.

李继学.(2012-09-29).进一步完善低保政策和资金保障工作.*中国财经报*.

李嘉美，等.(2010).*幸福书*.北京：人民出版社.

李晶.(2012).社会保障水平对国民幸福感的影响研究.*重庆与世界*，8，31-35.

李静，郭永玉.(2011).如何破解中国的“幸福悖论”.*华中师范大学学报：人文社会科学版*，6，155-160.

李静，郭永玉.(2010).收入与幸福的关系及其现实意义.*心理科学进展*，7，1073-1080.

李静,郭永玉.(2008).收入与幸福感关系的理论.*心理研究*,1,28-34.

李静,郭永玉.(2007).金钱对幸福感的影响及其心理机制.*心理科学进展*,6,974-980.

李莉,孙绪武.(2002).*实用社会调查*.广州:暨南大学出版社.

李萍.(2008).自由职业者现状,存在的问题及建议.*合作经济与科技*,20,30-32.

李庆波.(2009).*大学生生活应激、社会支持与心理幸福感之关系研究*(硕士学位论文).河北师范大学,石家庄.

李实,马欣欣.(2006).中国城镇职工的性别工资差异与职业分割的经验分析.*中国人口科学*,5,2-13.

李涛,史宇鹏,陈斌开.(2011).幸福经济学视角下的中国城镇居民住房问题.*经济研究*,9,69-82.

李维.(2006).*社会心理学新发展*.上海:上海教育出版社.

李艳兰.(2010).自我效能感,婚姻调适,职业压力与中小学班主任主观幸福感的关系.*中国临床心理学杂志*,3,363-365.

李艳玲.(2006).城市居民主观幸福感特点及影响因素研究(硕士学位论文).曲阜师范大学,曲阜.

李原.(2014a).青年在职者的物质主义价值观及其影响.*青年研究*,6,39-45.

李原.(2014.6).物质主义价值观与幸福感和人际信任的关系研究.*华东师范大学学报:人文社会科学版*,6,175-180.

李源潮.(2009).坚持民主公开竞争择优推进干部人事制度改革.*党建研究*,11,14-20.

李桢业.(2008).城市居民幸福指数的省际差异——沿海地区12省(区,市)城市居民统计数据的实证分析.*社会科学研究*,3,41-48.

李志勇,吴明证,张爱群.(2011).心理资本与工作满意度、生活满意度的关系:工作家庭促进的中介作用.*中国临床心理学杂志*,6,818-820.

李开复.(2005).*做最好的自己*.北京:人民出版社.

梁纪文.(2007).中年人亚健康状态形成原因探讨.*中国临床医生*,11,9-11.

梁丽萍.(2004).*中国人的宗教心理:宗教认同的理论分析与实证研究*.北京:社会科学文献出版社.

梁漱溟.(2005).*梁漱溟全集*.济南:山东人民出版社.

林建树.(2012).为自己喝彩——悦纳自我.*中小学心理健康教育*,13,26-27.

林江,周少君,魏万青.(2012a).税收政策促进了城镇居民收入及其合理分配吗?——来自CGSS 2006微观数据的经验证据.*财政监督*,9,12-17.

林江,周少君,魏万青.(2012b).城市房价,住房产权与主观幸福感.*财贸经济*,5,114-120.

凌东山,王树涛,张德美.(2008).大学生主观幸福感的性别特征研究.*中国健康心理学杂志*,4,55-56.

凌辉,黄希庭.(2009).高低自立水平儿童的自我概念特点的研究.*中国临床心理学杂志*,6,742-744.

刘海强.(2014).*农村居民宗教信仰的现状及其与主观幸福感关系研究*(硕士学位论文).山东大学,济南.

刘慧君.(2011).婚姻与心理福利的性别差异性分析.*中国人口科学*,5.

刘建华,王智慧,梁海源.(2009).后奥运时期北京市女性居民幸福指数及生活满意度状况的研究.*成都体育学院学报*,10,12-15.

刘杰,李继波,黄希庭.(2012).城市幸福指数问卷的编制.*西南大学学报:社会科学版*,5,92-99.

刘米娜,杜俊荣.(2013).住房不平等与中国城市居民的主观幸福感——立足于多层次线性模型的分析.*经济经纬*,5,117-121.

刘修通,马仁锋.(2012).基于公众参与的幸福指数指标体系实证研究——以浙江省慈溪市为例.*浙江万里学院学报*,5,6-10.

刘晓芹.(2005).*医学生心理健康及其与人格特征的关系*(硕士学位

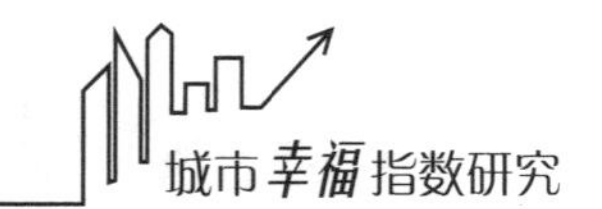

论文).山东师范大学,济南.

柳卓霞.(2010).等级制度下婚姻与幸福的背驰——《霍小玉传》的悲剧意蕴新探.*社会科学论坛*,2,49-54.

龙宝新.(2008).教育如何成就学生的幸福——兼论为了幸福的教育何以可能.*陕西师范大学学报:哲学社会科学版*,1,15-20.

娄伶俐.(2009).*主观幸福感的经济学理论与实证研究*(博士学位论文).复旦大学,上海.

鲁元平,张克中.(2010).经济增长,亲贫式支出与国民幸福——基于中国幸福数据的实证研究.*经济学家*,11,5-14.

陆洛.(1997).中国人幸福感之内涵,测量及相关因素探讨.*国家科学委员会研究组汇刊(人文及社会科学)*,1,115-137.

陆铭,陈钊,严冀.(2004).收益递增、发展战略与区域经济的分割.*经济研究*,1,54-63.

陆学艺.(2002a).*当代中国社会阶层研究报告/中国社会阶层研究丛书*.北京:社会科学文献出版社.

陆学艺.(2002b).当代中国社会十大阶层分析.*学习与实践*,3,55-63.

罗楚亮.(2006a).教育,收入与主观幸福感.*理工高教研究*,1,1-5.

罗楚亮.(2006b).城乡分割,就业状况与主观幸福感差异.*经济学季刊*,*3*,817-840.

罗楚亮.(2009).绝对收入,相对收入与主观幸福感——来自中国城乡住户调查数据的经验分析.*财经研究*,11,79-91.

罗涢.(2012).*城市居民幸福指数测度指标体系方案研究*(硕士学位论文).重庆工商大学,重庆.

罗燕.(2012).西安市郊县农民宗教信仰与总体幸福感,心理控制源的关系研究.*中国健康心理学杂志*,1,64-65.

罗扬眉,李宝林,刘杰,毕重增,黄希庭.(2015).幸福感的静息态功能磁共振成像低频振幅.*科学通报*,2,170-178.

罗扬眉.(2014).*幸福感的神经机制:来自多模态神经成像的证据*

(博士学位论文).西南大学,重庆.

罗永艾.(2010).*健康来自衣食住行*.重庆:重庆出版社.

马丽.(2011).*感恩与主观幸福感:中介效应和调节效应的探讨*(硕士学位论文).南京大学,南京.

马华.(1997).怎样掌握运动强度.*新体育*,12,47.

马敏娜.(2005).*中国三大区域幸福指数比较研究*(硕士学位论文).南昌大学,南昌.

毛小平.(2013).住房产权,社会和谐与居民幸福感研究.*统计与决策*,3,88-91.

孟建伟.(2010).教育与幸福——关于幸福教育的哲学思考.*教育研究*,2,28-33.

孟润堂,惠震,黎媛,刘冰.(2012).基层护士幸福指数与工作满意度关系的研究.*海南医学*,13,124-126.

孟绍兰.(2005).*情绪心理学*.北京:北京大学出版社.

孟唯一.(2013a).浅谈宗教信仰对幸福感的影响.*民族论坛*,1,98-101.

孟唯一.(2013b).宗教信仰与幸福感:以拉萨市为例.*中国宗教*,5,58-59.

梅多,卡霍.(1990).*宗教心理学*(陈麟书等译).成都:四川人民出版社.

倪鹏飞,李清彬,李超.(2012).中国城市幸福感的空间差异及影响因素.*财贸经济*,5,9-17.

宁琳映.(2015).城镇居民住房面积对个人主观幸福感的影响——基于中国综合社会调查(CGSS)2010数据的实证研究.*传承*,8,120-123.

诺丁斯.(2003).*学会关心——教育的另一种模式*.北京:教育科学出版社.

欧阳淞.(2007).努力开创基层党的建设新局面.*求是*,22,16-20.

潘晨璟,陈红,蒋霞霞,杨江丽,王春.(2010).中学女生身体不满意的认知取向干预.*心理发展与教育*,26(2),169-175.

潘谷颖,潘乃林.(2012).护士主观幸福感和婚姻质量的相关性研究.*上海护理*,1,27-30.

潘文卿,李子奈.(2007).中国沿海与内陆间经济影响的反馈与溢出效应.*经济研究*,5,69-77.

裴志军.(2010).家庭社会资本,相对收入与主观幸福感:一个浙西农村的实证研究.*农业经济问题*,7,22-29.

彭洪淑,梁云.(2000).巴渝文化与重庆经济的发展.*渝州大学学报:社会科学版*,4,56-60.

彭凯平,窦东徽,刘肖岑.(2011).幸福科学:问题、探索、意义及展望.*清华大学学报(哲学社会科学版)*,6,118-124.

彭宜钟,童健,吴敏.(2014).究竟是什么推动了我国经济增长方式转变?*数量经济技术经济研究*,6,20-35.

彭入义.(2001).正确面对现实——心理健康的基石.*心理与健康*,7,37.

戚海峰.(2009).中国人消费行为中的面子问题探究.*湖北大学学报:哲学社会科学版*,1,120-125.

钱铭怡,张光健.(2000).大学生性别角色量表(CSRI)的编制.*心理学报*,1,99-104.

邱美珠.(2006).*城市弱势群体的成因及对策分析——以S市下岗失业人员为例*(硕士学位论文).华中师范大学,武汉.

全国人大财经委员会中国民生指数课题组.(2011).2010年中国城市居民幸福感调查.*理论动态*,1,33-44.

任国强,桂玉帅,刘刚.(2012).收入对主观幸福感的影响——国际的经验与国内的证据.*经济问题探索*,7,23-32.

任海燕,傅红春.(2011).收入与居民幸福感关系的中国验证——基于绝对收入与相对收入的分析.*南京社会科学*,12,15-21.

阮荣平,郑风田,刘力.(2011).宗教信仰,宗教参与与主观福利:信教会幸福吗?*中国农村观察*,2,74-86.

芮明杰,詹文静,陈杰.(2008).跨区域发展战略对房地产企业绩效的影响——基于房地产上市公司的实证研究.*中国工业经济*,8,56-64.

石艳玲.(2006).大学生性别角色类型及相关因素研究综述.*山东理工大学学报:社会科学版*,5,97-100.

史继红,王昆,李成文,葛欣,楚园园.(2014).慢性广泛性疼痛患者的临床特征,焦虑抑郁及述情障碍.*中国临床心理学杂志*,1,107-109.

史占彪,祝卓宏,闫洪丰.(2007a).心理科学与文化建设研讨会纪要.*心理科学进展*,4,475-492.

苏缇,郭逸群,陈志毅,张顺民,黄希庭,冯廷勇.(2018).拖延的脑机制:基于大尺度脑网络的分析.*中国科学:生命科学*,48,1-12.

孙凤.(2007a).性别、职业与主观幸福感.*经济科学*,1,95-106.

孙凤.(2007b).主观幸福感的结构方程模型.*统计研究*,2,27-32.

孙庆洲,王军.(2012).身体健康状况,幸福感和生活质量的关系研究.*文教资料*,3,189-191.

孙伟增,郑思齐.(2013).住房与幸福感:从住房价值,产权类型和入市时间视角的分析.*经济问题探索*,3,1-9.

谭广,谭红,马卫平.(2009).关于健康第一基本理念的思考.*体育学刊*,16,46-49.

唐家林,李祚山,张小艳.(2012).大学生积极心理资本与主观幸福感的关系.*中国健康心理学杂志*,7,1105-1108.

陶美珍.(2007).可支配住房用户比对国民幸福的影响分析.*南京社会科学*,11,23-27.

陶涛,李丁.(2015).夫妻职业相对地位与家庭幸福感关系研究.*人口研究*,3,74-86.

田国强,杨立岩.(2006).对"幸福——收入之谜的一个解答.*经济研究*,11,4-15.

托尼,丁开杰.(2005).社会排斥,贫困和失业.*经济社会体制比较*,3,8-15.

王登峰,崔红.(2008).中国人的人格特点(Ⅵ):人际关系.*心理学探*

新,4,41-45.

王发渭,郝爱真,王治宽.(2006).试论老年人疾病特点和中医用药原则.*中华中医药杂志*,4,203-206.

王丽.(2010).中国非省会地级市发展评价研究(硕士学位论文).燕山大学,秦皇岛.

王秋,邢占军.(2008).年龄与城市居民主观幸福感关系的初步研究.*学习与实践*,6,85-91.

王彤,黄希庭,毕翠华.(2014).身体健康对中国人幸福感的影响:宗教信仰的调节作用.*中国临床心理学杂志*,6,1053-1056.

王巍.(2012).青年军官婚姻质量与主观幸福感的关系研究.*中国健康心理学杂志*,1,35-37.

王武林.(2012).中国老年人的宗教信仰与主观幸福感.*中国老年学杂志*,12,2569-2572.

王璇,马琪山.(2015).甘肃天水地区老年基督教徒宗教卷入与主观幸福感的关系.*中国老年学杂志*,20,226-228.

王志平.(2007).审慎看待"幸福指数".*上海市经济管理干部学院学报*,3,1-6.

王祖山,王竞.(2019).共享住房:保障性居住资源生成与配置的新路.*中南民族大学学报(人文社会科学版)*,39(2),101-106.

魏后凯,高春亮.(2012).中国区域协调发展态势与政策调整思路.*河南社会科学*,1,73-81.

温家宝.(2012).2010年政府工作报告.http://www.china.com.cn/policy/txt/2010-03/15/content_19612372.htm.

吴明隆.(2010).*结构方程模型——AMOS的操作与应用(第二版)*.重庆:重庆大学出版社.

吴启富,马立平.(2008).北京市城镇居民年龄别幸福感差异分析.*首都经济贸易大学学报*,5,75-78.

吴启富.(2008).北京居民幸福指数的编制方法及变动分析.*现代商贸工业*,12,117-119.

吴伟炯,刘毅,路红,谢雪贤.(2012).本土心理资本与职业幸福感的关系.*心理学报*,10,1349-1370.

夏凌翔,耿文超.(2012).个人自立与自我图式、他人图式.*心理学报*,4,478-488.

夏凌翔,黄希庭,万黎,杨红升.(2011).大学生的自立人格与现实问题解决.*心理发展与教育*,1,52-57.

夏凌翔,石绪亮.(2011).汶川地震灾后初中生自立人格与社会支持的关系.*中国学校卫生*,32(05),560-561.

项曼君,孟琛,陈璇.(1995).1992—1993北京老年人生活变化初析.*人口研究*,2,67-69.

项曼君,吴晓光,刘向红.(1995).北京市老年人的生活满意度及其影响因素.*心理学报*,4,397-399.

邢占军.(2011).我国居民收入与幸福感关系的研究.*社会学研究*,1,196-219.

邢占军,刘相.(2008).*城市幸福感:来自六个省会城市的幸福指数报告*.北京:社会科学文献出版社.

邢占军.(2008).基于六省会城市居民的主观幸福感研究.*心理科学*,6,1484-1488.

邢占军.(2003).*中国城市居民主观幸福感量表的编制研究*(博士学位论文).华东师范大学,上海.

邢占军,金瑜.(2003).城市居民婚姻状况与主观幸福感关系的初步研究.*心理科学*,6,1056-1059.

徐东.(2012).二三线城市产业集群问题研究.*商场现代化*,24,87.

徐景安.(2013).幸福中国:新改革的旗帜与目标.*教育研究与评论*,5,12-17.

许强.(2007).现代中年人亚健康状态与运动健身.*首都体育学院学报*,2,123-125.

许淑莲,吴志平,吴振云,孙长华,张瑶.(2003).成年人心理幸福感的年龄差异研究.*中国心理卫生杂志*,3,167-171.

轩希.(2012).离退休老年人社会支持,自尊与心理健康的相关理论研究.*产业与科技论坛*,3,124–125.

严翅君.(2010).全面小康社会的幸福指数构成探讨.*唯实*,5,10–16.

杨伯峻.(1960).*《孟子》译注*.北京:中华书局.

杨存田.(2001).土地情结——中国文化的一个重要原点.*北京大学学报:哲学社会科学版*,5,104–113.

杨继生,徐娟,吴相俊.(2013).经济增长与环境和社会健康成本.*经济研究*,12,17–29.

杨玲,李毅,张娟娟.(2013).宗教信仰对少数民族大学生心理健康和主观幸福感的影响.*当代教育与文化*,9,55–57.

杨晓晖.(2005).*高中生社会支持对主观幸福感的影响研究*(硕士学位论文).南京师范大学,南京.

杨学军,洪炜.(1996).北京市东城区离退休老年人健康状况分析.*中国心理卫生杂志*,6,258–260.

杨扬,郑兴山.(2007).幸福法则与性别差异——基于中国城市居民的实证调查.*上海管理科学*,6,78–81.

杨玉文,翟庆国.(2016).城市环境对居民幸福感的作用机理研究.*生态经济*,3,194–197.

杨智辉,王建平.(2011).癌症患者情绪状况及其影响因素分析.*中国临床心理学杂志*,1,72–74.

杨作毅.(2008).北京居民幸福指数的调查与分析.*统计与决策*,5,96–98.

姚本先,石升起,方双虎.(2011).生活满意度研究现状与展望.*学术界*,8,218–227.

于静.(2015).*高中生友谊质量的现状及其与一般自我效能感、主观幸福感的关系*(硕士学位论文).河南大学,开封.

于天琪.(2011).*社会经济地位与幸福感的相关研究*(博士学位论文).吉林大学,长春.

余楚修.(2000).巴渝文化刍议.*重庆师范大学学报:哲学社会科学版*,2,3-12.

余英.(2014).教育如何影响幸福——教育、公共教育支出与主观幸福的研究进展.*北京大学教育评论*,3,105-120.

俞灵燕.(2011).提升城市居民幸福指数的调查与思考——以绍兴为例.*调研世界*,1,25-29.

俞灵燕,王岚.(2010).“幸福指数”编制及指标体系建构探析.*统计科学与实践*,10,23-25.

袁鸣,付少平.(2013).试论客观因素对城市居民幸福感的影响——基于CGSS 2006年的调查数据.*才智*,33,341-342.

袁绍明.(2014).浅论政治清明.*网友世界*,17,162-162.

袁正,郑勇,韩骁.(2012).城市规模与居民幸福感的关系.*城市问题*,5,29-33.

约翰·辛德勒.(2007).*病由心生*(杨玉功等译).北京:中国言实出版社.

曾昱,夏凌翔.(2013).中学生自立人格与主观幸福感的关系:心理资本与感恩的中介效应.*西南师范大学学报(自然科学版)*,38(12),145-151.

张爱莲,黄希庭.(2010).从国内有关研究看经济状况对个体幸福感的影响.*心理科学进展*,7,1068-1072.

张超,黄燕芬,杨宜勇.(2018).住房适度保障水平研究——基于福利体质理论视角.*价格理论与实践*,(10),20-25.

张贵良,雷韬,梁海梅.(1996).婚姻幸福及其相关因素的研究.*社会学研究*,4,109-119.

张国槐.(2011-12-16).自由职业者基本情况、存在问题及对策建议.*江淮时报*.

张汉,张登国.(2007).从社会心理学视角探讨中国城市“房奴”现象.*河北科技大学学报:社会科学版*,2,33-37.

张厚粲.(2010).“为了中国人民的幸福和尊严——心理学解读与建

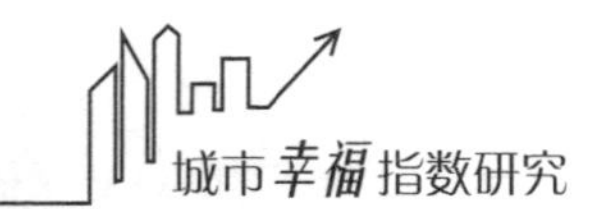

议”研讨会发言纪要.*心理科学进展*,7,1027-1040.

张静.(2009).*当代大学生儒道传统价值观与心理健康的关系研究*(博士学位论文).吉林大学,长春.

张倩妹,邢占军.(2008).当前城市青年群体主观幸福感研究.*山东省青年管理干部学院学报:青年工作论坛*,3,20-25.

张荣山,南振梅,李文秋.(2012).河北居民幸福指数调查分析.*统计与管理*,5,68-70.

张荣山,南振梅.(2011).河北城市居民幸福指数及指标体系的构建.*河北广播电视大学学报*,6,55-57.

张伟胜.(2006).*传统人生哲学智慧散论*.杭州:浙江大学出版社.

张西超,胡婧,宋继东,张红川,张巍.(2014).小学教师心理资本与主观幸福感的关系:职业压力的中介作用.*心理发展与教育*,2,200-207.

张翔,李伦一,柴程森,马双.(2015).住房增加幸福:是投资属性还是居住属性?*金融研究*,10,17-31.

张向葵,田录梅,暴占光,闻明晶.(2006).男女两性在文化震荡,心理健康及其关系中的差异比较.*心理科学*,2,336-340.

张兴贵,郭扬.(2011).企业员工人口学变量、工作特征与主观幸福感的关系:工作压力的作用.*心理科学*,5,1151-1156.

张兴贵,郑雪.(2005).青少年学生大五人格与主观幸福感的关系研究.*心理发展与教育*,2,98-103.

张学志,才国伟.(2011).收入、价值观与居民幸福感——来自广东成人调查数据的经验证据.*管理世界*,9,63-73.

张焰,黄希庭.(1999).试论低自我价值感者成就动机的特点.*西南大学学报:社会科学版*,4,82-86.

张云武.(2015).不同职业阶层的幸福感,获得路径及演变趋势——基于浙江省五个地区的实证分析.*浙江社会科学*,8,140-150.

赵斌,李燕,张大均.(2012).川渝地区特殊教育学校教师职业幸福感状况及影响因素的研究.*中国特殊教育*,1,42-46.

赵丽.(2012).从“房奴”现象看居民消费观念的变化.*中国集体经*

济,3,24-25.

赵林.(2005).*西方宗教文化*.武汉:武汉大学出版社.

赵云猛.(2008).心理与生理的相互关系及对健康的影响.*中国冶金工业医学杂志*,3,285-286.

赵卓嘉.(2012).面子理论研究述评.*重庆大学学报:社会科学版*,5,128-137.

郑萍.(2012).“房奴”的媒介形象分析.*今传媒*,4,153-154.

郑玉香,范秀成.(2011).炫耀性购买行为的社会心理动因与管理启示——基于中国文化背景的多角度解析.*北京工商大学学报:社会科学版*,3,7-11.

周春平.(2013).收入,收入满意度对居民主观幸福感影响实证研究——来自江苏的证据.*南京航空航天大学学报:社会科学版*,1,40-44.

周国庆.(2011).身心健康与幸福感之我见.*科技信息*,34,222.

周四军,庄成杰,刘红,袁鹏.(2008).湖南省国民幸福指数NHI的统计测度与评价.*消费经济*,4,90-93.

朱从书,刘陈陵.(2008).大学生身体满意度对幸福感的影响.*中国健康教育*,24(1),40-41.

朱建芳,杨晓兰.(2009).中国转型期收入与幸福的实证研究.*统计研究*,4,7-12.

朱民阳.(2011).以人民幸福评估发展——幸福江阴综合评价指标体系构建的实践与思考.*行政管理改革*,3,75-78.

朱英.(2007).近代中国自由职业者群体研究的几个问题——侧重于律师,医师,会计师的论述.*华中师范大学学报:人文社会科学版*,4,65-73.

庄成杰.(2009).我国国民幸福指数的统计测评(博士学位论文).湖南大学,长沙.

邹红兵.(2011).我国农村居民收入水平与幸福感关系研究综述.*安徽农业科学*,22,13803-13804.

左西年,张喆,贺永,臧玉峰.(2012).人脑功能连接组:方法学,发展轨线和行为关联.*科学通报*,35,3399-3413.

Aaker, J., Rudd, M., & Mogilner, C.(2011).If Money Doesn't Make You Happy, Consider Time.*Journal of Consumer Psychology*.2,126-130.

AlanCarr.(2015).*积极心理学(第二版)*(丁丹等译).北京:中国轻工业出版社.

Alesina, A., Di Tella, R., & Macculloch, R.(2004).Inequality and Happiness: Are Europeans and Americans Different? *Journal of Public Economics*,9,2009-2042.

Alfonso, V.C., Allison, D.B., Rader, D.E, & Gorman, B.S.(1996).The Extended Satisfaction with Life Scale: Development and Psychometric Properties.*Social Indicators Research*,*3*,275-301.

Andrews, F.M., & Mckennell, A.C.(1980).Measures of Self-Reported Well-Being: Their Affective, Cognitive, and Other Components.*Social Indicators Research*,*2*,127-155.

Andrews, F.M., & Withey, S.B.(1976).*Social Indicators of Well-Being: Americans' Perceptions of Life Quality*.New York: Plenum Press.

Angner, E.(2010).Subjective Well-Being.*TheJournal of Socio-Economics*,3,361-368.

Argyle M.(2013).*The psychology of happiness*(2*ed.*).London: Routledge.

Ball, R., & Chernova, K.(2008).Absolute Income, Relative Income, and Happiness.*Social Indicators Research*,3,497-529.

Belloc, N.B., Breslow, L.(1972).Relationship of physical health status and health practices .*Preventive Medicine*,*3*,409-421.

Bennett, P.*Abnormal and Clinical Psychology: An Introductory Textbook*.陈传锋等.(2005).*异常与临床心理学*.北京:人民邮电出版社.

Bergmann, B.R.(1974).Occupational Segregation, Wages and Profits when Employers Discriminate by Race or Sex.*Eastern Economic Journal*,2,103-110.

Berridge, K.C., & Kringelbach, M.L. (2013).Neuroscience of Affect: Brain Mechanisms of Pleasure and Displeasure.*Current Opinion in Neurobiology*,3,294–303.

Berridge, K.C., Ho, C., Richard, J.M., & Difeliceantonio, A.G. (2010). The Tempted Brain Eats: Pleasure and Desire Circuits in Obesity and Eating Disorders.*Brain Research*,1350,43–64.

Bjørnskov, C., Dreher, A., & Fischer, J.A. (2010).Formal Institutions and Subjective Well–Being: Revisiting the Cross–Country Evidence.*European Journal of Political Economy*,4,419–430.

Blanchflower D G. (2009).*International Evidence on Well–being//Measuring the Subjective Well–Being of Nations: National Accounts of Time Use and Well–being*.Chicago: University of Chicago Press.

Blanchflower, D.G., & Oswald, A. (2000).The Rising Well–Being of the Young.In D.G.Blanchflower, & R.B.Freeman (Eds.), *Youth Employment and Joblessness in Advanced Countries*.Chicago: University of Chicago Press.

Borgonovi, F. (2008).Doing Well by Doing Good.The Relationship Between Formal Volunteering and Self–Reported Health and Happiness.*Social Science & Medicine*,11,2321–2334.

Brody, L.R., & Hall, J.A. (2000).Gender, Emotion, and Expression.In M.Lewis & J M Haviland–Jones (Eds.), *Handbook of Emotions* (*2nd Ed*). New York: Guilford Press.

Brown, K.W., & Ryan, R.M. (2003).The Benefits of Being Present: Mindfulness and Its Role in Psychological Well–Being.*Journal of Personality and Social Psychology*,4,822.

Brown, N.J.L., Macdonald, D.A., Samanta, M.P., Friedman, H.L., & Coyne, J.C. (2016).More Questions than Answers: Continued Critical Reanalysis of Fredrickson et al.'s Studies of Genomics and Well–Being.*PloS ONE*, 6,E0156415.

Brown, P.H., & Tierney, B. (2009).Religion and Subjective Well–Being

Among the Elderly in China.*The Journal of Socio-Economics*,2,310-319.

Brown, W.M.(1995).Personal Best.*Journal of the Philosophy of Sport*, 1,1-10.

Broyd, S.J., Demanuele, C., Debener, S., Helps, S.K., James, C.J., & Sonuga- Barke, E.J. (2009).Default- Mode Brain Dysfunction in Mental Disorders: A Systematic Review.*Neuroscience & Biobehavioral Reviews*, 3, 279-296.

Campbell, A., Converse, P.E., & Rodgers, W.L.(1976).*The Quality of American Life: Perceptions, Evaluations, and Satisfactions*.New York: Russell Sage Foundation.

Carlsson, F., & Qin, P.(2010).It Is Better to Be the Head of a Chicken than the Tail of a Phoenix: Concern for Relative Standing in Rural China.*The Journal of Socio-Economics*,39,180-186.

Carr, A.(2005).*Positive Psychology*(*2nd Ed.*)(丁丹等译).北京:中国轻工业出版社.

Chirkov, V.R., Richard, M., Kim, Y., & Kaplan, U.(2003).Differentiating Autonomy from Individualism and Independence: A Self-Determination Theory Perspective on Internalization of Cultural Orientations and Well-Being.*Journal of Personality and Social Psychology*,1,97.

Cohen S, Pressman S D.(2006).Positive affect and health.Current Directions in Psychological Science,15(3):122-125.

Coombs, R.H.(1991).Marital Status and Personal Well-Being: A Literature Review.*Family Relations*,1,97-102.

Costa, P.T., Mccrae, R.R., & Dye, D.A.(1991).Facet Scales for Agreeableness and Conscientiousness: A Revision of the NEO Personality Inventory.*Personality and Individual Differences*,9,887-898.

Costa, P.T., & Mccrae, R.R.(1980).Influence of Extraversion and Neuroticism on Subjective Well- Being: Happy and Unhappy People.*Journal of Personality and Social Psychology*,38,668-678.

Coyne, J.C. (2013).Highly Correlated Hedonic and Eudaimonic Well-Being Thwart Genomic Analysis.*Proceedings of the National Academy of Sciences of the United States of America*, 45, E4183.

Craig, W. (1918).Appetites and Aversions as Constituents of Instincts. *The Biological Bulletin*, 2, 91-107.

Crawford Solberg, E., Diener, E., Wirtz, D., Lucas, R.E., & Oishi, S. (2002).Wanting, Having, and Satisfaction: Examining the Role of Desire Discrepancies in Satisfaction with Income.*Journal of Personality and Social Psychology*, 3, 725.

Csikszentmihalyi, M., & Hunter, J. (2003).Happiness in Everyday Life: The Uses of Experience Sampling.*Journal of Happiness Studies*, 2, 185-199.

Cummins, R.A. (2000).Objective and Subjective Auality of Life: An Interactive Model.*Social Indicators Research*, 1, 55-72.

Cuñado, J., & De Gracia, F.P. (2013).Environment and Happiness: New Evidence for Spain.*Social Indicators Research*, 3, 549-567.

Cuñado, J., & De Gracia, F.P. (2012).Does Education Affect Happiness? Evidence for Spain.*Social Indicators Research*, 1, 185-196.

Cunningham, W.A., & Kirkland, T. (2014).The Joyful, yet Balanced, Amygdala: Moderated Responses to Positive but Not Negative Stimuli in Trait Happiness.*Social Cognitive and Affective Neuroscience*, 6, 760-766.

De Graaf, J. (2003).*Take Back Your Time: Fighting Overwork and Time Poverty in America*.Berrett-Koehler Publishers.

De Neve, J.E., Christakis, N.A., Fowler, J.H., & Frey, B.S. (2012). Genes, Economics, and Happiness.*Journal of Neuroscience, Psychology, and Economics*, 4, 193.

Deneve, K.M., & Cooper, H. (1998).The Happy Personality: A Metanalysis of 137 Personality Traits and Subjective Well-Being.*Psychological Bulletin*, 124, 197-229.

Devoe, S.E., & House, J. (2012).Time, Money, and Happiness: How

Does Putting a Price on Time Affect Our Ability to Smell the Roses? *Journal of Experimental Social Psychology*, 2, 466–474.

Devoe, S.E., & Pfeffer, J. (2009). When Is Happiness about how much You Earn? The Effect of Hourly Payment on the Money—Happiness Connection. *Personality and Social Psychology Bulletin*, 12, 1602–1618.

Devoe, S.E., & Pfeffer, J. (2007). Hourly Payment and Volunteering: The Effect of Organizational Practices on Decisions about Time Use. *Academy of Management Journal*, 4, 783–798.

Devoe, S.E., & Pfeffer, J. (2007). When Time Is Money: The Effect of Hourly Payment on the Evaluation of Time. *Organizational Behavior and Human Decision Processes*, 1, 1–13.

Di Tella, R., & Macculloch, R. (2005). The Consequences of Labor Market Flexibility: Panel Evidence Based on Survey Data. *European Economic Review*, 5, 1225–1259.

Diener, E., Inglehart, R., & Tay, L. (2013). Theory and Validity of Life Satisfaction Scales. *Social Indicators Research*, 3, 497–527.

Diener, E. (2012). New Findings and Future Directions for Subjective Well–Being Research. *AmericanPsychologis*, 8, 590–597.

Diener, E., & Chan, M.Y. (2011). Happy People Live Longer: Subjective Well - Being Contributes to Health and Longevity. *Applied Psychology: Health and Well - Being*, 1, 1–43.

Diener, E. (2009). *The Science of Well–Being: The Collected Works of Ed Diener.* Springer Science & Business Media.

Diener, E., Oishi, S., & Lucas, R.E. (2003). Personality, culture, and subjective well–being: emotional and cognitive evaluations of life. *Annual Review of Psychology, 1*, 403–425.

Diener, E., & Biswas–Diener, R. (2003). *Findings on Subjective Well–Being and Their Implications for Empowermen.* Paper Presented at the Workshop on "Measuring Empowerment: Cross–Disciplinary Perspectives",

World Bank, Washington DC.

Diener, E. (2000).Subjective Well- Being: The Science of Happiness and a Proposal for a National Inedx.*American Psychologist*, 1, 34–43.

Diener, E., Gohm, C.L., Suh, E., & Oishi, S.(2000).Similarity of the Relations Between Marital Status and Subjective Well–Being Across Cultures. *Journal of Cross–Cultural Psychology*, 4, 419–436.

Diener, E., & Oishi, S.(2000).Money and Happiness: Income and Subjective Well–Being Across Nations.*Culture and Subjective Well–Being*, 185–218.

Diener, E., Suh, E.M., Lucas, R., & Smith, H.(1999).Subjective Well–Being: Three Decades of Progress.*Psychological Bulletin*, 2, 273–302.

Diener, E., Diener, M., & Diener, C.(1995).Factors Predicting the Subjective Well–Being of Nations.*Journal of Personality and Social Psychology*, 5, 851–864.

Diener, E., Sandvik, E., Seidlitz, L., & Diener, M.(1993).The Relationship Between Income and Subjective Well–Being: Relative or Absolute? *Social Indicators Research*, 3, 195–223.

Diener, E., Emmons, R.A., Larsen, R.J, & Griffin, S.(1985).The Satisfaction with Life Scale.*Journal of Personality Assessment*, 1, 71–75.

Easterlin, R.(1974).Does Economic Growth Improve the Human Lot? Some Empirical Evidence.In P.A.David, &W.M.Reder (Eds.), *Nations and Households in Economic Growth*.New York: Academic Press.

Easterlin, R.A., Morgan, R., Switek, M., & Wang, F.(2012).China's Life Satisfaction, 1990–2010.*Proceedings of the National Academy of Sciences*, 25, 9775–9780.

Easterlin, R.A., Mcvey, L.A., Switek, M., Sawangfa, O., & Zweig, J.S.(2010).The Happiness—Income Paradox Revisited.*Proceedings of the National Academy of Sciences*, 52, 22463–22468.

Easterlin, R.A.(2001).Income and Happiness: Towards a Unified Theory. *The Economic Journa*, 473, 465–484.

Easterlin, R.A. (1995). Will Raising the Incomes of All Increase the Happiness of All? *Journal of Economic Behavior & Organization*, 1, 35–47.

Ebert, U., & Welsh, H. (2009). How Do Europeans Evaluate Income Distributions? An Assessment Based on Happiness Surveys. *Review of Income and Wealth*, 3, 801–819.

Ellison, Craig W, & Paloutzian, Raymond F. (1979). Religious experience and quality of life. In Raymond F. Paloutzian (Chair), Spiritual well-being, loneliness, and perceived quality of life. *Symposium presented for The American Psychological Association, New York, September.*

Ellison, Craig W, & Paloutzian, Raymond F. (1978). Assessing quality of life: Spiritual well-being and loneliness. *Paper presented for The American Psychology Association, Toronto, August.*

Ensel, W.M., & Lin, N. (1991). The Life Stress Paradigm and Psychological Distress. *Journal of Health and Social Behavior*, 321–341.

Evans, J.A., Kunda, G., & Barley, S.R. (2004). Beach Time, Bridge Time, and Billable Hours: The Temporal Structure of Technical Contracting. *Administrative Science Quarterly*, 1, 1–38.

Fehr E., & Schmidt, K. (1999). A Theory of Fairness, Competition and Cooperation. *Quarterly Journal of Economics*, 3, 817–868.

Ferrer-I-Carbonell, A. (2005). Income and Well-Being: An Empirical Analysis of the Comparison Income Effect. *Journal of Public Economics*, 5, 997–1019.

Fiori, K.L., Smith, J., & Antonucci, T.C. (2007). Social Network Types Among Older Adults: A Multidimensional Approach. *The Journals of Gerontology Series B: Psychological Sciences and Social Sciences*, 6, 322–330.

Firebaugh, G., & Schroeder, M.B. (2009). Does Your Neighbor's Income Affect Your Happiness? *AJS; American Journal of Sociology*, 3, 805–831.

Fordyce, M.W. (1988).A Review of Research on the Happiness Measures: A Sixty Second Index of Happiness and Mental Health.*Social Indicators Research*, 4, 355-381.

Frank, R.H., & Sunstein, C.R. (2001).Cost-Benefit Analysis and Relative Position.*The University of Chicago Law Review*, 2, 323-374.

Fredrickson, B.L., Grewen, K.M., Coffey, K.A., Algoe, S.B., Firestine, A. M., Arevalo, J.M., Cole, S.W. (2013).A Functional Genomic Perspective on Human Well-Being.*Proceedings of the National Academy of Sciences of the United States of America*, 33, 13684-13689.

Fredrickson, B.L., & Losada, M.F. (2005).Positive Affect and the Complex Dynamics of Human Flourishing.*American Psychologist*, 7, 678.

Frey, B.S, & Stutzer, A. (2002).What Can Economists Learn from Happiness Research? *Journal of Economic Literature*, 2, 402-435.

Frey, B.S., & Stutzer, A. (2000).Happiness, Economy and Institutions. *The Economic Journal*, 466, 918-938.

Gerdtham, U.G., & Johannesson, M. (2001).The Relationship Between Happiness, Health, and Socio-Economic Factors: Results Based on Swedish Microdata.*The Journal of Socio-Economics*, 6, 553-557.

Glenn, N.D., & Weaver, C.N. (1988).The Changing Relationship of Marital Status to Reported Happiness.*Journal of Marriage and the Family*, 2, 317-324.

Glenn, N.D., & Weaver, C.N. (1981).The Contribution of Marital Happiness to Global Happiness.*Journal of Marriage and the Family*, 1, 161-168.

Glenn, N.D. (1975).The Contribution of Marriage to the Psychological Well-Being of Males and Females.*Journal of Marriage and the Family*, 3, 594-601.

Graham, C. (2005).The Economics of Happiness: Insight on Globalization from a Novel Approach. *World Economics*, 3, 41-55.

Graham, C., Eggers, A., & Sukhtankar, S. (2004).Does Happiness

Pay? An Exploration Based on Panel Data from Russia.*Journal of Economic Behavior & Organization*, 3, 319–342.

Graham, C., & Pettinato, S. (2001). Happiness, Markets, and Democracy: Latin America in Comparative Perspective. *Journal of Happiness Studies*, 3, 237–268.

Greenbaum, C.J. (2012). Dead or Alive? *Diabetes Care*, 3, 459–460.

Guriev, S., & Zhuravskaya, E. (2009). (Un) Happiness in Transition. *The Journal of Economic Perspectives*, 2, 143–168.

Gustafsson, B., & Li, S. (2000). Economic Transformation and the Gender Earnings Gap in Urban China. *Journal of Population Economics*, 2, 305–329.

Haber, S.N., & Knutson, B. (2010). The Reward Circuit: Linking Primate Anatomy and Human Imaging. *Neuropsychopharmacology*, 1, 4–26.

Hagerty, M.R., & Veenhoven, R. (2003). Wealth and Happiness Revisited–Growing National Income Does Go with Greater Happiness. *Social Indicators Research*, 1, 1–27.

Hamann, S., & Canli, T. (2004). Individual Differences in Emotion Processing. *Current Opinion in Neurobiology*, 2, 233–238.

Hartog, J., & Oosterbeek, H. (1998). Health, Wealth and Happiness: Why Pursue a Higher Education? *Economics of Education Review*, 3, 245–256.

Headey, B., & Wearing, A. (1989). Personality, life events, and subjective well–being: Toward a dynamic equilibrium model. *Journal of Personality and Social Psychology*, 4, 731–739.

Hektner, J.M., Schmidt, J.A., & Csikszentmihalyi, M. (2007). *Experience Sampling Method: Measuring the Quality of Everyday Life*. Thousand Oaks, CA: Sage.

Heller, A.S., Van Reekum, C.M., Schaefer, S.M., Lapate, R.C., Radler, B.T., Ryff, C.D., & Davidson, R.J. (2013). Sustained Striatal Activity Predicts Eudaimonic Well-Being and Cortisol Output.*Psychological Science*, 0956797613490744.

Helliwell, J.F., Layard, R., & Sachs, J.(2014). *World Happiness Report* 2013.Earth Institute, Columia University.

Helliwell, J.F., & Huang, H.(2008).How's Your Government? International Evidence Linking Good Government and Well-Being.*British Journal of Political Science*, 4, 595-619.

Hessami, Z. (2011).Globalization's Winners and Losers—Evidence from Life Satisfaction Data, 1975-2001.*Economics Letters*, 3, 250-253.

Hills, P., & Argyle, M. (2001).Happiness, Introversion- Extraversion and Happy Introverts.*Personality and Individual Differences*, 4, 595-608.

Hills, P., & Argyle, M. (1998).Positive Moods Derived from Leisure and Their Relationship to Happiness and Personality.*Personality and Individual Differences*, 3, 523-535.

Hsee, C.K., Yang, Y., Li, N., & Shen, L.(2009).Wealth, warmth, and well-being: Whether happiness is relative or absolute depends on whether it is about money, acquisition, or consumption.*Journal of Marketing Research*, 46(3), 396-409.

Hu, M., Wang, X., Zhang, W., Hu, X., & Chen, A.(2017).Neural interactions mediating conflict control and its training——induced plasticity.*Neuroimage*, 163, 390-397.

Inglehart, R.(1990).*Culture Shift in Advanced Industrial Society*.Princeton University Press.

Inglehart, R., Foa, R., Peterson, C., & Welzel, C.(2008).Development, Freedom, and Rising Happiness: A Global Perspective (1981-2007).*Perspectives on Psychological Science*, 4, 264-285.

Inglehart, R., Puranen, B., Pettersson, T., Nicolas, J.D., & Esmer, Y. (2005).*The World Values Survey*.Ann Arbor, MI: Interuniversity Consortium for Political and Social Research.

Iso-Ahola, S.E., & Park, C.J. (1996).Leisure—Related Social Support and Self—Determination as Buffers of Stress—Illness Relationship .*Journal of Leisure Research*, 3, 169.

Jr, C.P., & Mccrae, R.R. (1980).Influence of extraversion and neuroticism on subjective well-being: happy and unhappy people.*Journal of Personality & Social Psychology, 4*, 668-678.

Kahneman, D., & Krueger, A.B. (2006).Developments in the Measurement of Objective Well-Being.*Journal of Economic Perspectives*, 1, 3-24.

Kahneman, D., Krueger, A.B., Schkade, D.A., Schwarz, N., & Stone, A. A. (2004).A Survey Method for Characterizing Daily Life Experience: The Day Reconstruction Method.*Science*, 5702, 1776-1780.

Kahneman, D., Diener, E., & Schwarz, N. (1999). *Well-Being: Foundations of Hedonic Psychology*.New York: Russell Sage Foundation.

Kasser, T., & Sheldon, K.M. (2009).Time Affluence as a Path Toward Personal Happiness and Ethical Business Practice: Empirical Evidence from Four Studies.*Journal of Business Ethics*, 2, 243-255.

Keyes, C.L., Shmotkin, D., & Ryff, C.D. (2000).Optimizing Well-Being: The Empirical Encounter of Two Traditions.*Journal of Personality and Social Psychology*, 6, 1007-1022.

Keyes, C.L. (1998).Social Well-Being.*Social Psychology Quarterly*, 2, 121-140.

Killingsworth, M.A., & Gilbert, D.T. (2010).A Wandering Mind Is an Unhappy Mind.*Science*, 6006, 932.

Kim, S., & Kim, D. (2012).Does Government Make People Happy? Exploring New Research Directions for Government's Roles in Happiness. *Journal of Happiness Studies*, 5, 875-899.

Knight, J., & Gunatilaka, R. (2010).The Rural-Urban Divide in China: Income but Not Happiness? *the Journal of Development Studies*, 3, 506-534.

Knutson, B., & Greer, S.M. (2008).Anticipatory Affect: Neural Correlates and Consequences for Choice.*Philosophical Transactions of the Royal Society of London B: Biological Sciences*, 1551, 3771–3786.

Knutson, B., & Cooper, J.C. (2005).Functional Magnetic Resonance Imaging of Reward Prediction.*Current Opinion in Neurology*, 4, 411–417.

Knutson, B., Adams, C.M., Fong, G.W., & Hommer, D. (2001).Anticipation of Increasing Monetary Reward Selectively Recruits Nucleus Accumbens.*Journal of Neuroscience*, 16, RC159.

Knutson, B., Fong, G.W., Adams, C.M., Varner, J.L., & Hommer, D. (2001).Dissociation of Reward Anticipation and Outcome with Event–Related FMRI.*Neuroreport*, 17, 3683–3687.

Kohls, G., Chevallier, C., Troiani, V., & Schultz, R.T. (2012).Social "Wanting" Dysfunction in Autism: Neurobiological Underpinnings and Treatment Implications.*Journal of Neurodevelopmental Disorders*, 1, 1.

Korsmeyer, C..*Making Sense of Taste: Food and Philosophy*. 吴琼，叶勤，张雷（译）(2001).*味觉：食物与哲学*.北京：中国友谊出版公司.

Kotakorpi, K., & Laamanen, J.P. (2010).Welfare State and Life Satisfaction: Evidence from Public Health Care.*Economic*, 307, 565–583.

Krause, N., & Ellison, C.G. (2003).Forgiveness by God, Forgiveness of Others, and Psychological Well–Being in Late Life.*Journal for the Scientific Study of Religion*, 1, 77–93.

Kring, A.M., & Gordon, A.H. (1998).Sex Differences in Emotion: Expression, Experience, and Physiology.*Journal of Personality and Social Psychology*, 3, 686–703.

Kringelbach, M.L., & Berridge, K.C. (2009).Towards a Functional Neuroanatomy of Pleasure and Happiness.*Trends in Cognitive Sciences*, 11, 479–487.

Lachman, M.E., Röcke, C., Rosnick, C., & Ryff, C.D. (2008).Realism and Illusion in Americans' Temporal Views of Their Life Satisfaction: Age

Differences in Reconstructing the Past and Anticipating the Future.*Psychological Science*, 9, 889–897.

Lachman, M.E., & Weaver, S.L. (1998). The Sense of Control as a Moderator of Social Class Differences in Health and Well-Being. *Journal of Personality and Social Psychology*, 3, 763–773.

Lajeunesse, S., & RodrÍGuez, D.A. (2012). Mindfulness, Time Affluence, and Journey-Based Affect: Exploring Relationships. *Transportation Research Part F: Traffic Psychology and Behaviour*, 2, 196–205.

Lane, P.J., & Lubatkin, M. (1998). Relative Absorptive Capacity and Interorganizational Learning. *Strategic Management Journal*, 5, 461–477.

Lane, P.R., & Milesi-Ferretti, G.M. (2001). The External Wealth of Nations: Measures of Foreign Assets and Liabilities for Industrial and Developing Countries. *Journal of International Economics*, 2, 263–294.

Larsen, R.J., & Ketelaar, T. (1991). Personality and Susceptibility to Positive and Negative Emotional States. *Journal of Personality and Social Psychology*, 1, 132.

Larson, R.W., Raffaelli, M., Richards, M.H., Ham, M., & Jewell, L. (1990). Ecology of Depression in Late Childhood and Early Adolescence: A Profile of Daily States and Activities. *Journal of Abnormal Psychology*, 1, 92.

Lee, G.R., Seccombe, K., & Shehan, C.L. (1991). Marital Status and Personal Happiness: An Analysis of Trend Data. *Journal of Marriage and the Family*, 4, 839–844.

Lever, J.P. (2004). Poverty and Subjective Well-Being in Mexico. *Social Indicators Research*, 1, 1–33.

Lewis, G.J., Kanai, R., Rees., G., & Bates, T.C. (2014). Neural Correlates of the "Good Life": Eudaimonic Well-Being Is Associated with Insular Cortex Volume. *Social Cognitive and Affective Neuroscience*, 5, 615–618.

Liu, W., & Aaker, J. (2008). The Happiness of Giving: The Time—Ask Effect. *Journal of Consumer Research*, 3, 543–557.

Lloyd, K.M., & Auld, C.J.(2002).The Role of Leisure in Determining Quality of Life: Issues of Content and Measurement.*Social Indicators Research*, 1, 43–71.

Locke, J.*Some Thoughts Concerning Education*.杨汉麟(译).(2006).*教育漫话*.北京:人民教育出版社.

Lu, L., & Gilmour, R.(2006).Individual—Oriented and Socially Oriented Cultural Conceptions of Subjective Well—Being: Conceptual Analysis and Scale Development.*Asian Journal of Social Psychology*, 1, 36–49.

Lu, L., Gilmour, R., Kao, S.F.(2001).Cultural Values and happiness: An East–West Dialogue.*The Journal of Social Psychology*, 4, 477–493.

Lu, L.(2000).Gender and Conjugal Differences in Happiness.*The Journal of Social Psychology*, 1, 132–141.

Lu, L., & Shih, J.B.(1997).Personality and Happiness: Is Mental Health a Mediator? *Personality and Individual Differences*, 2, 249–256.

Lucas, R.E, & Fujita, F.(2000).Factors Influencing the Relation Between Extraversion and Pleasant Affect.*Journal of Personality and Social Psychology*, 1039–1056.

Luechinger, S.(2010).Life Satisfaction and Transboundary Air Pollution.*Economics Letters*, 1, 4–6.

Luo, Y.J., Niu, G.F., Kong, F.C., & Chen, H.(2019).Online interpersonal sexual objectification experiences and Chinese adolescent girls' intuitive eating: The role of broad conceptualization of beauty and body appreciation. *Eating behaviors*, 33, 55–60.

Luo, Y., Kong, F., Qi, S., You, X., & Huang, X.(2016).Resting–State Functional Connectivity of the Default Mode Network Associated with Happiness.*Social Cognitive and Affective Neuroscience*, 3, 516–524.

Luo, Y., Huang, X., Yang, Z., Li, B., Liu, J., & Wei, D.(2014).Regional Homogeneity of Intrinsic Brain Activity in Happy and Unhappy Individuals. *PloS ONE*, 1, E85181.

Luttmer, E.F. (2005).Neighbors as Negatives: Relative Earnings and Well-Being.*The Quarterly Journal of Economics*, 3, 963-1002.

Lykken, D.*Happiness: The Nature and Nurture of Joy and Contentment.* 黄敏儿等(译).(2008).*幸福的心理学*.北京:北京大学出版社.

Lykken, D., & Tellgen, A.(1996).Happiness Is a Stochastic Phenomenon.*Psychological Science*, 3, 186-189.

Lyubomirsky, S., Boehm, J.K., Kasri, F., & Zehm, K.(2011).The Cognitive and Hedonic Costs of Dwelling on Achievement—Related Negative Experiences: Implications for Enduring Happiness and Unhappiness.*Emotion*, 5, 1152-1167.

Lyubomirsky, S.(2008).*The Hows of Happiness.*New York: Penguin.

Lyubomirsky, S., King, L., & Diener, E. (2005).The Benefits of Frequent Positive Affect: Does Happiness Lead to Success? *Psychological Bulletin*, 6, 803.

Lyubomirsky, S., Sheldon, K.M., & Schkade, D.(2005).Pursuing Happiness: The Architecture of Sustainable Change.*Review of General Psychology*, 2, 111-131.

Mackerron, G., & Mourato, S.(2013).Happiness Is Greater in Natural Environments.*Global Environmental Change*, 5, 992-1000.

Mackerron, G., & Mourato, S.(2009).Life Satisfaction and Air Quality in London.*Ecological Economics*, 5, 1441-1453.

Mahadea, D.(2013).On the Economics of Happiness: The Influence of Income and Non-Income Factors on Happiness.*South African Journal of Economic and Management Sciences*, 1, 39-51.

Markus, H.R., & Kitayama, S. (1991).Culture and the Self: Implications for Cognition, Emotion, and Motivation.*Psychological Review*, 2, 224.

Mastekaasa, A.(1994).Marital Status, Distress, and Well-Being: An International Comparison.*Journal of Comparative Family Studies*, 2, 183-205.

Mauro, P. (1998).Corruption and the Composition of Government Expenditure.*Journal of Public Economics*, 2, 263–279.

Mccrae, R.R., & Costa, P.T. (1982). Self-Concept and the Stability of Personality: Cross-Sectional Comparisons of Self-Reports and Ratings. *Journal of Personality and Social Psychology*, 6, 1282.

Mccullough, M.E., Tsangja, J.A., & Emmonsra, R.A. (2004). Gratitude in Intermediate Affective Terrain: Links of Grateful Moods to Individual Differences and Daily Emotional Experience. *Journal of Personality and Social Psychology*, 2, 295–309.

Mccullough, M.E., Emmonsra, R.A., & Tsangja, J.A. (2002). The Grateful Disposition: A Conceptual and Empirical Topography. *Journal of Personality and Social Psychology*, 1, 112–127.

Mcgillivray, M. (1991). The Human Development Index: Yet Another Redundant Composite Development Indicator? *World Development*, 10, 1461–1468.

Mehl, M.R., Vazire, S., Holleran, S.E., & Clark, S.C. (2010). Eavesdropping on Happiness: Well-Being Is Related to Having Less Small Talk and More Substantive Conversations. *Psychological Science*, 4, 539–541.

Michaelson, J., Abdallah, S., Steuer, N., Thompson, S., & Marks, N. (2009). *National Accounts of Well-being: Bringing Real Wealth onto the Balance Sheet.* London: New Economics Foundation.

Michalos, A.C. (2008). Education, Happiness and Wellbeing. *Social Indicators Research*, 3, 347–366.

Mirels, H.L., Greblo, P., & Dean, J.B. (2002). Judgmental Self-Doubt: Beliefs about One's Judgmental Prowess. *Personality and Individual Differences*, 5, 741–758.

Mitchell, G., & Dorling, D. (2003). An Environmental Justice Analysis of British Air Quality. *Environment and Planning*, 5, 909–929.

Mogilner, C., Chance, Z., & Norton, M.I. (2012). Giving time gives you time. *Psychological Science*, 23(10), 1233–1238.

Mookherjee, H.N. (1997).Marital Status, Gender, and Perception of Well-Being.*The Journal of Social Psychology*,1,95-105.

Morawetz, D.(1977).Income Distribution and Self-Rated Happiness: Some Empirical Evidence.*Economic Journal*,347,511-522.

Myers, D.G., & Diener, E.(1996).The Pursuit of Happiness.*Scientific American*,5,70-72.

Myers, D.*Social Psychology*.侯玉波,乐国安,张智勇等(译).(2016).*社会心理学*.北京:人民邮电出版社.

Myers, D.(2000).The Funds, Friends, and Faith of Happy People.*American Psychologist*,1,56-67.

Oishi, S., Kesebir, S., & Diener, E.(2011).Income Inequality and Happiness.*Psychological Science*,9,1095-1100.

Okada, E.M., & Hoch, S.J. (2004).Spending Time Versus Spending Money.*Journal of Consumer Research*,2,313-323.

Okun, M.A., Dittburner, J.L., & Huff, B.P.(2006).Perceived Changes in Well-Being: The Role of Chronological Age, Target Age, and Type of Measure.*The International Journal of Aging and Human Development*, 4, 259-278.

Olson, D.H., & McCubbin, H.I...Circumplex Model of Marital and Family Systems.V.Application to Family Stress and Crisis Intervention.In H.I.McCubbin, A.E.Cauble, & J.M.Patterson(Eds.).(1982).*Family Stress, Coping and Social Support*.Thomas.

Oshio, T., Nozaki, K., & Kobayashi, M.(2011).Relative Income and Happiness in Asia: Evidence from Nationwide Surveys in China, Japan, and Korea.*Social Indicators Research*,3,351-367.

Oswald, A.J.(1997).Happiness and Economic Performance.*The Economic Journal*,445,1815-1831.

Ott, J.C.(2011).Government and Happiness in 130 Nations: Good Governance Fosters Higher Level and More Equality of Happiness.*Social Indica-*

tors Research, 1, 3-22.

Paeezy, M., Shahraray, M., & Abdi, B. (2010). Investigating the Impact of Assertiveness Training on Assertiveness, Subjective Well-Being and Academic Achievement of Iranian Female Secondary Students. *Procedia- Social and Behavioral Sciences*, 5, 1447-1450.

Paloutzian, Raymond F., & Ellison, Criag W. Developing a measure of spiritual well- being. In Raymond F. (1979). *Paloutzian (Chair), Spiritual well- being, loneliness, and Perceived quality of life. Symposium presented for The American Psychological Association*, New York, September.

Pavot, W., & Diener, E. (1993). Review of the Satisfaction with Life Scale. *Psychological Assessment*, 2, 164-172.

Persson, T., & Tabellini, G. (2010). *Political Economics: Explaining Public Policy*. Cambridge, MA: The MIT Press.

Peterson, C., Park, N., & Seligman, M.E.P. (2005). Orientations to Happiness and Life Satisfaction: The Full Life Versus the Empty Life. *Journal of Happiness Studies*, 1, 25-41.

Pollner, M. (1989). Divine Relations, Social Relations, and Well-Being. *Journal of Health and Social Behavior*, 1, 92-104.

Powdthavee, N. (2010). How Much Does Money Really Matter? Estimating the Causal Effects of Income on Happiness. *Empirical Economics*, 1, 77-92.

Priesner, S. Gross National Happiness-Bhutan's Vision of Development and Its Challenges. In P.N. Mukherji, & C. Sengupta (Eds.). (2004). *Indigeneity and Universality in Social Science: A South Asian Response*. Thousand Oaks: Sage Publications.

Ram, R. (2009). Government Spending and Happiness of the Population: Additional Evidence from Large Cross-Country Samples. *Public Choice*, 3-4, 483-490.

Rehdanz, K., & Maddison, D. (2008). Local Environmental Quality and

Life—Satisfaction in Germany.*Ecological Economics*, 4, 787-797.

Rehdanz, K., & Maddison, D. (2005).Climate and Happiness.*Ecological Economics*, 1, 111-125.

Riddick, C.C., & Stewart, D.G. (1994).An Examination of the Life Satisfaction and Importance of Leisure in the Lives of Older Female Retirees: A Comparison of Blacks to Whites.*Journal of Leisure Research*, 1, 75.

Röcke, C., & Lachman, M.E. (2008).Perceived Trajectories of Life Satisfaction Across Past, Present, and Future: Profiles and Correlates of Subjective Change in Young, Middle-Aged, and Older Adults.*Psychology and Aging*, 4, 833-847.

Rojas, M. (2007).Heterogeneity in the Relationship Between Income and Happiness: A Conceptual-Referent-Theory Explanation.*Journal of Economic Psychology*, 1, 1-14.

Ross, C.E. (1995).Reconceptualizing Marital Status as a Continuum of Social Attachment.*Journal of Marriage and the Family*, 1, 129-140.

Røysamb, E., Harris, J.R., Magnus, P., Vittersø, J., & Tambs, K. (2002). Subjective Well-Being: Sex-Specific Effects of Genetic and Environmental Factors.*Personality and Individual Differences*, 2, 211-223.

Ryan, R.M., & Deci, E.L. (2001).On Happiness and Human Potentials: A Review of Research on Hedonic and Eudaimonic Well-Being.*Annual Review of Psychology*, 1, 141-166.

Ryff, C.D., & Keyes, C.L.M. (1995).The Structure of Psychological Well-Being Revisited.*Journal of Personality and Social Psychology*, 4, 719.

Ryff, C.D. (1989).Happiness Is Everything, or Is It? Explorations on the Meaning of Psychological Well-Being.*Journal of Personality and Social Psychology*, 6, 1069-1081.

Sacks, D.W., Stevenson, B., & Wolfers, J. (2010).Subjective Well-Being, Income, Economic Development and Growth. *National Bureau of Economic Research.*

Salovey, P., Mayer, J., Caruso, D., & Yoo, S.The positive psychology of emotional intelligence.In S.lopez & C.R.Snyoler (Eds).(2009).*Oxford handbook of positive psychology 2nd Ed.*New York: Oxford University, sity Press.

Scherer, K.R., Wallbott, H.G., & Summerfield, A.B.(1986).*Experiencing Emotion: A Cross-Cultural Study.*Cambridge University Press.

Schimmel, J. (2009).Development as Happiness: The Subjective Perception of Happiness and UNDP's Analysis of Poverty, Wealth and Development.*Journal of Happiness Studies*, 1, 93-111.

Schulman, P., Keith, D., & Seligman, M.E.P.(1993).Is Optimism Heritable? A Study of Twins.*Behaviour Research and Therapy*, 6, 569-574.

Schwarze, J., & Härpfer, M.(2007).Are People Inequality Averse, and Do They Prefer Redistribution by the State? Evidence from German Longitudinal Data on Life Satisfaction.*The Journal of Socio-Economics*, 2, 233-249.

Schweizer, K., & Koch, W.(2001).The Assessment of Components of Optimism by POSO-E.*Personality and Individual Difference*, 4, 563-574.

Seligman, M.E.P.*Flourish: A Visionary New Understanding of Happiness and Well-Being.*赵昱鲲,(译).(2012).*持续的幸福*.杭州:浙江人民出版社.

Shelley E.Taylor.(2006).朱熊兆等(译).*健康心理学(第5版)*.北京:人民卫生出版社.

Shek, D.T., Chan, Y.K., & Lee, P.S.(2005).Quality of Life in the Global Context: A Chinese Response.In*Quality-Of-Life Research in Chinese, Western and Global Contexts.*Springer Netherlands.

Shin, D.C. (1980).Does Rapid Economic Growth Improve the Human Lot? Some Empirical Evidence.*Social Indicators Research*, 2, 199-221.

Sidhu, J.K., & Foo, K.H. (2015).Materialism: The road to happiness and life satisfaction among Singapore.*Journal of Happiness and Well-Being*, 3, 77-92.

Sirgy, M.J. (1998). Materialism and Quality of Life. *Social Indicators Research*, 3, 227–260.

Smyth, R., & Qian, J.X. (2009). Corruption and left-wing beliefs in a post-socialist transition economy: Evidence from China's "harmonious society". *Econominc Letters*, 102(1), 42–44.

Solberg, E.C., Diener, E., Wirtz, D., Lucas, R.E., & Oishi, S. (2002). Wanting, Having, and Satisfaction: Examining the Role of Desire Discrepancies in Satisfaction with Income. *Journal of Personality and Social Psychology*, 3, 725–734.

Solnick, S., Li, H., Hemenway, D. (2007). Positional Goods in the United States and China. *The Journal of Socio-Economics*, 37, 373–383.

Soman, D. (2001). The Mental Accounting of Sunk Time Costs: Why Time Is Not Like Money. *Journal of Behavioral Decision Making*, 3, 169–185.

Spreckelmeyer, K.N., Krach, S., Kohls, G., Rademacher, L., Irmak, A., Konrad, K., & Gründer, G. (2009). Anticipation of Monetary and Social Reward Differently Activates Mesolimbic Brain Structures in Men and Women. *Social Cognitive and Affective Neuroscience*, 2, 158–165.

Stack, S., & Eshleman, J.R. (1998). Marital Status and Happiness: A 17-Nation Study. *Journal of Marriage and Family*, 2, 527–536.

Staudinger, U.M., & Pasupathi, M. (2003). Correlates of Wisdom—Related Performance in Adolescence and Adulthood: Age - Graded Differences in "Pathstoward Desirable Development". *Journal of Research on Adolescence*, 3, 239–268.

Steptoe A, Dockray S, Wardle J. (2009). Positive affect and psychobiological processes relevant to health. *Journal of personality*, 77 (6), 1747–1776.

Stevenson, B., & Wolfers, J. (2013). Subjective Well- Being and Income: Is There Any Evidence of Satiation? *the American Economic Review*, 3, 598–604.

Stevenson, B., & Wolfers, J. (2008).Economic Growth and Subjective Well-Being: Reassessing the Easterlin Paradox. *National Bureau of Economic Research.*

Stones, M., Kozma, A., Mcneil, K., & Worobetz, S. (2011).Subjective Well-Being in Later Life: 20 Years After the Butterworths Monograph Series on Individual and Population Aging.*Canadian Journal on Aging*, 3, 467-477.

Stumpf, S.E., & Fieser, J.(2009). *Socrates to Sartre and Beyond: A History of Philosophy.*(匡宏,邓晓芒 译).*西方哲学史:从苏格拉底到萨特及其以后(修订第8版)*.北京:世界图书出版公司.

Stutzer, A., & Frey, B.S.(2006).Does Marriage Make People Happy, or Do Happy People Get Married? *the Journal of Socio- Economics*, 2, 326-347.

Sun, Z., Liu, Z.W., Edmud, T.R., Chen, Q.L., Yao, Y.Yang, W.J., Wei, D.T., Zhang, Q.L., Zhang, J., Feng, J.F., Qiu, J.(2018).Verbal Creativity Correlates with the Temporal Variability of Brain Networks During the Resting Stats.*Cerebral Cortex.*

Tang, T.L.P.(2007).Income and Quality of Life: Does the Love of Money Make a Difference? *Journal of Business Ethics*, 4, 375-393.

Tavits, M. (2008).Party Systems in the Making: The Emergence and Success of New Parties in New Democracies.*British Journal of Political Science*, 1, 113-133.

Tellegen, A., Lykken, D.T., Bouchard, T.J., Wilcox, K.J., Segal, N.L., & Rich, S.(1988).Personality Similarity in Twins Reared Apart and Together. *Journal of Personality and Social Psychology*, 6, 1031.

Tricomi, E., Rangel, A., Camerer, C.F., & O'Doherty, J.P.(2010).Neural Evidence for Inequality- Averse Social Preferences.*Nature*, 463, 1089-1091.

Ulrich, R.(1984).View Through a Window May Influence Recovery.*Science*, 4647, 224-225.

Unger, R.K., & Crawford, M.E.(1992). *Women and Gender: A Feminist Psychology*.New York: Mcgraw–Hill.

Urry, H.L., Nitschke, J.B., Dolski, I., Jackson, D.C., Dalton, K.M., Mueller, C.J., & Davidson, R.J.(2004).Making a Life Worth Living Neural Correlates of Well–Being.*Psychological Science*, 6, 367–372.

Van Reekum, C.M., Urry, H.L., Johnstone, T., Thurow, M.E., Frye, C.J., Jackson, C.A., & Davidson, R.J.(2007).Individual Differences in Amygdala and Ventromedial Prefrontal Cortex Activity Are Associated with Evaluation Speed and Psychological Well–Being.*Journal of Cognitive Neuroscience*, 2, 237–248.

Veenhoven, R., & Hagerty, M. (2006).Rising Happiness in Nations 1946–2004: A Reply to Easterlin.*Social Indicators Research*, 3, 421–436.

Veenhoven, R.(2005).Apparent Quality–Of–Life in Nations: How Long and Happy People Live.In *Quality– Of– Life Research in Chinese, Western and Global Contexts*.Springer Netherlands.

Veenhoven, R. (1984).*Conditions of Happiness*.Dordrecht: D. Reidel Publishing.

Waldinger, R.(20151030).What makes a good life? Lessons from the longest study on happiness.*TED Talks*.

Wassmer, R.W., Lascher, E.L., & Kroll, S.(2009).Sub–National Fiscal Activity as a Determinant of Individual Happiness: Ideology Matters.*Journal of Happiness Studies*, 5, 563–582.

Waterman, A.S. (1993).Two Conceptions of Happiness: Contrasts of Personal Expressiveness (Eudaimonia) and Hedonic Enjoyment.*Journal of Personality and Social Psychology*, 4, 678–691.

Watson, D., & Naragon, K.Positive Affectivity: The Disposition to Experience Pleasurable Emotional States.In S.J.Lopez, & C.R.Snyder (Eds.). (2009).*Oxford Handbook of Positive Psychology* (2nd Ed.).New York: Oxford University Press.

Watson, D., Clark, L.A., & Tellegen, A.(1988).Development and Validation of Brief Measures of Positive and Negative Affect: The PANAS Scales. *Journal of Personality and Social Psychology*, 6, 1063–1070.

Watson, D., & Clark, L.A.(1984).Negative Affectivity: The Disposition to Experience Negative Affective State.*Psychological Bulletin*, 96, 465–490.

Watten, R.G., Vassend, O., Myhrer, T., & Syversen, J.(1997).Personality Factors and Somatic Symptoms.*European Journal of Personality*, 1, 57–68.

Welsch, H.(2008a).The Social Costs of Civil Conflict: Evidence from Surveys of Happiness.*Kyklos*, 2, 320–340.

Welsch, H.(2008b).The welfare costs of corruption.*Applied Economics*, 40(14), 1839–1894.

Wheeler, J.A.(1983).“On Recognizing ‘Law Without Law’”, Oersted Medal Response at the Joint APS–AAPT Meeting, New York, 25 January 1983.*American Journal of Physics*, 5, 398–404.

Whitfield–Gabrieli, S., & Ford, J.M.(2012).Default Mode Network Activity and Connectivity in Psychopathology.*Annual Review of Clinical Psychology*, 8, 49–76.

Wilson, C.M., & Oswald, A.(2005). How Does Marriage Affect Physical and Psychological Health? A Survey of the Longitudinal Evidence. *University of Warwick, Department of Economics.*

Wolbring, T., Keuschnigg, M., & Negele, E.(2013).Needs, Comparisons, and Adaptation: The Importance of Relative Income for Life Satisfaction.*European Sociological Review*, 1, 86–104.

Wood, A.M., Maltby, J., Stewart, N., Linley, P.A., & Joseph, S.(2008). A Social–Cognitive Model of Trait and State Levels of Gratitude.*Emotion*, 2, 281.

Yang, C.K.(2006). *Religion in Chinese Society*(范丽珠等 译). *中国社会中的宗教*.上海:上海人民出版社.

Zhang, G., & Veenhoven, R.(2008).Ancient Chinese Philosophical Advice: Can It Help Us Find Happiness Today? *Journal of Happiness Studies*, 3, 425-443.

Zimmermann, A.C., & Easterlin, R.A.(2006).Happily Ever After? Cohabitation, Marriage, Divorce, and Happiness in Germany.*Population and Development Review*, 3, 511-528.

Zinnbauer, B.J., Pargament, K.I., & Cole, B.(1997).Religion and Spirituality: Unfuzzying the Fuzzy.*Journal for the Scientific Study of Religion*, 4, 549-564.

后　记

从2011年3月28日我接到重庆市哲学社会科学规划办公室的通知，要我承担2010年度重庆市哲学社会科学规划重大课题委托项目“城市幸福指数研究”开始，我们于2011年5月25日举行了开题报告，接着进行各项有序的调研工作，并于2014年3月结题；到这个研究项目的专著即将付梓的今天为止，已历七年多时光。七年来，我领导的研究团队参研人员中，有博士（生）毕重增、邹枝玲、尹华站、徐华春、陈有国、何嘉梅、尹可丽、吴波、尹天子、王晓刚、李琼、杨帅、苏丹、刘杰、李继波、罗扬眉、彭文会、刘培朵、李林、何垚、程翠萍、岳童、尹杰、李宝林、王彤、于晓琳、邱俊杰，硕士（生）王花春、孙志鹏、高姗姗、刘静怡、杨雨焯、刘孟超、高媛媛、江宜霖、曲孝原、陈媛婷、江竹、高锋剑。全国许多高校的老师协助我们调查；他们是：陈煦海（陕西师范大学）、陈幼贞（福建师范大学）、程科（西南民族大学）、凤四海（中国民航飞行学院）、符明秋（重庆邮电大学）、付艳芬（云南大理学院）、苟俊华（云南大学）、郭秀艳（华东师范大学）、郭永玉（华中师范大学）、何嘉梅（辽宁师范大学）、胡维芳（江苏技术师范学院）、江伟（安徽淮北师范大学）、蒋灿（重庆科技学院）、李宏翰（广西师范大学）、李祚山（重庆师范大学）、凌辉（湖南师范大学）、张建人（湖南师范大学）、刘邦惠（中国政法大学）、刘凤娥（中央财经大学）、柳春香（北京政法职业学院）、鲁小周（贵州安顺学院）、罗鸣春（云南民族大学）、马建青（浙江大学）、吴继霞（苏州大学）、肖崇好（广东惠州学院）、谢钰涵（四川师范大学）、尹华站（重庆师范大学）、尹可丽（云南师范大学）、张爱莲

（山东理工大学）、张锋（河南大学）、张富洪（西南科技大学）、张甜（南京艺术学院）、张志杰（河北师范大学）、赵彩花（广东韶关学院）、赵崇莲（广东商学院）、郑剑虹（岭南师范学院）、周爱保（西北师范大学）。我们对他们的帮助表示衷心的感谢；没有他们的帮助，我们就无法完成在全国的调研。

“天时不如地利，地利不如人和。”（《孟子·公孙丑下》）“同德则同心，同心则同志。”（《国语·晋语》）让我们以这次调研为契机，为提升国人的幸福指数而共同努力吧！

黄希庭　谨识

2020年5月